文化遺産と〈復元学〉

遺跡・建築・庭園復元の
理論と実践

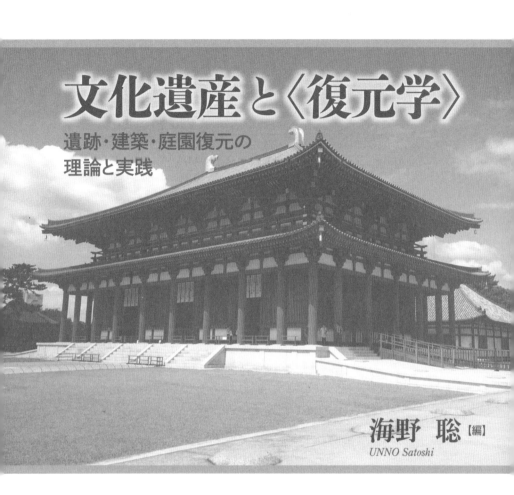

海野 聡【編】
UNNO Satoshi

吉川弘文館

はじめに
―本書のねらいと構成―

海 野 　 聡

1　本書のねらい

　過去に存在した建物の検討は，『大内裏図考証』をはじめ，江戸時代から考
証学という学問分野のなかに存在し，寛政期（1789〜1801）の内裏復興などに
活用されてきた。近代に入ると，平安宮八省院を8分の5で復元した平安神宮
（伊東忠太1895）や登呂遺跡の復元考察，藤原豊成殿の模型作製が行われ（関野
克1934，1936），近代学問である建築学の一分野として研究され，現在，平城
宮大極殿の復元まで続いている。そこで過去の文献に通じた考証学者と伝統建
築技術を知る大工の役割分担を検証し，近代以降の復元研究との異同を明らか
とすることで，理論と実践の違い・復元学の先行研究の位置づけを明確化し，
復元学の基礎の構築を目的とする。
　いっぽう，現代社会の中で復元建設が各地で行われており，筆者自身は上部
構造の復元という観点を持ちつつ，発掘遺構と建築技術を関連付ける考察を重
ねてきた。その結果，一部の復元建物は学術的な検討過程が不明，もしくは不
十分という実態が明らかとなってきた。既往の復元建設に対する社会的な賞賛
や批判は数多くあるが，復元そのものを学問として体系的に捉えた研究は見ら
れず，これを学問として捉える視点は独創的であり，学術的価値も高い。現状，
事業である復元に対し，上部構造の復元から発掘遺構・現存建築を再解釈や実
験的研究により，復元建物に明確な学術的な意義を新たに付加することで，一
事業から脱却させ，学術的に位置づけ，「復元学」という新しい学術分野を開
拓したい。
　本書は近世の考証学における復古と近代の建築史学における復元，そして現
代の復元をテーマに建築史・考古学・庭園史・美術史らの学際的な検討により，

「復元学」を提唱するものである。また行政で復元に直接，携わってきた実務者も執筆者に加え，理論・実態の両面から学術的検討を加える。その対象範囲は近世から近代，日本とヨーロッパの多岐にわたり，復元に関わる全体像を描き出したい。

国際的にみても，中国・韓国・ベトナムなどでも木造建築遺産の遺跡の世界遺産登録が進んでいる。そのなかで痕跡が残りにくいという課題に直面しており，その一つの手法として可視化するために遺跡の復元が進行している。その際には復元におけるオーセンティシティの問題など，日本と同様の問題意識が生じつつも，十分な学術検討や理論の背景がなく，事業としての整備が進められている。

こうした状況もあり，2010年に奈良文化財研究所で日中韓の3ヵ国の研究者によるシンポジウム「古代建築の研究と復元」を開催し，さらに2017年には東京文化財研究所が東南アジアを対象としたシンポジウム「考古学的知見から読み取る大陸部東南アジアの古代木造建築」を開催しており，木造建築遺産と発掘遺構，そして復元に関するテーマが議論された。このように，木造建築の遺跡の多いアジアにおいて，復元に関する実務・理論の両面で学術的な整備が急務である。

遺跡における復元はアジアに限った話ではなく，ヨーロッパにおいても世界遺産のオーセンティシティの観点から遺跡の復元に対する興味は大きく，学術的な基盤の構築が必要である。

今後，文化遺産の活用が進むなかで遺跡における復元は文化遺産保護の観点からも重要な課題であり，東アジアだけではなく，世界規模に視野を広げて取り組むべき課題である。将来的に国内外の研究者と連携を図るためにも，復元整備が進んでいる日本が先導して「復元学」の基盤を構築する意義は大きい。

2　本書の構成

本書の対象範囲は近世から近代，日本とヨーロッパの多岐にわたるため，冒頭で本書の大まかな構成を述べておきたい。

第Ⅰ部では理論編として，まず復元と復原の用字について定義づけを行い，

復元学の概念と目的，18世紀以降の歴史的経緯を概説する。そして美術史の側から見た復元の問題点，ヨーロッパの修理における復元の課題を取り上げる。

　第Ⅱ部では個々の事例を取り上げ，近世における内裏の復元考証と近代における平安宮八省院を参考に造られた平安神宮の建設を通して，両者の異同を明らかにし，建築の観点から近世と近代を比較する。また登呂遺跡の原始住居とRCによる寺院建築を通して，復元に対する近代的な概念・実情に迫る。そして庭園史の分野から近代日本と現代ヨーロッパの庭園復元における思考過程を明らかにし，時代・地域の違いを浮かび上がらせる。

　第Ⅲ部では現代から未来に向けた検討として，現在の復元に関わる課題と学術的な可能性を述べる。縄文時代の御所野遺跡（岩手県）と古代の弥勒寺官衙遺跡（岐阜県）の復元について，行政の立場として長く整備に携わってきた実例の紹介と復元を通して得られた学術的知見を報告する。また現代建築の事例として，建築家ミース・ファン・デル・ローエのバルセロナパビリオンとアントニン・レーモンドの夏の家の復元を通して見えてくる課題に迫る。そして末尾で復元学という学問の提唱するにあたって，その学術的な方法論を提言したい。

　以上の10人14本の論考を通して，新しい学際的な学術分野として「復元学」の提唱を図るものである。本書が「復元学」の第一歩として，復元に携わる方はもちろん，多くの人に手に取ってもらえることを願っている。

目　次

は じ め に

　―本書のねらいと構成―　　　　　　　　　　　　　　海 野　　聡

第Ⅰ部　復元学の概念―理論編―

第1章　復元学の概念と目的　　　　　　　　　　　海 野　　聡……3

　は じ め に　*3*

　1　復元学とは　*4*

　2　復元と復原　*5*

　　　(1) 2つのふくげん／(2) 現在の復元と復原の用法

　3　復元の定義と問題点　*7*

　　　(1) 既往の復元の定義／(2) 復元の定義の差異

　4　復元と復原の関係　*10*

　お わ り に　*11*

第2章　考証学による復古から建築史学による復元へ　　海 野　　聡……15

　は じ め に　*15*

　1　考証学による復古　*15*

　2　近代の建築史学の復元　*17*

　　　(1) 近代の建築史学の成立／(2) 建築史学の黎明期と復元

　3　近代以降の修理と復原　*20*

　　　(1) 修理における復原の精神／(2) 復原の語と修理・発掘

　4　平安神宮から登呂遺跡へ　*23*

　お わ り に　*25*

第3章　復元学の照射範囲　　　　　　　　　　児島大輔……29
—課題抄出のための覚書—

は じ め に　29

1　仏教美術に見る復元—いろ・かたち・いのりの復元と継承—　30

　(1) 古典の復元／(2) 霊験の継続と復元／(3) 修理と復元で失われるもの

2　復元しないという選択—代用と転用の文化史—　35

　(1) 宗祖自刻の仏像／(2) 本歌と写し／(3) 仮金堂の融通／(4) 複製
　仏像と復元されたコミュニティー

3　想 定 復 元—実証と想像のはざまで—　39

　(1) 復元仏像と色彩／(2) 現代作家による壁画／(3) 近世の復元的修
　復／(4) 復元のボーダーライン

4　復元の資料—絵画と史料—　50

　(1) 絵空事は根拠となりうるか／(2) 絵画の中の時間／(3) 解釈をする
　人々／(4) 復元と史料精読

お わ り に　59

第4章　ヨーロッパにおけるリコンストラクション　マルティネス・アレハンドロ……65
—再建建築の世界遺産登録—

は じ め に　65

1　「復元」,「リコンストラクション」および「リストレーション」　66

2　世界遺産条約とリコンストラクション　68

3　リコンストラクションが新しい価値を生み出したと評価された遺産　70

4　リコンストラクションが価値に悪影響を与えたと評価された遺産　72

5　リコンストラクションが価値に悪影響を与えなかったと評価された遺産　75

お わ り に　76

第Ⅱ部　考証学と復元学―事例編―

第1章　近世における内裏の復元考証　　　　　　　　加藤悠希……83

はじめに　83

1　高橋宗直による復元考証　84

2　藤原貞幹による復元考証　89

3　裏松固禅による復元考証　93

4　内裏の復古造営と裏松固禅　94

おわりに　97

第2章　平安神宮にみる考証と復元のはざま　　　　　海野　聡……101

はじめに　101

1　敷地選定と規模　103

(1) 大極殿跡地における「平安宮」の計画／ (2) モニュメントとしての
模造大極殿

2　「復元」における苦悩　107

(1) 紀年殿建設の経緯／ (2) 木子清敬・伊東忠太の設計方針／ (3) 伊東
忠太の調査と苦悩

3　伊東忠太の回顧　112

おわりに　115

第3章　登呂遺跡復元住居（1951）の同時代性　　　青柳憲昌……119
―建築史家・関野克による住居復元案の形成過程―

はじめに　119

1　住居復元事業の経緯，および登呂遺跡の国家的重要性　121

2　復元案の形成過程に示された架構形式重視の姿勢　124

(1) 復元案の形成過程／ (2) 登呂遺跡住居の「様式」に対する関野克の
批判的評価

3 関野克の「復元」の理念と手法　*131*

お わ り に　*138*

第4章　建築史家・大岡實の復元建築　　　　　　　青柳憲昌……*143*
　　　―鉄筋コンクリート造による創建時代の「造形感覚」の再現―

は じ め に　*143*

1 「復元建設」に対する大岡實の積極性と不燃化への取り組み　*145*

　　(1) 興福寺収蔵庫（食堂・細殿）／ (2) 福山城（松前城）天守／ (3) 高島城天守／ (4) 薬師寺金堂（基本設計）／ (5) 興福寺中金堂計画案

2 鉄筋コンクリート造による伝統的木造建築の「造形」の再現　*150*

3 薬師寺金堂復元案の作成過程と大岡實の設計意図　*154*

　　(1) 基本設計図の作成時期と大岡の関わり方／ (2) 創建時代の「造形感覚」の再現

お わ り に　*161*

第5章　歴史的な庭園の復元　　　　　　マレス・エマニュエル……*165*
　　　―森蘊の「復原的研究」を通して―

は じ め に　*165*

1 現代の日本庭園史学の父，森蘊　*169*

2 東 京 時 代―「復原的考察」の萌芽―　*171*

　　(1)「未解決のまま放置され」た日本庭園史学／ (2)「東三條殿庭園の復原的考察」

3 奈文研時代―「復原的考察」から「復原的研究」へ―　*181*

　　(1) 桂離宮と修学院離宮の研究／ (2) 旧大乗院庭園の研究

4 庭園文化研究所時代―「復原的研究」から「復原整備事業」へ―　*190*

　　(1) 円成寺庭園と浄瑠璃寺庭園の「環境整備事業」／ (2) 毛越寺庭園の遣水の復元・整備

お わ り に　*205*

第6章　ポンペイにおける庭園の発掘とその復元　　　　川本悠紀子……209

　は じ め に　209

　1　ウェスウィウス山の噴火と諸都市の罹災・発掘　210

　2　ポンペイの庭園の発掘　214

　　（1）19世紀初頭の庭園の発掘／（2）19世紀末から20世紀初頭の庭園の
　　発掘／（3）ヴィレミーナ・ジャシェムスキと古代ローマの庭園

　お わ り に　226

第Ⅲ部　復元学の現在と未来

第1章　縄文時代の建物復元事例　　　　　　　　　　高 田 和 徳……233
　　　　　　　―御所野遺跡から―

　は じ め に　233

　1　遺跡の概要　233

　2　整備の経過　234

　3　整 備 内 容　236

　　（1）竪穴建物群の構成／（2）土屋根竪穴建物の発見／（3）実験復元／
　　（4）焼失実験／（5）竪穴建物の復元／（6）整備後の観察

　お わ り に　248

第2章　史跡整備の実務に関わる「実験考古学」的手法　田 中 弘 志……253

　は じ め に　253

　1　弥勒寺東遺跡の概要　255

　　（1）郡庁院／（2）正倉院／（3）弥勒寺跡

　2　整 備 実 例　260

　　（1）郡庁院／（2）正倉院／（3）弥勒寺跡の失われた塔と金堂基壇の復元

　お わ り に　269

第3章 「バルセロナパビリオン」と「夏の家」にみる復元 前川 歩……273

はじめに 273

1 ミース・ファン・デル・ローエ「バルセロナパビリオン」の復元 274

(1) バルセロナパビリオンとは／(2) 復元までの動き／(3) 復元計画の
内容／(4) 抽出される意義と課題

2 アントニン・レーモンド「夏の家」における復元的思考 283

(1)「夏の家」とは／(2) ル・コルビュジエとの論争／(3)「夏の家」と
「エラズリス邸」の相違点／(4) 精神的な翻案

3 復元と創造のはざま 294

おわりに 295

第4章 復元学の方法論の提言 海野 聡……299

はじめに 299

1 復元のフロー 299

(1) 学問として必要な3要素／(2) 復元のフロー／(3) 復元原案と復元
実施案

2 複数の復元案と意義 303

(1) 複数の復元案／(2) 複数の復元案の実例

3 復元の評価 310

4 復元のこれから 312

おわりに 313

む す び 海野 聡……317

1 本書刊行の経緯 317

2 今後の課題と復元学の可能性 318

3 名古屋城天守の復元の議論の問題点 319

4 復元学のこれから 321

あ と が き

執筆者紹介

英文要旨・目次

第Ⅰ部　復元学の概念
―理論編―

第1章　復元学の概念と目的

海　野　　聡

は じ め に

　過去に存在した建物の検討は裏松固禅の『大内裏図考証』をはじめ，江戸時代にも考証学という学問分野として行われ，その成果は寛政期（1789〜1801）の内裏復興などに活用されてきた。近代に入ってからは，平安宮八省院の8分の5の大きさで建設した平安神宮（伊東忠太 1895），登呂遺跡の竪穴建物や高床倉庫の復元考察（関野克 1951），文書に記された部材の寸法や員数をもとにした藤原豊成殿の模型作製が行われ（関野克 1936），近代学問である建築学の一分野として研究されてきた。そして戦後，日本各地に復元建物が建てられ，2010年の平城宮第一次大極殿の復元など，現在まで続いている。いっぽうで，復元建物が完成に至るまでの過程はほとんど知られていないのが実情であろう。

　それゆえ，これまでにも修理や建設などの事業を根底とする復元に対する問題提起がなされることもあったが，復元そのものを学問として正面から取り組んだものはなかった[1]。

　事業が脚光を浴びるため，復元そのものに学術的な検討価値がないように見られがちであるが，むしろ復元の過程で多くの学術的成果が生み出され，建築史学と近世の考証学との共通性や隣接分野における類似の問題意識の共有などの発展性を秘めている。そこで本書では，復元を学問として捉えること，すなわち「復元学」を提唱する足がかりとしたい。

　なお復元学の発端は2014年度〜2016年度にかけて行った「「復元学」構築のための基礎的研究」（科学研究費補助金挑戦的萌芽研究，研究代表者海野聡）にさかのぼり，本書の内容の一部はその研究成果を含んでいる[2]。以来，過去と現在をつなぐ一つのキーワードとして復元を取り上げ（海野 2017），復元という概念に迫ろうと本書の執筆者らとともに研究会を開催し，議論を重ねてきた。

3

本書はその第一段階の成果をまとめたものである。

さて「復元学」の第一歩ともいうべき本書は復元学の概念を扱った第Ⅰ部，復元の実例を扱った第Ⅱ部，そして復元学の現在と未来に向けた第Ⅲ部で構成しており，その冒頭にあたる本章で復元学の大要を示しておきたい。

1 復元学とは

復元学を提唱するにあたって，一定の定義を示しておく必要がある。そもそも復元学とは何を指すのであろうか。一言で表すことは不可能であり，そもそも，端的に示すことができれば，本書の必要はない。そこで，まずは復元学の目的を提示することで，そのイメージを共有する前提としたい。

第一に復元という行為を通して，近世学問と現代学問の連接と融合を図れるのではないかと考えた。過去の事象を調べ，復古[3]を目指すことは建築の分野に限らず，歴史的に広く行われてきた。内裏復古の過程で参照された『大内裏図考証』などの考証学や儀式の通例を調べる有職故実などはその代表であろう。これは復元に通じる行為であり，近世の「考証学」と現代の「復元」を一体的に捉えることで，近世と近代の学術を接続することもできようし，「考証学」と「復元学」の造営における活用の比較を通して，それぞれの特質を探ることもできよう（本書Ⅰ-2，Ⅱ-1，Ⅱ-2）。

2点目は隣接分野との連携である。建築史を中心とした建造物の復元のほか，庭園史においても，修理と整備という課題を抱えてきた。また美術史ではオリジナルに対して厳密に対応しており，「復元」とは一線を画しているきらいがある。このように復元に対する考え方は学術分野によっても差があるため，建築史学だけではなく，隣接する分野において起きている問題についても，同様の「復元」という視点で捉えてみたい。（本書Ⅰ-3，Ⅱ-6）。

3点目は海外における遺跡整備と復元を日本の事例を比較することで，その行為を客観視したい。海外，特にヨーロッパにおいて，遺跡における復元はreconstruction と restoration という2つの概念のなかで捉えられていることも多いが，こうした東アジアとは異なる文化圏の状況を見ることで，日本や東アジアで行われている遺跡復元の位置づけやヨーロッパの遺跡復元における復

元の学術的位置づけを検討したい（本書Ⅰ-4，Ⅱ-6）。

4点目は整備の現場における学術的成果である。復元整備の現場においては実験考古学的手法による学術的な成果も少なからずあろう。復元整備の副産物としての学術成果の事例をもとに，復元の意義を見出したい（本書Ⅲ-1，Ⅲ-2，Ⅲ-3）。

これらの検討を経て，「復元学」の構築を目指すのであるが，現状，事業に強く拘束されている復元に対し，上部構造の復元検討を通した発掘遺構・現存建築の再解釈や実験的研究として意義づけることにより，新たな可能性を模索したい。復元建物に明確な学術的意義を新たに付加することで，一事業から脱却させることができるであろうし，「復元学」を新たな学問分野として構築する一つのきっかけにもなろう。

2　復元と復原

(1)　2つのふくげん

復元学を語る以前に，多数，存在する復元に関わる用語や定義を整理しておく必要があろう。『日本国語大辞典』によると，1868年の西周訳の「万国公法」に「復原」の語が用いられ，1881年の『哲学字彙』に「Redintegration」の訳として復原の字が見えるのが早い例である。「ふくげん」の漢字には「復元」と「復原」の2つがあるが，『日本国語大辞典』などの国語辞書としては両者の区別はない。いっぽうで，文化財，特に歴史的建造物の修理の世界では両者を使い分けている。これが定義を難しくしている一因であるが，厳密な用語の違いも示している。それゆえ，復原と復元の両者を検討することは，建造物に関わる復元の定義を考える出発点として大きな意義があろう。

建築史における「復元」あるいは「復原」の適切な用字は大正期まで下ることが青木祐介によって指摘されており[4]，青柳憲昌によると昭和10年代には「復原」の字が多く用いられているという。それ以前は，「復旧」「復古」などの語が用いられていた。ただし，昭和初期の学術用語でも両者の使い分けは不十分で混用しており，同一論文中でも揺らぎのあるものもある[5]。

（2）　現在の復元と復原の用法

　復元の語一つとっても，復元と復原があるように，その定義の範囲も広範に
わたる。まずは現状の復元と復原の用語の違いについて示そう。一般的に，復
元という言葉からイメージされるのは，遺跡で発見した建物の痕跡，すなわち
発掘遺構をもとに，上部構造を考える復元であろう。多くは古い時代を対象に
したもので，各地の遺跡で復元された竪穴建物・古代建築を目にすることも多
いと思う。

　いっぽうで，近世以降の建物の復元もあり，城郭に見られる天守や御殿など
がこれにあたる。これらは主に絵画史料・写真史料や戦前の修理図面などにも
とづいた復元である。

　この復元に対して，文化財の修理において，過去の改造の痕跡をもとに，現
在の形状を変更し，過去の形状に戻す行為を復原という。建物は使用の都合に
よる増改築や強度不足による構造補強がなされるが，痕跡にもとづいて，改造
される前の状態に戻すことを指す。たとえば，もともと，壁であったところを
引き戸にするなどの後世の変更を元の形に戻すことである。これについては，
古代の遺跡や城郭などの復元と区別して，慣例的に「復原」という文字が使わ
れている。

　この両用語の違いについては山岸常人がまとめており，後藤治の指摘（後藤
1993）を引いて，復元とは「失われて消えてしまったものを旧に復すること」，
復原とは，「はじめのすがたが改造されたりして，変化してしまっている現状
を，もとのすがたに戻すこと」とする（山岸 1994）。この両語は復元学を考え
るうえで大前提となる概念である。

　さらに山岸は修理・遺跡整備における復元に対して批判的な検討を行い，
「然るべき手続きを踏み，注釈を伴った復原は学問的にも社会的にも必要であ
る」と認めつつ，研究者に対し，「冷静な批判を試みる」必要性を説いている。
この指摘は，遺跡における復元が各地で行われるなかで，復元に正面から学術
的に取り組んだ初例として重要である。

3 復元の定義と問題点

(1) 既往の復元の定義

復元と復原について山岸が整理したいっぽうで，復元の詳細な定義は明確ではない。復元学を考える前に，これまでの研究と復元の定義を見つつ，一応の復元の定義をしておきたい。

復元の定義に最初に切り込んだものとしては矢野和之の論考があり，下記の4つに分類している（矢野 1998）。

①建物自体または部材そのものが残っていて，その痕跡をもとに行う。

②建物の一部が残り，その痕跡および，古写真や古絵図，文献等の史料から行う。

③基礎に残る遺構のみから，同時代で現存する類例や絵画史料を参考として行う。

④史料はないが，同時代で同種の現存する建造物からモデル的に推定して行う。

これらの具体的な復元のイメージは以下の4つである。①は現状変更に伴う建造物の修理におけるもので，いわゆる復原を指す。②については，近世以降の建物（天守・御殿など）の復元である。③は主に古代以前の遺跡における復元で，平城宮・吉野ヶ里などの復元建物を指す。④については，判然としないが，復興天守[6]などであろうか。この分類は，一つの指針を示した点で重視すべきであるが，あくまで，「現実に建てる」ための復元の分類である点に問題がある。

矢野を除いて明確な復元の定義をしていないが，以下の論考は復元学の手法構築のうえでは重要な指摘があり，先行研究として取り上げておく必要があろう。宮本長二郎は各地の遺跡整備における建物復元を整理し，その復元に対する批判的検討を加えている（宮本 2001）。既往の復元に対する批判的検討は先駆的かつ重要で学術的な発展性を示すものであるが，往時の形状を考察した復元「原案」と現在の建設のための復元「実施案」を区別しないで批判する点に

不足がある[7]。この復元原案と復元実施案の違いについては，後述したい（本書Ⅲ-4）。

　三内丸山遺跡の復元を経験した中田英史・佐々木泰善の「整備として復元する構築物は，いくつかの可能性の中で，より蓋然性が高く，臨場感と説得力をもったものでなくてはならない」（傍点筆者，宮本2001）という指摘は，復元における複数案の必要性を暗に示しており，これも復元学の体系化に向けて重要である。

　いっぽう，鈴木博之は復元の思想に対する視座を持って，復元の条件として，①十分信頼できる証拠にもとづく作業であること，②歴史観を共有された行為[8]の2点を指摘し，両者ともに，「ものごとを過去のすがたあるいは祖型に戻す作業」として「復古」という意識との関係性を述べている[9]。これは近世と近代の接続を考えるうえで重要な示唆である。

（2）　復元の定義の差異

　以上のように，諸氏が復元に関する定義や条件を述べているが，いずれも復元の定義は明確ではなく，一致していない。これは復元の多様性を示すものでもあるが，復元学の定義としては不十分である。

　最も明確な矢野の定義では，建築に関わる復元について，一定の分類を示したが，この定義では正倉院文書から検討できる藤原豊成殿の上部構造の検討などは復元には含まれず，同じく失われた建物の儀式の様子を検討する行為も含まれない。これは実際に建てることを基準として復元を定義していることに起因する問題で，より広い定義が必要であろう。

　ちなみに『源氏物語』などの過去のある時間に実在した建物ではないものについては，藤原豊成殿とは考える前提が異なる。この『源氏物語』に関する先行研究を見ると，復元という語も用いられているが[10]，復元は元に復すという語義であるため，実在しない（しなかった）『源氏物語』の建物の形状の考察は，「復元」には含まれないとすべきであろう。光源氏の一生に関する伝記が成立しえないのと同じである。同様に，浄土変相図など，理想郷の建物，映画・アニメなどの創作物の中の建物を「復元」することはできない。いうなれば復元「的」検討といったところであろうか。

8　第Ⅰ部　復元学の概念

これに対して，藤原豊成殿や東三条殿など，史料上，「過去に存在した」と考えられる建物の形を考察する行為は「復元」と呼んでしかるべきであろう。現に関野克・川本重雄ら，近代以降，日本建築史研究者によって，復元考察がなされている。

　次に考古学や美術史など，他の隣接学問分野における用字を見ることで，復元の定義を検討してみたい。考古学では復元の語を用いるが，部分的に遺存するものを元の姿（完形）に復する行為を復元といい，遺物を一片も含まないものはレプリカ（複製品）として区別する。美術史ではさらに厳密な判断がなされており，美術品の失われた部分を補う場合にも，復元ではなく，新補・後補などの語が用いられる。仏像ではオリジナルを含まないものについては，模刻という語で説明される 11)。

　考古学や美術史学で用いられる複製は「もとの物と同じ物を別に作ること。また，そのもの。美術品・著作物などの原作品とそっくり同じ物を制作すること」であり，建物の場合，オリジナルを参照して，新たに造る点では茶室などの「写し」がこれに近い 12)。

　このように，美術史の場合は復元という語を避けるきらいがあるが，考古学の場合にも遺存資料の一部を含むものに限定して「復元」としている。遺跡における復元も基礎という一部分は含んでいるという観点からは，建築学と考古学における復元の語の使用は通じるものがあるが，遺構保護のため，礎石を地中に埋め，新たに礎石を置くことも多く，厳密には一致しない。対比的にいえば，現地に建てず，基礎や上部構造の一部分もオリジナルを含まない平安神宮に対し，伊東忠太が，「模造」と評したことは的を射ているといえよう。

　さて復元と類似した語に「再現」があり，『日本国語大辞典』には，「いったん生じて消えてしまった事態・光景がもう一度現われること。また，もう一度現わすこと」とある。過去の事象を対象とする点が復元とは異なるが，やはり過去に存在したことが前提となるため，語義のうえでは，復元と同じ問題を抱えている。建築に関していえば，儀式などの建物使用行為については「再現」が適切であろう。ただし，一時的であれ，調度や幢幡など儀式に伴う「もの」は，「復元」の対象でもあろう。よって，儀式などにおける建物の使用の検討も広義の「復元」に含めたい。

4 復元と復原の関係

　復原は復元の対義語のように扱われているが，これには誤解がある。復元は「失われて消えてしまったもの」を旧に復そうとする行為であり，遺跡における復元を見ても，発掘調査によって得られた基礎の一部分なりの情報をもとに復元している。修理における復原についても，建物が変化し，「失われて消えてしまったもの」を旧に復する行為である。両者は遺存する痕跡の大小，情報の多寡の違いはあれども，ともに「失われて消えてしまったもの」を元に戻そうとする行為であり，その推定における物的証拠のより強いものを特に復原と区別しているのである。

　このように，「復原」は「復元」の概念と対立するものではなく，より広い語義である「復元」に包含される概念と定義できる（図1-1）。この視点は，復元と復原は，ともに「今はなき過去の形に復するという行為」で，行政上の便宜的な区分であるという指摘に通じる（山岸1994）。

　すなわち，復元と復原の語は対立するものとして用いられてきたが，復原は復元に包含される概念と位置づけるのが適切である。いっぽうの復原の語は，

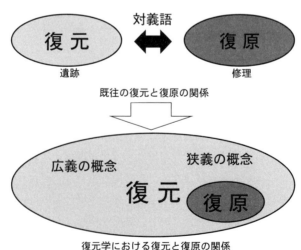

図1-1　復元と復原の概念イメージ図

修理における痕跡にもとづいた行為に限定すべきであろう。

　また，復元と復原で示す範囲が異なることや，一応の復元の定義は先に述べたが，いずれも遺跡や修理現場などにおける現地での「復元」を念頭に置いた指摘である。復元の語義は「失われて消えてしまったものを旧に復すること」であるから，庭園，美術品，儀式や室礼なども復元の対象に含まれよう。そのため前節で述べたように，文献史料などからの建物の形状の考察も復元と同様の行為である。よって復元学では，過去の建築の形や使用方法を考察する行為を広い意味で捉え，復元という語で表現したい。

　以上をまとめると，文化財建造物の修理において狭義の意味で用いられる復原に対し，これを包含する概念として復元を定義することが適切である。そして復元の対象となる範囲は遺跡や現存建造物・庭園，美術品などの実在するものに限定するのではなく，文献史料や絵図などから推定されるもの，儀式などの過去に一時的に存在した建物，空間の使用，使用に関わる室礼・用法なども含まれる。これは定義を広くすることで，学際的な検討の俎上にあげることを一つの目的とするためである。なお「復原」の語の限定的な語義の成立については，近代以降の歴史的建造物の修理の歴史とも大きく関わるため，後述したい（本書 I -2）。

お わ り に

　近年，復元への関与を避け，復元に関する研究という行為そのものに対して批判的立場がとられ，復元と学問の距離が離れているようにも感じられる。たしかに事業としての復元が社会に与える大きさを考えると，真摯に学問に仕える者が忌避するのも無理はない。しかし，歴史的建造物の修理や調査による文化財指定も，遺跡における復元と同様に社会に対して影響力のある行為である。誤解を恐れずにいえば，最適な建築史の専門家が不在でも，復元事業は進められかねない。

　学術的にも日本建築史学の開拓者である伊東忠太や，南都古代建築史の礎を築いた大岡實らの言葉[13]にあるように，復元考察を通して得られる学術的意義は大きく，これと正面から向き合う必要性は高い。

このように「復元」を敵視するのみではなく，建設事業と切り離し，学術的な考察の過程を評価することで，高度な「思考ゲーム」[14]による，建築史学や周辺領域学問に対する貢献という新たな学術的価値を創出できるのではなかろうか。また幅広い定義を構築することで，学際的検討の俎上にあげることも可能であろう。さらに復元の過程を示すことで，復元建物を見る受け手にも解釈のリテラシーを求めることができる。そのために本書では復元学を提唱し，その第一歩としたい。

注
1) 復元を思想として捉えた研究があるものの，この研究も社会の中における復古思想に重点を置いた研究である（鈴木 2006）。いっぽう，史跡における復元に関しては，1991 年に「史跡等における歴史的建造物の復元の取扱いに関する専門委員会」（復元検討委員会）が組織され，「審査指針」にもとづいて，復元の精度を高める検討がなされてきた。これらの行政的な取り組みの歴史や近年の復元や再建に関する現状と課題を述べている（文化庁記念物課史跡部門・整備部門 2016）。その中で，「史跡等における歴史的建造物等の復元の取り扱い基準」から「史跡等における歴史的建造物の復元に関する基準」への改定を示している。前者においては，「当然史跡等の保護にとって支障となるものであってはならないこと」と明記されていたが，後者では削除されており，史跡の保存の面からは注意を要する。いっぽうで，復元の根拠や経緯などを報告書により公開することを明記した点は評価でき，本書で述べるように，復元を学問として捉える素地が形成されつつある。
2) 本章は日本建築学会の大会発表（海野 2015）の内容をもとに，その後の復元学研究会での議論を経て，大幅に加筆修正を行ったものである。
3) 『日本国語辞典』によると，「復古」の初出は天明 2 年（1782）の『文会雑記』に見え，復元よりも早くに用いられた。
4) 青木 2006。これによると，1895 年の平安神宮建設計画時には「模造大極殿」と記され，1910 年の天沼俊一「創立当時に於ける東大寺南大門東西両塔院及其沿革　附講堂食堂僧坊」では「復旧」という語が用いられており，「復元」の用字は見られない。これが 1925 年の長谷川輝雄「四天王寺建築論」では「復元」「復原」が自然に使用されているとし，「復元」という語は大正後期には広範に使用されているとする。
5) 長谷川輝雄「四天王寺建築論」（『建築雑誌』477，1925 年）では，復原の用字が主であるが，一部，復元の字を用いている。これは青柳憲昌の指摘による。
6) 近代以降，各地で城郭の天守が建てられており，近年も名古屋城の木造での再建が議論されている。

7) 復元建物を現地に建設する際には現代の法的制約を受ける。そのため，往時の姿を考察した復元原案をもとに，構造補強や設備などの現代的な改変が加わって復元実施案が作られることが多い。

8) この歴史観の共有は現代の人間同士の間のものと考えられるが，現存遺構の少ない古代建築については，現存建築にとらわれることによって，現代人のイメージの限界があることを指摘している（海野聡「古代建築のイメージの限界―描かれた古代建築の特質―」『奈良文化財研究所紀要 2015』2015 年）。

9) 鈴木は「「復元」や「復原」は時代の変化を貫いて行なわれつづけている。そこからわれわれは近世と近代とを通底する，歴史そのものの構造を見出すことができる」と述べる（鈴木 2006）。

10) 『源氏物語』の建物に関する先人の考証を見ると，太田静六は復元や想定の語を用いていないが，『宇津保物語』に関しては推定復元という語を用いている（太田静六『寝殿造の研究』新装版，吉川弘文館，2010 年〈第一版 1987 年〉）。また池浩三は，想定平面図（『源氏物語―その住まいの世界―』中央公論美術出版，1989 年），平山育男は復元の語を使用している（平山育男「「中川のわたりなる家」復元考」『源氏物語の鑑賞と基礎知識』至文堂，2000 年）。復元の意味するところが「元の姿に復する」という点をふまえると，やはり過去のどの時点においても存在しなかったものを対象に「復元」を用いるのは適切ではなく，明確に区別すべきと考える。

11) 児島大輔の指摘による。

12) 茶室の「写し」は完全に同一の形としないこともあり，継承という概念も含んでおり，やや異なる。

13) 伊東忠太は「自ら実地に日本の建築を計画し設計し，更に現実にそれを造り上げてみることが必要である」（岸田日出刀『建築学者伊東忠太』乾元社，1945 年）と述べ，大岡實は「かなりの想像を加えても立体的に復原して，具体的に眼に見える形にすることが，建築史の発展に必要」で，「次の研究者が修正を加えて進歩させていけばよい」とする。（「鎌倉時代再建の東大寺」『南都七大寺の研究』中央公論美術出版，1966 年）。

14) 浅川 2013。思考ゲームと表記すると，研究者の享楽のための復元のように誤解されるかもしれないが，浅川の意図は現地に建設するという行為と脳内で思考する行為を分断し，後者を重視するということである。復元学においても，実学的視点を一定の距離を置いて捉えることで，学術的な価値と客観性を担保できると考える。

参考文献

青木裕介「平安神宮―模造と復元のはざまで―」『復元思想の社会史』建築資料研究社，2006 年

浅川滋男『建築考古学の実証と復元研究』同成社，2013 年

海野聡「復元学の構築とその定義に関する試論」『日本建築学会学術講演梗概集』2015 年

海野聡『古建築を復元する―過去と現在の架け橋―』歴史文化ライブラリー 444，吉川弘文館，2017 年

金関恕・鈴木嘉吉・大河直躬・山岸常人・佐藤浩司・藤森照信・宮本長二郎「建物復元にどのような原理原則が求められているか」特集「古代建築の復元」『建築雑誌』1426，1998 年

後藤治「保存・復原と近年の諸問題」『歴史的建造物の復元設計』木造建築研究フォラム第 19 回フォラム資料，1993 年

鈴木博之編『復元思想の社会史』建築資料研究社，2006 年

関野克「在信樂藤原豊成殿板殿複原考」『建築雑誌』618，1936 年

関野克「登呂の住居址による原始住家の想像復原」『建築雑誌』774，1951 年

奈良文化財研究所編『発掘遺構から読み解く古代建築』クバプロ，2016 年

文化庁記念物課史跡部門・整備部門「歴史的建造物の復元と復元検討委員会の役割」『月刊文化財』2016 年 1 月号

宮本長二郎『原始・古代住居の復元』日本の美術 420，至文堂，2001 年

矢野和之「志波城跡外郭南門の復元（奈良・平安，岩手県）」特集「古代建築の復元」『建築雑誌』1426，1998 年

山岸常人「文化財『復原』無用論　歴史学研究の観点から」『建築史学』23，1994 年

第2章　考証学による復古から建築史学による復元へ

海 野 　 聡

は じ め に

　前章において暫定的に復元学の定義を行ったが，学問の成立を考えるうえで，近世の状況を無視するわけにはいかないであろう。江戸時代後期には復古思想が勃興し，裏松固禅の『大内裏図考証』や沢田名垂の『家屋雑考』など，過去の建物を探究する行為が行われてきた。そして近代以降，平安神宮や遺跡の竪穴建物などの建設により，過去の建築に対する回顧が断続的に行われてきた。

　この復古を通した近世と近代の関連については鈴木博之の指摘があり，これによれば，復元という行為は時代を超えて行われているとする。茶室の例をあげて，「写し」は近世以前から行われてきたもので，「復元」は時代の要請に従って行われてきた行為であるとし，天守閣の復元など，「あってほしかった」姿を求めるがゆえの歴史の捏造という危険性をはらむと指摘する。そして復元は歴史観の所産であり，歴史のなかで変化するものと捉えている。この指摘は，定義やその成立があいまいな「復元」を考えるうえで重要な示唆である[1]。

　そこで本章では近世，特に19世紀以降の考証と現代まで続く復元を概観し，考証学における復古から建築史学における復元を通観するなかで，復元の持ってきた意味について見てみたい。

1　考証学による復古

　近世の考証学における復古の詳細については，第Ⅱ部に譲るが（本書Ⅱ-1），まずは近世における復古を概観しておきたい。万事，前例主義の朝廷・公家・武家にあって，行事，制度，習慣などは有職故実として研究されてきた。そのなかでも特に江戸時代後期には，裏松光世（固禅）による天明8年（1788）頃

の『大内裏図考証』や沢田名垂による天保13年（1842）の『家屋雑考』などで，有職故実として過去の建築に対する探究も行われていた。これらは，いずれも宮殿や住居の過去に対する興味であって，寺社の建造物に関しては工匠の技術と位置づけられており，主たる検討の対象ではなかった。また裏松は公卿，沢田は会津藩士で，ともに作事に長けていたとは言い難かった。近世の考証学については，加藤悠希の研究に詳しいため詳述は避けるが（加藤2015），ここに文化や技術が断絶して，「失われたもの」を考証学が対象としたという特徴を見出すことができる。

　このように，前近代にも過去の建築を回顧する行為は行われていたが，そこから彼ら自身による建設には発展しなかった。もちろん，彼らは公卿であったり，会津藩士であったりして，自身が工匠ではなかったこともあり，資料の集積に主眼が置かれたのである。裏松の手法は大内裏に関する古典籍を多量に収集するもので，この点においては重要な功績をあげた。ただし内裏は何度も焼失し，そのたびに全く同じ形の建物が再建されたわけではないという視点が欠落していた。そのため，多くの時代の情報を重ねた『大内裏図考証』の図は，どの時代にも実在しないものとなってしまった（図2-1）。特定の時代の大内裏図の姿を解明しようとする意志の有無は明らかではないが，過去に存在した形の探究という点では不備のあるものであったといわざるをえない。

　いっぽうで，寛政期（1789～1801）の内裏の再建においても，あくまで復古による再建という外的要因のもとで作事は行われ，その際には裏松の業績が活用された。ただし，この再建においても儀式の復古に主眼を置いたため，復古の範囲は内裏全体ではなく，儀式の主要な場の平面に限定された。さらにこの寛政度内裏は平安宮内裏の復古を目指したものであったが，実際の諸建築群は当時の考証の成果や江戸時代の建築技術によるものであったため，理想である平安宮と現実は大きく乖離していた。

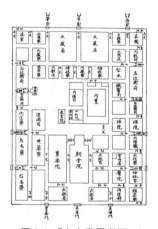

図2-1 『大内裏図考証』に描かれた宮城（出典：『大内裏図考証』第一，改訂増補故実叢書26，明治図書出版，1993年）

2 近代の建築史学の復元

(1) 近代の建築史学の成立

　近世から近代の流れを理解するには近代の建築史学の成立についても触れておく必要があろう。日本における建築学の成立についても，他書に詳しいので詳述は避けるが，概観しておきたい。

　江戸時代末期から建物の西洋化の波は日本に押し寄せていたが，体系的な建築学教育の整備は明治に入ってからである。明治政府は外国人を日本に招聘し，殖産興業に努めたのであるが，建築の専門家で白羽の矢が当たったのがジョサイア・コンドル（1852～1920），その人であった。コンドルは1876年に建築家の登竜門とされるソーン賞を受賞し，日本への招聘依頼を受けると翌年には来日し，工部大学校造家学科（現・東京大学工学部建築学科）教授として教壇に立った。三菱一号館・岩崎久弥邸・三井倶楽部などの設計で知られるが，多くの日本人建築家を養成した日本建築界の父でもある。

　その第1期生の辰野金吾はイギリスに留学した際に自国の建築について答えられず，帰国後に修理職を代々務めた木子家の木子清敬を講師に迎え，日本建築の講義を開いたことはよく知られている。とはいえ，木子の講義は仏堂や神社の定型や木割などが中心で，史的な言及はほとんどなく，石井敬吉がその後を受け，現在の日本建築史の礎は辰野・木子の教え子である伊東忠太の「法隆寺建築論」（1893年）が先駆けとなって築かれた。これが近代日本における建築史学の成立までの概要である。

(2) 建築史学の黎明期と復元

　伊東は現存遺構による実物の調査と，文献による由緒年代の調査を，必要な調査方法として提示している。ただ，伊東自身は歴史的日本建築の特質と芸術的価値の解明に興味があったのであって，歴史に興味があったわけではなく，それを論理的に示すために歴史的調査研究という方法を用いたのである（稲垣1972）。そのうえで建築史の体系的な把握を進めるいっぽうで，建築が形成さ

れた文化史的な背景や文化の比較を試みている。

建築史学の成立の裏では，廃仏毀釈によって荒廃した寺院を中心に，その美術品や建築などの保存を図るという大きな目的があり，現存する古建築の把握と保存は喫緊の課題であった。現に古社寺保存法の施行に先駆けて，1896 年に関野貞は奈良県技師として赴任すると県内の主要寺院を調査して，年代判定と破損の程度の判断を行い，調査成果にもとづいて，新薬師寺本堂を皮切りに諸堂の修理を手がけていった。その際には痕跡にもとづいた復原的考察や図面の作成など，現在の文化財 2) 保存の基礎となる手法がとられた 3)。関野の研究は建立年代の判定に重きを置いたため，建築そのものの観察を重視するものであった。

このように，寺院を中心に古建築の破損は予断を許さない状況であったこともあり，伊東・関野による建築史学の第一段階は現存する古建築にもとづいた研究である。伊東が歴史を現実の変革のための手段と捉えたのに対し，関野は歴史そのものに意義と価値を見出したのであり，両者の目的には大きな差があった。その手法も建築の形に着目した様式論が主となって，文献史料を精査した研究はやや遅れた。さらに，失われてしまった建築を追究する復元的な研究手法の萌芽はさらに時代が下った。

早いものでは大正期の天沼俊一の東大寺伽藍の復元考察があるが（天沼1910），「復旧」の字を用いており復元の字は用いていない。次いで，長谷川輝雄の「法隆寺東院創立当時の計画」（『建築雑誌』465，1925 年）や「四天王寺建築論」（『建築雑誌』477，同年）があり，ここでは「復原」の字を自然に用いている。同氏の研究は建築の創造を重視し，具体的な遺構と文献の復元の重要性に気づいたもので，これが建築史学における復元研究の萌芽とみられ，大岡實ら後進の研究者に継承されていくのである。

いっぽうで，歴史的建造物の修理工事に伴う調査をもとにした復原的な研究としては，天沼俊一の「栄山寺八角堂に就て」（『建築雑誌』297，1911 年）や，「唐招提寺講堂と朝集殿の関係に就て」（天沼1913）などがある。これらは画期的な試みで，前者では復原や復元の語は確認できないが，後者では「復原縦断面図」の語を用いている（図2-2）。はからずも失われた建築や伽藍を探究する復元研究と修理時の痕跡調査による復原研究の隆興は，同じ大正期に生じたの

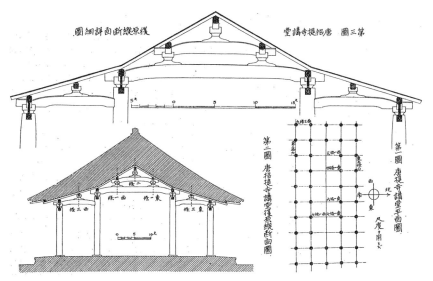

図 2-2 天沼俊一論文の復原図（出典：天沼 1913）

であった。

　このように東大寺の伽藍や建物の復元など，過去の建物や空間を考察する行為は，建築史学の黎明期より下って大正期から開始された。ただし，これらの早い時期には「復原」や「復元」の語を用いておらず，「復旧」の字が用いられていたことが知られる。

　この用字については青木裕介の論考に詳しいので，そちらに譲るが（青木 2006，鈴木 2006 所収），考証学との最大の違いは過去の形状の探究に重きを置いた点であろう。考証学の特徴を一概に述べることはできないが，『大内裏図考証』では資料を収集することに主眼を置いており，過去の情報の蓄積が目的化しているきらいがある。部分的には考察を加えて過去の形状の探究を行っているが，考証学の性格が論拠を示して論証することが重視され，考察には比重が置かれなかった結果であろう。同じく，有職故実も先例主義であったから，淵源を求める姿勢とは主旨を異にしていた。いっぽうで建築学における復元では，あくまで過去の建築の形状の探究が目的であり，参考となる資料の収集は研究の前提にすぎない。そこには大きな隔たりがあるのである。

3 近代以降の修理と復原

（1） 修理における復原の精神

　前述のように，建築史学の黎明期の研究では復元的研究の成立は遅れたが，遺存する古建築の修理のなかで，痕跡をもとに過去の形状に戻す行為は比較的早い段階で行われていた。もちろん関野貞の頃には復原の語を用いておらず，痕跡調査も現在に比べて精度を欠くが，その行為の背景には文化財的な価値評価があった。「現状」に比べて「過去」の価値が高いため，かつての姿に戻すという方針がとられたのである。

　この評価軸は高山林次郎が「古社寺保存の三方法」をあげるなかで[4]，「三建初当時の古式に準じて是を新造する也」が最も良い方法であると述べることからもうかがえる（高山1899）。「現在＜過去」という価値判断を明確に示したもので，この判断は遺跡における復元においても一つの評価軸となろう。

　では，修理における復原の精神はどのように成立していったのであろうか。近代的な修理の価値観のなかで復原を論ずるには，近現代の修理に関して詳述すべきであるが，近代建築における文化財保護の成立背景や修理の状況については伊藤延男や清水重敦らの研究に詳しいため（伊藤1999，清水2013），ここでは復原に関係の深いものに限定して，概要を述べたい。

　周知のとおり，明治維新の混乱と廃仏毀釈によって，パトロンを失った寺社の荒廃は目を覆うような惨状で，1871年には古器旧物保存方の太政官布告を発して，古器旧物の目録と所蔵人の詳細なリストの作成・提出を命じた。1880年頃からは古社寺保存金を交付し，そのいっぽうで岡倉天心らによる寺社の宝物の調査が行われた。そして，1897年の古社寺保存法の公布により，特別保護建造物として保存する方向性が定められた。

　こうしたなかで，明治後半には建造物の修理に着手しはじめるのであるが，長野宇平治が1894年に出した「奈良県仏寺修繕意見書」では，「復古」「修繕」「建築様式ノ再生」などの語が確認でき，後世の修繕によって主要部の変化が明白な部分については復古して保存すべしと説いた。ここでは復原の語は用い

られていないものの，それを志向したのである。

　奈良県に赴任した関野貞が最初に手がけた1898年の新薬師寺本堂の修理では，鎌倉時代前期の内陣天井・延慶3年（1310）の前面の礼堂・後補の間仕切を撤去して奈良時代の形状に復しており（図2-3），今日でいう「復原」を行っている。

　この修理は注目を集めたようで，古社寺保存の理念に関する議論を巻き起こした。修理の翌年には先述のように高山が立論しており，その後も辻善之助が踏み込んだ古社寺保存の方法論として，痕跡による根拠の強弱により復原の必要性の程度を説いている（辻1901）。ここでも当初形式が明白であれば復原するという方針を示しており，やはり「現在＜過去」という価値判断が背景にあることがわかる。いっぽうで，後世の改造でも歴史的・美術的に価値があるものがあるなら保存するという指摘は改造の価値を認めているが，ここにも修理における価値判断というものが通底している。ちなみに，当初形式が不明である場合は存置しておき，後世の研究にゆだねるという方法を提示している。

　いっぽうで，近代修理の先陣を切った関野貞は1929年に建造物当初の構造様式を尊重しつつも，後世の改変は不都合がなければ現状修理とし，当初の様式を示す明確な根拠があれば復旧するとしており（Sekino 1929），復原ありきという考えではなかった。実際，大正期の天沼俊一の修理における調査まで，復原は積極的に行われなかったようである。

　このように，建造物の修理において復原は早期から議論されてきたが，その根底には「現在」と「過去」の姿の価値比較があり，「現在＜過去」という価

図2-3　**明治修理前の新薬師寺本堂**（左：明治修理前　右：平成修理後）（出典：奈良県教育委員会『国宝新薬師寺本堂・重要文化財地蔵堂・重要文化財南門・重要文化財鐘楼修理工事報告書』1996年）

値観があったのであるが，明治期の古建築の把握における価値判断が建立年代に重きを置いていたため，修理において「現在＜過去」という価値判断になるのは自明の理であった。それゆえ復原の用字はともかくとして，近代修理の始原の際に復原の手法が志向されていったのは自然な流れであったのであろう。

(2)　復原の語と修理・発掘

先に述べたように，現在，復原は文化財建造物の修理において痕跡にもとづいて改造前の形式に戻すことを示すが，復元と復原の用語を意識的に使い分けた時期はいつであろうか。換言すれば，いつ頃から復原の語は限定的に用いられはじめたのであろうか。現在も文化財修理の世界で慣用的に用いられているのみで，明確な復原の定義がない以上，それを明らかにすることは困難であるが，この時期を探ることは復原の語の成立を知る大きな手がかりとなろう。

大正期には復元・復原の語が建築学において用いられていることは先に述べたが，昭和前期の建築学に関する論文を見ても，両者の明確な使い分けをしておらず，混用している。現に，藤島亥治郎の論題を見ても，「平出住居址の復原的考察」（『信濃』3，1951 年）と「信濃諸遺蹟による堅穴家屋の復元的考察」（『日本建築学会研究報告』17，1952 年）と，遺跡を対象とした 2 編の論文名を見ても復原と復元を明確には区別していない。

いっぽうで，現在のように復原が修理時の痕跡にもとづく過去の形に戻す行為を示す語として使用されたものとして，まず重要文化財建造物の現状変更説明での用字が一つのカギになろう。「重要文化財現状変更説明」は文化財保護法第 43 条の規定にもとづいて，重要文化財の現状変更の可否を判断するために必要な会議の配布資料として文化庁建造物課において作成されたもので，いわば建造物の修理の履歴書の一つである。建築史学上の重要な資料として，これを奈良文化財研究所がテキスト化している（奈良文化財研究所 2003〜14）。これをもとに，復原に関する用字を見ていくが，1933 年當麻寺金堂および 32 年以前のものについては，要旨の一覧が残るのみである。

さて復原の字であるが，これによると最も古いものは 1931 年 10 月の法住寺虚空蔵堂の項に下記のように確認できる。

五，軒ノ垂下ヲ復原シ，向拝ノ一部ヲ改造セントス

ここでは軒の垂下を元に戻す行為を復原と称しているのである。いっぽうで，同年の妙興寺勅使門の項では次のように記している。

両側面ノ胴部ノ開放ナルヲ土壁ニ復旧セントス

ここでは現状，両側面が開放であるものを土壁に復旧するとしており，ここでいう復旧は痕跡にもとづくものであるかどうか不明であるが，復原の意図を示しているとみられる。他の事例を見ても，復原の語を用いることは少なく，この復旧の語が用いられることが多い。

ただし，不動寺本堂の1933年10月の現状変更説明では，復旧のほかに下記のように復原の語も用いられている。

七，正面三間左側面右側面二間ニ折廻シ仮設シアル床張リヲ撤去シ制規ノ
　　落椽ヲ設ケントスル理由（中略）
　　之等ノ諸資料ニヨリ三方折廻シノ落椽二復原セントスルノデアル

ここでは，縁の腰組の大部分や隅扠首が残ることなどから，床張りを撤去して落縁に復原するとしている。これは痕跡にもとづく復原であり，語の使用としては現在の復原の語義と同義と判断できる。いっぽうで，同じ現状変更のなかで，ほかの項では復旧の字を用いており，復原の限定的な用法には見えない。同様に同月の安国寺釈迦堂でも復原の語が用いられている。

このように，初期の建造物の現状変更を見る限り，修理においては復原を用いており，復元の語は確認できない。すなわち，昭和初期の学術誌における用いられ方と同じく，修理においても復原の字を用いていたのである[5]。

4　平安神宮から登呂遺跡へ

さて修理における復原の志向は早期から存在していたが，近代における建築の復古としては明治宮殿や平安神宮がある。ただし，明治宮殿に関しては京都御所の建物配置を踏襲するものの，和洋折衷のデザインで，過去に存在した宮殿をモチーフとするオリジナルの復元を目指したものではなかった。

いっぽう，平安神宮の建設過程については後述するが（本書Ⅱ-2），平安宮八省院の8分の5で造られたもので，明治時代における復元的な志向の画期であるとされてきた（青木2006ほか）。事実として19世紀の建設事業で，失われ

てしまった建築の探究という点では早い時期である。

　平安神宮の建設にあたって，当初，歴史家の湯本文彦は紀年殿（大極殿）を大極殿跡地に建設すべきと主張したが，閣僚らによって現在の岡崎の地へ移されたという経緯がある。建設地に関する提議がなされていたのであり，復元における場所性の継承という点に言及した早い例であろう。いっぽうで，平安神宮が場所性を失ったことは，規模の縮小とともに平安宮の再現性という点では大きな欠落となる[6]。

　しかし建物の歴史そのものに対する価値ではなく，現実の変革のために歴史を用いたという伊東自身の姿勢や，復元研究・復原研究が大正期に起こっていることを鑑みると，平安神宮の建設は平安宮の「復元」とは大きく意図が異なるとみた方が適切で，あくまで平安神宮も遷都1100年の記念祭の施設であったのであろう。この点については，関野貞が平城宮址の発見に伴って同地に平城神宮の建設構想があったことからもうかがえる。

　いっぽうで，遺跡における復元が始まるのは昭和20年代からである。これらの遺跡における復元は，平安神宮における模造とは大きく異なる点がある。それは場所性である。

　全国でも先駆的な復元の事例としては，1949年の与助尾根遺跡における竪穴建物の復元があり，この監修者は明らかではないが，地元高校生の手で行われた。次いで，同年に堀口捨己による尖石石器時代遺跡，1951年の藤島亥治郎による平出遺跡，関野克の登呂遺跡と続いた（図2-4）。現在，登呂遺跡では，研究の進展により関野案とは異なる竪穴建物が建てられているが，復元の一つの成果として当初の復元のままの姿を「メモリアル広場」に残している。また同じ頃，藤島らによって四天王寺の再建[7]も始まっており，発掘調査の成果にもとづく復元が活発になっていく。

　このように，戦後の遺跡における復元黎明期は，発掘調査の成果にもとづいて復元するという一つの方向性が確立された時期であり，その背景には大岡實らによる発掘遺構に立脚した建築史学の研究の発展があった。同時に現存建築や文献史料の情報の少ない時代の発掘調査が行われ，その上部構造の検討には発掘遺構が重要であったから，それが重要な根拠と位置づけられるようになってきたのである。それゆえに，その復元では地下の発掘遺構という根拠の持つ

24　第Ⅰ部　復元学の概念

図 2-4　竪穴建物の復元（左：登呂遺跡　右：平出遺跡，ともに筆者撮影）

「場所性」という点が強調されていくのである[8]。もちろん，場所の真正性が担保されたからといって，上部構造の真正性の向上にはつながらないのであるが，「場所性」を帯びることで，復元に「過去の建物そのもの」としての真正性を過度に負わされていったのではなかろうか。逆説的にいえば，場所の真正性を失ったからといって，上部構造の真正性を失っているわけではないともいえる。この場所性は模型のほか AR・VR など，多様化の進む現代において復元を考える一つのキーワードになろう。

おわりに

さて近世から近代への転換と接続を図るため，19世紀〜20世紀の状況を通観してきたが，はたして考証学から建築史学は接続していると明確にいえるのであろうか。もちろん，現地での建設を伴う復古・復元はともに社会的な要求によるところが大きく，多くが政治的意図を含んでおり，この両者が明確でない限り，実務的な要求と学術的欲求を区別することは困難である。

辰野の動きを見ても，少なくとも西洋建築の導入期に過去の日本建築を顧みる視点は建築学内部には存在しなかったであろう。建築史学の淵源と考えられる伊東忠太の研究手法も，法隆寺の実測調査という現存建築に即した実証学的手法であり，近世以前の過去の建物に対する興味による考証学の手法とは異なる。この点からみても，失われてしまった建物に対する探究は，時代が下ってから芽生えたと推察できる。

また関野貞らによる修理についても，学術的な探究よりも歴史的建造物の保

存を優先したものであった。もちろん，現存建築の保存は一刻を争う状況で
あったから致し方ないのであるが，関野貞の建築史に対する姿勢もあくまで古
建築の保存のための学問という要素が大きい。同時に修理における復原の志向
は早かったが，その前提として建立年代という文化財保護の概念があったため，
修理においても「現在＜過去」という価値観が通底していたとみられる。

　このように，過去の建築に対する探究という目的は共通するものの，考証学
が文献史料や絵画などを主として，現存する建造物そのものを補助的に扱うの
に対し，建築学では文献史料や絵画を用いつつも，実物に重きを置いている。
ここには有職故実家とは異なって，現場に近く，上部構造に考えを巡らせる必
要性の高い建築学の特徴が表れている。

　一点，復元に関して気をつけておく必要があるのは，復元された建物は過去
の建物ではないという点である[9]。建築史学黎明期には場所を変えているとは
いえ，平安神宮を「模造大極殿」と呼んだように，歴史的に，現存してきた歴
史的建造物と復元的に造られた建物を区別していたが，現代はその線引きが不
明瞭なものも少なからずある。あまつさえ，復元された建物が文化財建造物と
同等の歴史的建造物であるかのように扱われているものまである。

　たとえば，近年も名古屋城天守の木造での復元が企画されており，エレベー
ターの設置が議論を呼んでいる。バリアフリーの軽視は現代社会の中で重大な
視点の欠落であるが，これは復元天守を新築の建築とは捉えていないことに起
因する問題であろう。いくら写真や図面が残っていても，一度失われて歴史的
に断絶した以上，再建であるから新築として捉えるべきで，文化財として特別
に扱うことは，復元することによって，あたかも過去に失われた建物が存続し
ているかのように誤解を与えかねず，大きな危険性をはらんでいる。近世の考
証学による復古から近代の復元で大きく変化してきたが，現代の復元ではその
本分を超えて過度な真正性を担わされていることの表れであろう。そして復元
を取り巻く状況が窮屈になっている原因の一つはここにある。復元の意味が時
代によって変わるとはいえ，歴史の生き証人たる歴史的建造物は復元建物と区
別すべきであり，これを同一視することは「歴史の捏造」になりかねない。復
古という行為自体は近世・近代・現代を通じて行われてきた行為であるが，こ
の点は現代の我々が肝に銘じておくべきことであろう[10]。

注

1) 鈴木の指摘を鑑みると，復元の厳密な定義は多様性や変動性といった特徴を制約する危険性もあり，前章で述べた緩やかな定義はこれに適合するといえる（鈴木 2006）。

2) 1950 年の文化財保護法の制定以前のものについても，古社寺保存法以降の歴史的建造物の保護に関しては文化財の保存，あるいは保護という語を便宜的に用いる。

3) 実際には天沼の復原的考察が行われるまで，旧状維持が建前となっており，積極的な調査も行われていなかったようである（川上 1972）。

4) 古社寺の保存の方法として，下記の 3 つの方法をあげている。

一　古社寺の現状を保存する也

二　建築当時の古式に準じて是を修繕する也

三　建初当時の古式に準じて是を新造する也

ただし，東大寺の大仏殿は江戸時代のものであるから，これを撤去して露仏とすべきであるという論は上記の「三」の新造とは矛盾しており，高山の主張であれば，江戸時代の大仏殿を撤去して奈良時代の形式に準じて復元するという判断をしなくてはならず，古社寺の保存方法が一貫してない。

5) 現状のような復元と復原の二項対立的な理解の成立については定義自体が明確でないため，詳細を明らかにはできないが，建造物修理における復原は大正期より通底してきたとみられる。そのなかで，復原の語を明確に修理に限定的に用いるべきと強く意識された一つの画期としては，1993 年の「法隆寺地域の仏教建造物」の世界遺産登録，翌年の奈良ドキュメントといった時期が考えられる。奈良ドキュメントの存在が示すように，世界遺産登録にあたって，遺跡整備における「復元」に対し，修理における「復原」を区別して対外的に説明する必要性が出てきたと考えられる。日本の木造建築修理のオーセンティシティーが求められるなかで，修理における復原を遺跡における復元と明確に区別する必要があったのではなかろうか。

6) 平安宮大極殿の跡地とされる丸太町周辺を模索したようであるが，発掘調査にもとづいたものではなく，その精度は高かったとは考えにくい。むしろ場所性の真正性を求めたのではなく，土地を継承することに意義を見出したのであろう。土地の継承による歴史的意義については，鈴木博之や筆者の研究に詳しい（鈴木 1990，海野 2018）。

7) 藤島亥治郎は四天王寺の建築形式を法隆寺よりも古式に表現したとしており，設計者の意図が示されたことを明示している。また再建された四天王寺は大阪市街地にあることから木造ではなく，コンクリート造で造られた（藤島 1967）。

8) 場所性を失った平安神宮と類似する行為は各地で行われている。法隆寺東院夢殿を模した信州夢殿が長野県上田市に建てられているし，宮崎県美郷町にも正倉院正倉を模した建物が建てられている（鈴木 2006）。また耕三寺では平等院鳳凰堂をはじめ，日本各地の著名な歴史的建造物を模して，伽藍が造られている。ただし，これらを復元と称することはないのではなかろうか。

9） 青木裕介は，すでに存在しない建物を細部に至るまで正確に復元することは不可能であり，一つの解釈の建物が実際に建つことで，社会的な影響が大きいとし，問題は安易な復元事業であるとする（青木 2006）。同様の指摘は平城宮第一次大極殿を設計した奈良文化財研究所も復元の当事者として認識したうえで，その危険性を表明している（奈良文化財研究所「平城宮第一次大極殿の復原設計」『奈良文化財研究所紀要2003』2003 年）。失われた姿を検討する復元は学術的な行為を主とするのであり，現地に建てる復元事業については切り分けて論じる必要がある。

10） 一定の根拠にもとづいて，遺跡の復元を行うこと自体は，その過程が明示されていれば，現代における復古の行為の一環と位置づけられよう。その行為自体の社会的意義や歴史の政治利用については，検討すべきであろうが，現在の新造であることや復元の考察過程を明示すれば，「歴史の捏造」と揶揄する必要性は低い。むしろ社会的な問題と「歴史の捏造」という学術的な問題は切り分けて議論すべきであろう。また受け手の側も復元されたものが現存する歴史的建造物とは異なることを理解し，復元の過程からその精度を読み取るリテラシーの向上が求められる。

参考文献

Sekino Tadashi (1929) *The Conservation of Ancient building in Japan*, WORLD ENGINEERING CONGRESS TOKYO, Reprinted by The Japanese Committee for ICOMOS, 1989.

青木裕介「平安神宮―模造と復元のはざまで―」『復元思想の社会史』建築資料研究社，2006 年

天沼俊一「創立当時に於ける東大寺南大門，東西両塔院及び其沿革。附講堂，僧房，食堂」『建築雑誌』283，1910 年

天沼俊一「唐招提寺講堂と朝集殿の関係に就て」『建築雑誌』323，1913 年

伊藤延男「日本における文化財保護の発達」『歴史的建造物の保存』新建築学大系 50，彰国社，1999 年

稲垣栄三「10-1　建築史研究のはじまり」『近代日本建築学発達史』下，丸善，1972 年

海野聡『建物が語る日本の歴史』吉川弘文館，2018 年

加藤悠希『近世・近代の歴史意識と建築』中央公論美術出版，2015 年

川上貢「10-5　京都における建築史研究」『近代日本建築学発達史』下，丸善，1972 年

清水重敦『建築保存概念の生成史』中央公論美術出版，2013 年

鈴木博之『東京の「地霊」』文芸春秋，1990 年

鈴木博之『復元思想の社会史』建築資料研究社，2006 年

高山林次郎「古社寺及び古美術の保存を論ず」『太陽』5-10，1899 年

辻善之助「古社寺保存の方法についての世評を論ず」『歴史地理』3-2，1901 年

奈良文化財研究所『重要文化財建造物現状変更説明』2003〜14 年

藤島亥治郎『古寺再現』学生社，1967 年

第3章　復元学の照射範囲
―課題抄出のための覚書―

児 島 大 輔

は じ め に

　日本語としての「復元」ないし「復原」は歴史的な名辞ではなく，本書Ⅰ―
1における海野聡の指摘にもあるように，1868年の西周訳の「万国公法」に
「復原」の語が用いられ，1881年の井上哲次郎ほか編『哲学字彙』に「Redin-
tegration」の訳語として「復原」が見られるのが早い例らしく，これをさか
のぼる例を見出しえない。

　ただし，漢語としての「復元」の初出は遠く漢代にまでさかのぼる。

　『漢書』「律暦志 上」によれば，そもそも元とは時間の単位であった。いわ
ゆる太初暦は前漢の太初元年（B. C. 104）に定められたもので，正史に残る最
も古い暦法として重要である。この太初暦ではひと月の長さを29日＋43/81
日と定めた。135朔望月という食の周期を根拠としたものである。太初暦はそ
の定数である分母をとって八十一分法とも呼ばれる。1年の長さは365日＋
385/1539日となり，1539年で日の端数が除かれて朔の時刻がそろう。この
1539年（365日×1539＋385/1539×1539=56万2120日）を1統と呼んだ。干支は
60で一巡するが，56万2120×3で60の整数倍となるため，3統を経てはじめ
て日の干支がそろう。この3統，すなわち3×1539=4617年を1元と呼ぶ。す
なわち4617年で暦は一巡し，日の干支も暦の基準となった最初の年と同一に
戻り，甲子朔旦冬至を迎える。この一巡してもとに戻ることを『漢書』は「復
元」と呼んだ[1]。このように，本来「復元」とは暦法に関わるきわめて限定的
な用語だったのである（藪内 1969・1979）。

　「復原」についても同様で，明朝に至って前王朝の「元」に復するのを忌み，
「元（yuan）」と音通の「原」の字を用いて「復元」を「復原」と表記したこ

とに由来するという。したがって，両者は語源的には同根ということができる。この暦法に由来する「復元／復原」が敷衍されて，もとに戻るという意味で用いられるようになった「復元／復原」が現代語として通用しているということになろうか。

さて，筆者は本書で主な考察の対象となる建造物や遺跡の復元について定見があるわけではないが，以下では美術史研究との関わりのある事例を中心に，日頃，復元に関して気になる事柄を書き留めておきたい。

1 仏教美術に見る復元―いろ・かたち・いのりの復元と継承―

(1) 古典の復元

歴史的な営為として復元を考えるとすれば，治承4年（1180）の焼き討ち後の南都諸大寺の復興事業は，人災を発端としてはいるが，現代の災害復興事業として復元を考えるうえで格好の比較対照事例となりうる。とりわけ興福寺の復興は，旧規に則った再興を目指した点で現代の復元と深く関わるように思われる。

南都焼討は既成の価値観をも揺るがす大事件であり，その復興は従来の価値観の体現者である天皇家・摂関家にとって重大な使命であった。ここで注目する興福寺の復興では，公家・氏長者・寺家の三者が財源の負担を分担した。氏長者たる九条兼実の日記『玉葉』によれば，養和元年（1181）6月には興福寺伽藍のうち，中金堂・回廊・僧房・経蔵・鐘楼・中門を公家の沙汰，すなわち朝廷担当とし，講堂・南円堂・南大門が氏長者の沙汰，すなわち九条兼実を代表とする藤原氏担当，食堂・上階僧房を寺家の沙汰，すなわち興福寺自身の担当と割り振っている[2]。興福寺にとって表玄関といえる南大門，藤原北家繁栄の基礎を築いた内麻呂・冬嗣ゆかりの南円堂，そして維摩会の会場となる講堂を氏長者の沙汰による再建として定められたことになる。

南円堂復興に際し，本尊不空羂索観音像の造像を担当した仏師がかの運慶の父・康慶であった。このとき制作された不空羂索観音像の相好にはいささか疑義があるとして，南都に下向した兼実は一乗院内に設けられた仏所を連日訪れ，

30 　第Ⅰ部　復元学の概念

康慶に問いただしている[3]。摂関家の当主として故実に忠実に従うべく、在りし日の南円堂本尊の姿を思い浮かべながらの意見であったのだろうか、当初の南円堂本尊像については、南円堂創建時の造像か、あるいはかねてより講堂に安置された不空羂索観音像を移安したものであったか議論のあるところだが、いずれにせよ奈良時代後期から平安初期にかけての造像と目される。いま南円堂像をその時期の様式を反映したものとみるのは難しく、はち切れんばかりの力のみなぎった造形、意

図 3-1　不空羂索観音像（興福寺蔵）

志的な表情はやはり康慶の手になる鎌倉時代初期の様式を見てとるべきであろう（図3-1）。したがって、兼実が違和感を覚えていたとすれば、それはおそらく当を得たものであったのではないかと想像されるのである。

　さて、この復興事業については「旧規のごとく」行われたというが、ではこの旧規とは何を指すのだろうか。上記のいきさつを見る限り、兼実自身は先祖の作り出した空間を元通りに再現することを重視していたのに対し、康慶にとっては法量や形式などが失われた像と同様であればよいという感覚であったように思われる（麻木1985）。実際、康慶による再興像は手勢や持物、台座・光背といった形式については当初像を踏襲していることが当初像を描いたと思われる絵画作品等と比較することで明らかとなる。このことについて、山岸常人は「造営における先規・旧規を守る意識について」と題して東大寺諸建築の鎌倉復興を例に論じている（山岸2018）。これによれば、旧規を守る意識とは規模を踏襲するような表面的なものであって、たとえばそれを上回る優れたものが造られるならば、それを良しとしてきたという。ただし、これは東大寺における特殊な事例とも考えられ、興福寺北円堂や東金堂に見られる保守的な建築様式を順守した復興には、東大寺における新様式摂取の復興とは別の意識が働いているようにも思える。何をどのように「復元」、あるいはかつての姿に「復古」するのか、という命題は価値観を強く反映するため、立場や見方が変わればその希求するところも必然的に変わってくる。このように、興福寺南円

堂の復興事業は現場での一悶着も含めて，そのことを歴史的に知ることのできる格好の事例であろう。

ところで，興福寺仮金堂に安置されていた四天王像が，本来南円堂に安置されていたものであることがほぼ明らかとなっている（藤岡2010）。この研究は様式論をふまえたうえで絵画や文献を駆使したもので，移動する仏像の原位置を復元的に考察したものである。こうした研究成果を受けて，2018年から南円堂では不空羂索観音像を中心に旧仮金堂四天王像と法相六祖像を安置し，かつての堂内の安置状況を再現している。

(2) 霊験の継続と復元

木彫仏像用材の中には建造物の古材など由緒の知られる木材を再利用することがままある（児島2019b）。そうした特殊な木材利用の中でもここで注目すべきは，仏像を復興する際に残された古像の部材などを像内に納めることであろう。その代表例が福岡の観世音寺の不空羂索観音像で，像内から塑像心木が発見されている（図3-2）。おそらくは奈良時代創建当初の不空羂索観音像の塑像心木であろう（八尋2005）。このように古材を仏像用材として再利用するのではなく，また廃棄するのでもなく，像内に納入するという行為を選択したことが復元を考えるうえで重要な視点を与えてくれるように思う。すなわち，こうした例は姿形を改めざるをえない状況となったとしても，旧仏の霊威・霊験性が新たに造られる像にも継続して備わっていることを担保するため古像の残存部材を像内に安置したと考えられる。ただし，こうした納入品はいったん像内に納められると外からは目視で確認することができなくなってしまう。おそらくは造像時に納入行為を顕示するような儀礼が行われたと思われるが，今それを詳らかにすることができない。今後の検討課題の一つである。

図3-2 不空羂索観音像内納入塑像心木（観世音寺蔵，太宰府市教育委員会提供）

復興された仏像における霊威の復元について考えるとき，奈良・長谷寺本尊の十一面観音菩薩像を欠かすことはできない。長谷寺の十一面観音像は稀代の霊験像として歴史を通じて朝野を挙げた尊崇を集めてきた。そのため，被災するたびに再興されてきた経緯がある。もともとの観音像は奈良時代に造像されたと伝え，この当初像の持つ強い霊験性の根源は，御衣木すなわち仏像用材にあった。本像は漂流しながら各地で祟りをなしていたクスノキの霊木を用材としたと伝えられるのである[4]。さて，この長谷寺観音像が罹災したのち，復興に際しては近隣の杉や楠のうち，特に霹靂木が用材として選ばれたことが知られる（横田2006）。霹靂木とは落雷を受けた樹木のことである。落雷を受けた樹木は天より霊威を授けられた霊木と考えられた。当初像の御衣木のような祟りまでは起こさずとも霊威を持つ樹木を復興像の御衣木に選ぶ必要があったのであろう。そうしたとき，霹靂木は霊威を備えたことを最もわかりやすく示す霊木だったのである。このように，長谷寺の観音像復興に際してはただ姿かたちを元の通りに復元するだけでなく，霊威の回復こそが求められたのであった。

　ここで示した木彫仏像の納入古材と用材として選ばれた霊木との例は，一見しただけでは当初像の復元とは関わりがないように見える。そのような選択がなされようとなされまいと，少なくとも外観上に大した相違はないだろう。ところが，復元する意味においてはきわめて重要であったことが理解される。こうした歴史的経緯あるいは宗教的文脈をどう読み解くかは，復元を考えるうえで大きな課題となるのではないだろうか。

（3）　修理と復元で失われるもの

　愛知の本證寺の木造聖徳太子像は東海地方の浄土真宗寺院における聖徳太子信仰を考えるうえで貴重な，いわゆる聖徳太子孝養像である。地元の安城市歴史博物館が開館する際，収蔵品の目玉として地域の歴史資料を代表する本像の複製を作成することが企図された。型取りのための事前調査の結果，本像の表面の彩色が剝落する可能性が高いことから修理を行うこととなった。さらに修理のための調査を行うと，表面に残る彩色は近世の補彩であり像の価値を損ねていることが明らかとなった。そこで，修理に際してはこの補彩層は取り除かれ，頭髪部と眼部を除き素地を露出した仕上げとし，作成した複製では近世の

図3-3　聖徳太子像（本證寺蔵，安城市歴史博物館提供）

補彩を再現することとした（安城市教育委員会 1994，INAX 2006）。ここに本像の復元後の姿を示す（図3-3）。

　このように，仏像等の彫刻の修理では「近世の補彩」はオリジナルの像容を損ねていると判断されて除去されることがある。現代の文化財保護的観点からは修理の原則は現状維持といいながらも，その実，かなりバイアスのかかった判断をしてきているように思う。修理後の完成形をどのようなものにするかは常に議論の対象となる難題であるが，文化財としての価値を考える場合にはオリジナルを重視する傾向が強い。ただし，この時のオリジナルとは実際に造像当初の姿を再現するということよりも，結果的には後世の補彩などを取り除くことを意味する。本来は漆箔であれ彩色であれ表面仕上げが施されていたであろうことは顧みられず，木彫像の素地を露出するということは，極端にいえばおそらくは歴史上でさらしたことのない，裸同然の状態にされてしまうことを意味する。無論のこと，檀像のようなもともと素地を露出していた特殊な例はここでの議論の対象外である。礼拝の対象である仏像は，表面がはげ落ちるたびに，その時々の篤信の者たちによって補彩がなされてきたのであろう。修理の痕跡はその像が伝わってきたこれまでの歴史の蓄積でもある。表面の彩色だけでなく，飾り金具などを付けて初めて仏像は完成といえるはずであるにもかかわらず，仏像が彫刻作品として扱われ，彫技の鑑賞を妨げる後世の彩色は除去されてしまうのである。当然のことながら，修理委員会などが組織されて議論検討されたうえでの結論であろうから，その時々の最適解が得られているものと想像される。現状維持の原則を変更してでも修理痕跡を除去することはそう躊躇することなく行われかねない。その倫理の正当性はどれほど担保されているのであろうか。このことは，後述する想定復元の過程においても共通して重要な課題となっている。

そして，同様のことは建造物の修理過程でも行われている[5]。いわゆる「復原」と呼ぶ整備である。復原は失われた建造物を復元して再建することではなく，目の前にある建物を元のある時点の姿を想定して戻すことを意味する。このように，修理の際に創建当初の姿を重視してその姿に復す行為を特に「復原」と呼ぶことは，専門的な述語というよりむしろ建造物に関する文化財行政における慣用的な語用のようである（本書Ⅰ-1参照）。そして，この建造物修理の分野でも上記したのと同様の心性が強く働いていることに対して，山岸常人は警鐘を鳴らしている（山岸1994）。建造物にとって修理が積み重ねられてきたことも貴重な歴史的意味を持つにもかかわらず，当初の姿が最も価値があると考えられるために，元の姿を想定して復原される。そうした価値判断によって修理前までの姿は改変を加えられたものとして忌避され，積み重ねられた修理の痕跡は抹消されてしまうのだ。修理の痕跡は，そのモノが生きてきた証でもある。その成長の過程をすべて取り去り，うぶな状態に戻すことの意味はその都度，常に問い直されなければならない。

　以上，仏教美術を対象とした復元に関わる問題点をいくつかあげてみた。次に考えたいのは，たとえ仏像が失われた後であっても復元をしなかった事例についてである。以下では，復元しないという選択肢が歴史的に存在したことを明らかにすべく，いくつかの事例を紹介しておきたい。

2　復元しないという選択—代用と転用の文化史—

（1）　宗祖自刻の仏像

「叡岳要記」「山門堂舎記」などによれば，滋賀・比叡山延暦寺根本中堂には創建当初，宗祖伝教大師最澄が山中の倒木を自ら彫刻した薬師像を本尊として安置していたという。この薬師像は永享7年（1435）の根本中堂焼失に際して失われ，宝徳2年（1450）に新たな薬師像を造立している。しかし，この像も元亀2年（1571）の織田信長の焼討によってやはり失われてしまう。その後の根本中堂の再興時には新たに造り直されず，最澄自刻との言い伝えのある薬師像を岐阜・横蔵寺から移坐している。現在根本中堂に安置される薬師如来像が

この3代目本尊である。

　延暦寺あるいは天台宗にとって，根本中堂の復興は最澄によって創り出された宗教空間の再興に他ならなかった。本尊は姿かたちを復元するだけでは不十分で，最澄由縁の像であることがまずもって重視されたのだろう。最澄自刻の当初像が失われたのち，中世における復興時には根本中堂の焼け残った材にそうした「最澄由縁」という聖性を見出すことで，材を御衣木として本尊薬師像を新造しえた。ところが，それらもすべて滅した焼討後はそうした聖性を有する仏像ないし木材を延暦寺山内から得ることが困難となり，岐阜・横蔵寺から最澄自刻との伝説を持つ薬師像を移坐するに至ったということであろう。この転用による近世根本中堂本尊再興の例は，宗教空間を復元する際に新たに造り直すよりも，代替品を用いてでもその由緒・聖性を優先する心性の存したことが知られる貴重なケースとして評価できる。延暦寺山内においては堂宇の移築が盛んに行われていたことが，建造物の悉皆調査によって明らかにされている（奈良文化財研究所 2013）。そうした移築行為のすべてに上記したような理由が一元的に存在するとまではいえないだろうが，移築の背後に潜む宗教的文脈の存否についても今後は検討されなければならないだろう。

(2) 本歌と写し

図3-4　藪内家燕庵
　　　（公益財団法人藪内燕庵蔵，田畑みなお撮影）

　京都・藪内家燕庵（図3-4）は藪内流宗家の茶室である。古田織部好みと伝え，織部が大坂へ出陣の際に義弟・藪内剣仲に与えた京屋敷の茶室という。元治元年（1864）兵火によって藪内家は類焼し，燕庵も焼失した。しかし，藪内家では新たに茶室を建て直すことなく，慶応3年（1867）に摂津有馬結場村から燕庵写しの茶室を移築した。この茶室は天保2年（1831）頃に当地の武田儀右衛門が相伝を受けて燕庵を忠実に写したもので，燕庵焼失当時，現存していた最古の燕庵写しであったという（中村1982）。ここでは最古の

写しを転用することで，家元の茶室にいわば昇格させたかたちとなった。そして，これは特段の判断がなされたものではなく，最古の写しを繰り上げて燕庵とすることは藪内流の内規として定められたものであるという。写しを造らせることは相伝の証であると同時に，万が一に備えた流派存続のために必要な策であり，古人の創意を忠実に受け継ぐための受け皿でもあった。いわば，茶室の写しが，かたちの継承システムとしての一端を担っていたのである。

(3) 仮金堂の融通

興福寺はもともと平城京内最大級の寺院で，伽藍には三金堂が建ち，そのうち中金堂は大極殿と同規模の建造物として威容を誇っていたが，6度の罹災と復興を経てきた。この失われた中金堂は再建されず，薬師寺金堂を移築転用した経緯がある。薬師寺では白鳳伽藍の復興を目指し，失われた建造物の再現による伽藍整備を行っている。その過程で伽藍の中心である金堂復興工事に伴い，従来金堂の地に建ち国宝の薬師三尊を守ってきた室町建築である旧金堂は1971年に興福寺講堂跡地へと移され，仮金堂の役を担うこととなったのである（興福寺 1975）。復元をせずに現存する別の建物を転用した一事例である。

ところが，興福寺においても伽藍復興の機運が高まり，2018年に中金堂の復興がなされるに及んで，講堂跡地に建つ仮金堂は金堂としての役割を終えて仮講堂と称されるに至った（図3-5）。興福寺の講堂は歴史上大きな意味を持つ。それは南京三会と称された興福寺維摩会の会場だったからである。かつて薬師寺では大講堂の復元に伴い，同様に三会の一つ最勝会が2003年に復興されている。興福寺でも今後はこの仮講堂の整備と維摩会の復興とが大きな課題となるだろう。宗教施設における建造物の復元理由に宗教的な意義や機能を求めることは，本来最低限の必要条件なの

図 3-5　興福寺仮講堂（撮影当時は仮金堂）
（出典：奈良文化財研究所編『興福寺第Ⅰ期境内整備事業にともなう発掘調査概報』Ⅲ，興福寺，2002年）

ではないだろうか。現地に復元されて建つことの意義は大きいとはいえ，たとえば現代の日本における仏教僧団において僧房や食堂は，僧侶の数からもその宗教的機能からもほとんどその存在意義がないはずである[6]。現に薬師寺では復元された僧房に僧侶は居住しておらず，収蔵庫や講堂などとして使用されている。歴史上の興福寺講堂はなにも維摩会のみに用いられてきたわけではないとはいえ，講堂の復元は維摩会の復興とセットで考えられるべき存在だろう。

(4) 複製仏像と復元されたコミュニティー

　遺憾ながら近年，地域の歴史・文化を支えてきた文化財の喪失が社会問題化している。仏像・神像を対象とした盗難事件が頻発し，その被害は全国に及んでいるのだ。筆者はかつて埼玉県松伏町において町史編纂に伴う文化財（仏像等の仏教美術品）の悉皆調査に関わったが，調査終了後約10年で少なくとも6件の盗難被害が発覚している（児島2019a）。これらは調査を終えていたために被害が判明しただけのことである。調査の進んでいない地域においてはその被害の実態すら知ることが難しく，発覚している被害はむしろ氷山の一角にすぎない可能性が高い。

　こうした問題に対処するうえでも，文化財の複製の作製は事件を未然に防ぐことができる有効な手段として注目されている。三次元計測装置や立体印刷機の技術が目覚ましく進歩を遂げたことによって実物を博物館施設へ寄託収蔵し，かわりに実物と寸分違わない複製が寺院で「仏像」の役割を果たすという事例が増えつつあるのだ（大河内2019）。失われた仏像の復元が行われなくて済むように複製を作らなくてはならない御時世は決して褒められたものではないかもしれないが，仏像の盗難自体は遠く古代から被害が記録されている。その根本的な解決にはなっていないものの，現実的な妥協案として高く評価すべきだろう。

　礼拝の対象を複製品とすることに当然批判はあるだろう。ところが，実際に寄せられるそうした批判は部外者からのもので，当事者たちにはすこぶる好評であるという。和歌山で積み重ねられている事例では，地元の高校生など学生が複製の製作に携わり，彼らによって複製仏像の奉納（納品）が行われている。すると，奉納を受けた寺院・檀家は具体的な製作者たちの顔が見えるために，

これまで以上に仏像（の複製）に親近感がわくのだと言い，また，何よりも貴重な仏像を安置していないことから枕を高くして安眠できるようになったともいう。さらに近年では，クラウドファンディングによる仏像修理なども行われている（大河内 2019，和歌山県立博物館 2019）。まさに現代版の智識・勧進である。現在の文化財保護制度は，当然ながら文化財を守る人々とそれを支える社会の存在を前提としている。過疎化と高齢化によって肝心のそのコミュニティー自体が崩壊の危機に瀕している今，コミュニティーの修復なくしては文化財の保護は覚束ない。仏像の複製は盗難等によって仏像を復元せざるをえない状況を回避するための方策であるが，和歌山での事例は表面的な仏像の修理や複製の製作だけではなく，結果的に仏像を守り伝えるためのコミュニティーやネットワークの修復という，もっと根幹に関わる部分に役立っているという稀有なモデルケースとして今後模範とされるべきであろう。

　以上，歴史的な復元事例とともに復元しないという選択肢が歴史的に存在したこと，さらには復元しなくてはならない状況に陥るのを回避するための活動を例示してきた。いわば代用と転用の文化史もまた綿々と受け継がれてきたことを示し，実際に復元する建物や仏像などを支えるコミュニティーやネットワーク，宗教行為をも復元する必要のあることを，あるいは復元できることを例示したつもりである。では，現在の復元事例には実際にどのような問題が横たわっているのだろうか。次節では復元学の検討課題をあぶりだすことを目的に，具体的な復元事例を検証してみたい。

3　想定復元—実証と想像のはざまで—

（1）復元仏像と色彩

　鳥取・上淀廃寺跡は 7 世紀後半に創建されたとみられる古代寺院遺跡で，大量の壁画片や塑像片が出土したことで話題を呼んだ（中原 2017）。史跡指定を受けた現地整備に伴って建設されたガイダンス施設「上淀白鳳の丘展示館」は，古代寺院の金堂内部空間が原寸大で想定復元・再現されている点で稀有な存在となっている。上淀廃寺は逸名の古代寺院だが，復元されたのはその金堂と思

図 3-6　上淀白鳳の丘展示館内部
（上淀白鳳の丘展示館提供）

われる中心建物の内部である。柱，内陣の格天井，支輪板，外陣壁画，そして内陣須弥壇とその上に安置される丈六三尊像が復元されている（図3-6）。

　三尊像の復元の根拠とされたのは総数3,800点に及ぶ出土塑像片で，このうち造形的な要素を持つものが約700点，さらに復元の直接的な根拠となったのは100点ほどの塑像片だという。これらを整理した結果，金堂と推定される上淀廃寺遺跡の中心建物には丈六級の如来像と一丈級の脇侍菩薩像，および天部像などの存在が推定されるに至った。遺跡の発掘調査によると，金堂は8世紀中頃に大きな改変が加えられたと考えられており，このときに内陣に塑造三尊像が安置されるとともに壁画が描かれたと推定されている（百橋1992，山崎1992，松田2015）。

　こうした調査成果をふまえ，塑像については丈六如来坐像の左右に脇侍菩薩立像を配し，8世紀後半の様式を採用して復元が行われている。面貌表現や両手の印相，足の組み方や袈裟のまとい方についてはあくまで想定復元と呼ぶべきで，いずれも蓋然性は高いものの確証はない。それどころか，中尊が坐像であった確証も脇侍が立像であった確証も得られていない。それでも姿かたちは復元されている。

　また，出土した塑像片には彩色の痕跡がうかがえる。にもかかわらず，三尊像の表面は彩色が行われずに白色を呈したまま，というよりもFRP（繊維強化プラスチック）で塑形したうえで塑像の地色を模した着色（白みがかったモスグリーン）を施して仕上げとしている。彩色については「検討作業部会で検討した結果，文様も含めた彩色復元は極めて困難」であり，学術的，時間的に復元が不可能だと判断されたという（米子市教育委員会2014）。壁画や天井支輪板の彩色については断片的な出土遺物等の情報から全体を復元しているが，仏像の復元においてはこの手法を選択することを拒んだことになる。

確かに古代の色彩を復元した CG などを目にすると，色彩が持つ視覚情報の量がイメージに大きく作用するためか，その鮮烈な印象は他の情報をすべて忘れさせるほどの衝撃を伴うことがままある。不確定な想定復元による彩色を施すことで色彩イメージが先行し，より重要な事柄がイメージとして損なわれることを恐れたのであろうか。かつて丈六塑像が存在していたということに何よりも力点を置き，白色仕上げを行ったうえで光背の存在もぼかすという選択がなされたものらしい。これも一つの復元のあり方ではある。しかし，まばゆい建物の復元と白々しい仏像の復元との間に統一感はないために強い違和感を覚えるのもまた事実である。新築の堂内に未完成の仏像が仮に置かれている状態とみることもできるだろう。あるいは，そのような白い仏像が安置されていたと誤解されかねない。塑像であることは確かだが，いかなる彩色が施されていたかわからないという良心の発露が，結果として害悪となりうる可能性をもはらむことに注意が必要だろう。復元をとどめた部分は周囲から浮いた存在となり，かえって目立ってしまうことがあるのだ。

　同様の事例は福島・慧日寺跡でも見られる。慧日寺は三一権実論争で知られる徳一の創建と伝える平安初期にさかのぼる東北地方屈指の古代寺院遺跡で，史跡整備によって古代寺院の伽藍がよみがえりつつある。この整備事業は史跡地における建築復元ということもあって，遺構から判断される以上のことを大胆に推測することが避けられているためか，復元された建物はきわめてシンプルな堂に仕上がっている。この復元された堂内には，かつて存在していたと想定される薬師如来像が復元され，2018 年に納められた。この薬師像は木造漆箔仕上げに古色を施している。まばゆいばかりの朱塗り白壁の堂内にくすんだ仏像が安置されていることになる。何ともいいようのない違和感は，創建当初の姿を復元した金堂と数百年の月日を経た姿を想定したような仏像との不均衡が生み出すのだろう。この慧日寺跡では，上記した上淀廃寺の例とは異なり新築の堂に旧仏を移安したかのような印象を受ける。

　寺院としてではなく古代遺跡の展示施設として復元がなされ，礼拝対象の仏像としてではなく施設内で理解を助けるための展示品として造像された仏像は，博物館資料あるいはいわば現代彫刻のインスタレーションとして評価されるべきかもしれない。古代寺院を復元した上淀廃寺，慧日寺いずれの例でも感じる

違和感は，建築の復元と内部に安置される仏像の復元との全く異なる時間軸が同一の場に出くわして生じた不協和音によるものであろう。建築の復元が今まさに完成を迎えたようなまばゆさであるのに対して，上淀廃寺では仏像の彩色は施されず未完成の状態を示すかのようであり，慧日寺では仏像に古色が施されるため新築の建物に古仏を移したかのように見える。建築と美術それぞれの立場で復元に対する考え方は異なり，復元は両者の観点，それぞれによって評価されるものだろう。しかし，結果としては歴史上のある時点を再現するのではなく，歴史上ありえなかった景観を創出していることになる。不作為に複数の時間を表出しているのである。考古学，建築史や美術史といったそれぞれの分野では各々真摯に復元に取り組んだ成果であったとしても，全体として方向性が統一されない復元はかえって誤解を招きかねない。しかも，とりわけ原寸大で復元されてしまえば，目の前に現出する状況が歴史的な事実の再現であると捉えられる危険性をはらんでいる。復元とはそれほど力を持った作用を及ぼすのである。後述するように，絵画作品に複数の時間が内在しているのと同じ状況が復元結果でも起きていることになる。これを読み解くのは至難の業である。

　このような状況が生み出された原因の一つには仏像と建物との置かれる環境の違い，すなわち室内のある程度良好な環境下で保全されることが前提の仏像と，雨風，さらには雪にまでさらされながらも建ち続けなければならない建造物との違いがあるだろう。しかし，もっと根本的な感覚の問題も存在しているように思う。これは美術史を学んできた筆者自身の実感であり，決して揶揄するつもりはないのだが，一つには美術史研究者の多くが「古美術」愛好家であることが原因にあるように思う。金色に燦然と輝く仏像よりも古色蒼然とした雰囲気に落ち着きを覚え，古色を尊ぶことが根底にあるのではないだろうか。古色に時間の蓄積，つまりは歴史を感じるということもある。造像時の状況を復元するのであれば，当然仏像は燦然と輝いていなければならないはずだが，それを良しとしない心性が働いているように思える。そして，この心性は前節の修理の事例で触れたオリジナル至上主義とも同居しているのではないだろうか。さらには，個々の分野の専門家が個別に復元考察を行ったとしても，整備の段階で総合的な統括が十分になされていないという点も問題の一端としてあろう。事業が分野ごとに個別化されてしまう危険性も，ここに現れている。

42　第Ⅰ部　復元学の概念

(2) 現代作家による壁画

　古代宮廷の中心建物である大極殿は，即位礼や元日朝賀，賓客応接や臨時の仏事にのみ用いられたという。特別史跡平城宮跡における第一次大極殿（以下，大極殿とする）の「復元」[7]は，先行する朱雀門などの過去の復元事例をふまえた大規模な国家プロジェクトであった（図3-7）。ただし，朱雀門が門としての機能をも有しているのに対して，大極殿は実用を目的としない復元事例として注目される。ここで元日朝賀や即位礼等の儀礼が行われることは，まず想定されていない。

　この大極殿の復元は発掘調査，類例調査や文献史料の調査といった綿密な研究を重ねた結果であり，すでに報告書も刊行されているため復元学のケーススタディとしては格好の事例となる。私見によればこの大極殿の復元案に対して若干の異論があることをかつて触れたことがある（児島 2012）。それは大極殿小壁に描かれた壁画の問題である。端的に述べれば，現代作家の個性あふれる絵画が復元建物内に掲示されていることが不思議でならないのである（図3-8）。

　そもそも壁画の存在の有無が議論されるべきところだろうが，報告書を読む限りでは壁画自体の有無について議論された形跡は見当たらない。そのような壁画がなかったとはいえない，という消極的な結論を述べるのみなのである。まず壁画ありきで話が進むだけでなく，画題までもが決まったうえで，大極殿完成時の様式とはどのようなものかという踏み込んだ課題が検討されたようである（窪寺 2010，百橋 2010）。大極殿復元事業における壁画の復元は，副次的な問題として矮小化されたきらいがある。それどころか，文化庁による復元工事の記録には，天井格子と支輪板の蓮華文の記述のみが見られ，

図 3-7　平城宮跡第一次大極殿
（出典：文化財建造物保存技術協会 2013）

図 3-8　第一次大極殿壁画（戌図）
（奈良文化財研究所提供）

四神・十二支・雲気文を描いた壁画についての記載がないのだ（文化財建造物保存技術協会 2013）。大極殿研究において考古学や建築史，文献史学の分野が中心となるのは致し方のないことであるが，壁画のような視覚効果の高いものはもう少し慎重に検討を加える必要があったのではないだろうか。

たしかに，この壁画については大極殿内の案内看板やパンフレットで作者を明らかにしているうえ，復元考察によったとは書かれていない。しかしながら，遠足や修学旅行などで平城宮跡の第一次大極殿を訪れる児童や生徒にとって，専門の研究者たちがこだわった構造や意匠の細部における建築史的な正当性は，たとえ説明されたとしても理解の及ぶことは難しいだろう。それに対して，壁画の表現がきわめて現代的で，イヌやウサギをあらわしていることは一目瞭然である。こうしたわかりやすい画題と表現方法とが悪いというわけではない。この現代日本画のどこに歴史的な正当性が保証されているのだろうか。瞥見では到底奈良時代の絵画には見えないのであって，材料や工法・技法の細部にまでこだわった復元建物との違和感を覚える同居は，異常な状態といわざるをえない。

（3）　近世の復元的修復

元の状態がわからなければ，修理修復にある程度想定が含まれることは致し方ない。そうした想定復元の妥当性に対して，近世後期にすでに厳しいまなざしが向けられていた事例を紹介しておきたい。山梨の菅田天神社所蔵の国宝・小桜韋威鎧は新羅三郎義光以来甲斐源氏重代の名甲「楯無」として相伝されたと伝える。この楯無の鎧が寛政元年（1789）に盗難に遭い大破したのを，同 3 年に江戸の甲冑師・明珍長門守宗政が修理し元の姿に復元した。ところが，松平定信は『集古十種』においてその修理を批判している。曰く「俗工みだりに修補を加ふ」[8] と。したがって『集古十種』には模本に従って修理前の姿を掲

載しているばかりか（川見 2017），文政 10 年（1827）には別の甲冑師・岩井与左衛門によって更なる修理が行われているのだ。実は，この鎧は早くに複数の鎧を寄せ集めたものであったらしいことが近年の調査で明らかにされている（山梨県立博物館 2007）。つまり，盗難・大破の以前からすでに当初の姿を留めていなかった可能性もあるのだ。みだりに修補を行ったとする『集古十種』の批判は，当を得たものではなかったのかもしれない。しかしながら，誰が行ったにせよ，いい加減な復元を行ったことに対する厳しい態度は評価すべきものがあるだろう。松平定信は寛政 7 年（1795）に当の明珍長門父子（宗政・宗妙）に楯無鎧の模造復元を命じ，自領の白河・鹿嶋神社に奉納している。制約のある中での実物の修理を経験している甲冑師に本来あるべき姿を復元させるなど，さすがは楽翁（定信）なかなかの名プロデューサーぶりである。とはいえ，現在鹿嶋神社に伝わる楯無鎧写を見ると当世具足の特徴も備えているため，純粋に考証学的な復元を試みたわけではないのかもしれない。あるいは定信の意向が別のところにあったのか定かではない。

島根の日御碕神社所蔵の国宝・白糸威鎧は鎌倉時代末期の優美な甲冑で，近世には源頼朝奉納と伝わっていた（図 3-9）。この鎧は幕末に相当傷んでいたようで，文化 2 年（1805）に松江藩主松平治郷の命によって江戸の甲冑師・寺本安宅が修理を行っている。この修理は当時としては画期的な手法を用いており注目される。すなわち，新たに補う部分には「文化二年修補」の文字を染めた白韋を用い，修理内容を記録し，取り外された残欠類はすべて別途保管するという徹底ぶりなのである。余計な想定復元を行わず，あくまで足りない部分を白い韋で繕うだけ，しかも後補部分を明示するという現状維持に徹した修理は，現在の文化財修理にも等しい価値観を示している（児島 2009）。

図 3-9　白糸威鎧
（日御碕神社蔵，出典：京都国立博物館・九州国立博物館編『国宝　大神社展』図録，2013 年）

これら近世の鎧の修復2例とも，考証学あるいは文化財という概念の萌芽を感じさせる事例である。どちらの事例も修復後に甲冑として用いることを想定していないことは共通する。ただし，目指す方向性は若干異なっている。どちらが良いというような対立項として紹介したかったわけではない。いずれもまた，復元を考えるうえで参考となる事例であろう。

(4) 復元のボーダーライン

緑青を吹く銅板瓦葺の屋根，最上層の黒塗りの腰壁に描かれた金の虎など，特徴的な外観は誰でも一目で大阪城とわかる個性的なもので，大阪城天守閣はいまや年間 250 万人以上の入館者を迎え入れており，大阪の文字通りのシンボルとなっている（図 3-10）。歴史上の大坂城天守は豊臣秀吉によって天正 11 年（1583）に完成したと伝え，慶長 20 年（1615）大坂夏の陣で落城，寛永 7 年（1630）徳川政権によって新しく再建されるも，寛文 5 年（1665）に雷火によって焼失して以来，天守は長らく再建されることがなかった[9]。

1927 年，大阪市長関一の発議による昭和天皇即位御大典を記念する天守再建を大阪市会は決議した。市民からの寄付金をもって再建された大阪城天守閣は，大阪城天守閣所蔵の「大坂夏の陣図屏風」（図 3-11）を大きなよりどころとして豊臣時代の天守閣を当時最新の工法を用いて再現したものである。設計監理は大阪市土木部建築課が担当し，1931 年に竣工している（酒井 2014・2017）。

図 3-10　大阪城天守閣（筆者撮影）

現代的な観点からは，徳川時代の大坂城の遺構上に豊臣時代の天守を復興したことについて批判のあるところだろう。しかしながら，時系列を考えればこうした批判は不当である。現在地表に露出する遺構の地下に豊臣時代の遺構が眠っている可能性が明らかとなるのは 1958 年の「大坂城総合学術調査」によ

る発掘調査成果を待たねばならなかったからである。しかも、この時の調査では現在の遺構がすべて徳川時代のものであって地下で発見された遺構が豊臣時代のものであるという結論には至らず、「謎の石垣」と呼ばれるようになったという（大阪城天守閣 2013）。もしも批判をするならば、天守を復興する際こうしたことを想定して発掘を含めた調査を行わなかったことこそ論点にしなく

図 3-11　大坂夏の陣図屏風（部分）
（大阪城天守閣蔵）

てならないだろう。ところが、当時の大坂城跡は陸軍用地であり、調査を企図していたとしても実現しなかっただろうことは想像に難くない。天守復興の許認可と引き換えに、帝国陸軍は大阪市に対して第四師団司令部庁舎新築費用として 150 万円を要求していた。のちにこれは 80 万円まで減額されるが、寄付金総額 150 万円のうち過半の 80 万円もの大金を費やして第四師団司令部（現存）を新築し寄贈しなければ、天守の復興はなしえなかったのである（中村 2018）。復元事業が高度な政治案件であることが、昔も今も変わらないことをうかがわせるに十分な例であろう。

　このように、復元にいたる考証やその採用された手法は十全のものとはいえず、現代的な観点に立てば少なからぬ問題をはらんでいるといえるかもしれない。しかしながら、大阪城天守閣は SRC 造による近代建築としての天守閣の先駆けであり、かつ内部を博物館施設として活用するという独創的な利用法はすでに 80 余年の歴史を有していることから、1997 年には登録有形文化財に登録されている。歴史上の大坂城天守はいずれも 30 年程度で失われており、実はこの 3 代目の復興天守閣がすでに最も長期間建ち続けていることになる。

　天守閣といえば、最近話題に上る名古屋城天守閣にも触れる必要があるだろう。金鯱を戴く尾張名古屋の象徴たる国宝名古屋城は惜しくも先の戦災で失われたが、戦後 SRC 造で再建がなされた。この名古屋城天守は戦後復興のシンボルでもあったが、近年木造によるさらなる再建／再現計画が持ち上がり、議

論を呼んでいる。木造による復元が成った本丸御殿と SRC 造の復元天守の同居は，それはそれで時代性を感じさせて趣のあるものである。ましてや天守閣の復元に際しては良好に保存されている石垣をはじめとする遺構を破壊しかねない危険があるにもかかわらず，そう主張する者は為政者にとって抵抗勢力とみなされている。喫緊の課題とは思えない天守閣木造再建を急がせるのは，守られるべき遺構を軽視しているといわざるをえず，文化財保護の観点からは明らかな暴挙である。とりわけ埋蔵文化財の保護は開発とのせめぎあいのなかでバランスを保ち，今日に至った経緯がある。文化財保護を担うべき行政機関が貴重な文化財を破壊する可能性を考慮せずに木造で建て直す必要性が一体どこにあるのか理解に苦しむ。当然のことながら，名古屋城はもはや戦時の拠点や防御施設としての城郭の機能を果たしてはいない。今後もさしあたってその予定はなかろうとは思うが，町の象徴としての天守閣の機能を為政者が高く評価していることの証であり，とりもなおさず復元が政治案件であることを如実にあらわす格好の事例であろう（本書の「むすび」参照）。

　大阪の岸和田城にはかつて五層の天守閣が存在していたことが知られるが（岸和田市教育委員会 2011），戦後復興された天守は彦根城の三層の天守を模したものである。岸和田城天守閣は大阪城天守閣と同様にすでに岸和田の顔となって久しい。しかし，歴史上このような天守がそびえていた事実などなかったことは必ず知っておかなくてならない事柄である。復興の事情を承知していれば何の問題はないが，生まれながらにして復興天守を見て育った世代にとっては出身地の象徴が何の関係もない彦根城の写しだと知ったときの衝撃は決して小さくはないはずで，天守復興時にはそうしたことまでは想定していなかったであろうことを考えると（永田 1977），いささか複雑な思いが去来しないでもない。

　京都の伏見城模擬天守は遊園地「キャッスルランド」の施設として，本来の天守の位置とは異なる場所に絵画等を参考に模擬的に建てられた。伏見城天守の正確な原位置は不明ながら，明治天皇陵あたりが有力視されている。市街地化した周辺部での発掘調査は着々と進められているが，伏見城中核部の調査を天皇陵の存在が妨げている特殊な事例ともいえる。同様に，最近建造が成った尼崎城天守が原位置ではなく，しかも当初の縄張りを活かしつつも方位を異に

している点で特異な事例といえるだろう。原位置に建たないために，遺跡の破壊を回避しうるという利点はあるだろう。ただし，天守閣の存在はあたりの景観を一変し，その土地のシンボルともなる。古写真などからかつての尼崎城の姿を復元しているため外観は一見，歴史的に正しいようだが，位置や方位が異なれば当然のことながら当時とは異なった景観が現出していることとなる。実は当時のあり方とは異なるのだということをどのように説明していくかが今後の課題であろう。

　先に少し触れた名古屋城本丸御殿の復元の先駆けとなったのが，熊本城本丸御殿の復元であった。名古屋城では障壁画が建物から外され別途保管されていたため焼失を免れたのに対して，熊本城の場合には障壁画も焼失したために本丸御殿の復元に際しては障壁画もまた復元する必要があった。古代寺院の復元と大きく異なり，熊本城本丸御殿障壁画は画題，担当絵師が明らかであること，その画風がおおよそ明らかであること，しかも担当したのが狩野派絵師であったことなどの条件が重なり，誰も見たことのない障壁画を復元することが可能となった（脇坂 2005，田中 2007）（図 3-12）。誰も見たことがないのでその当否を論ずることはできないのだが，おそらく当たらずとも遠からず，というところなのであろう。ただし，これは近世狩野派絵師による作画という特殊な状況下でのみ可能となる芸当である。手本を忠実に再現していく，いわゆる粉本主義と呼ばれる前例を踏襲する画風が狩野派絵師の真骨頂であった。

図 3-12　熊本城本丸御殿昭君の間壁画（部分）（熊本城総合事務所提供）

以上のような城郭建築の事例は，一口に復元とは呼べないだけの多様性を備えている。かねてより，復元天守・外観復元天守・復興天守・模擬天守などと分類する試みがあり（平井ほか1994，西ヶ谷2001，文化庁2018），最近では文化庁が復元・復元的整備・再現・適切な再現といえない再現の4分類を行っている（文化庁2019）。そもそも，もはや城郭など不要な現代にあって何故かくも復元を試みるのか（木下2007）。復元とは何かを考えるうえで，城郭建築の復元事例は重要な検証対象となりうる事例群であろう。そして，復元が文化財保護行政の範疇ではくくれない高度な政治案件であることを如実に物語ってくれている。ここでは目立った例を列挙したにすぎないが，復元を社会学的に捉えるための格好のケーススタディとなるだけでなく，復元学の根幹にも関わる可能性がありながらも復元を考えるうえでこれまでないがしろにされてきた諸問題がここには潜んでいるように思う。

ところで，城郭建築の復元に際しては絵画が復元根拠として多用されてきた経緯がある。最後に，以下では復元の根拠となる資料についてこれまでの研究史をふまえて考えてみたい。

4　復元の資料─絵画と史料─

（1）　絵空事は根拠となりうるか

本書で主たる考察対象となる建造物の復元を考える際，復元の根拠となる資料について考えておきたい。ただし，本書Ⅲ-2〜4で触れられている現存遺構（建造物）や考古学的な発掘調査による検出遺構などについては除外し，復元の根拠として活用される絵画と文献史料に関する研究史を紹介することとしたい。

過去においてどのような建造物が建っていたのかという復元的な考察がなされるにあたっては，建造物を描いた絵画は重要な参考資料とされてきた。それはすでに失われた建物が絵画に描かれているからに他ならないのだが，直接の典拠となるだけでなく，たとえば復元対象となる建造物の同時代の建造物を描いた資料とみなして細部の意匠や構造などの復元の参考に供されることも多い。この行為は当然のことながら絵画に描かれた事物が，つまりここでは画面のな

50　第Ⅰ部　復元学の概念

かの建造物が実際に存在したことと、それを忠実に絵画化したことが大前提とされている。では、絵は本当に過去の現実世界を忠実に伝えてくれているのだろうか。

この点については建築史・美術史の両分野

図3-13 「一遍聖絵」（部分）（清浄光寺〈遊行寺〉蔵）

において着実な研究のあゆみが見られ、双方向性を持った協働作業が積み重ねられてきている。たとえば、中世絵巻の傑作として名高い清浄光寺蔵の国宝「一遍聖絵」（図3-13）を考察の対象とするならば、かつてはその描写の信憑性が高く評価され（望月1960）、建築史側からも福山敏男が「一遍聖絵は建築史の上で見のがすことのできない資料」（福山1960）と評価したように、描かれた建造物が実際に建っていたのだとする解釈が美術史・建築史の双方からなされていたといえる。

ただし、建物の描写がすべて真実を伝えているわけではないことにもすでに注意がなされている。実際には正面7間・側面6間・寄棟造・本瓦葺であるところの當麻寺曼荼羅堂を、「一遍聖絵」では正面5間・側面3間・入母屋造・檜皮葺に描くのは、「省略法と画家の記憶の誤とによるのであろう」と福山は指摘している（同上）。ここでは「一遍聖絵」を例として挙げたが、1958年から1969年にかけて角川書店より刊行された、この『日本絵巻物全集』は、主だった絵巻について飯田須賀斯・伊藤延男・川上貢・福山敏男・藤岡通夫・村田治郎といった建築史研究者が関わり、絵巻に描かれた建造物を読み解いている点で当時画期的な成果をあげたことが評価される。ところが、このような描かれたものを素直に信じる素朴な絵画の見方は幻想に近いものであることがその後の研究で明らかにされつつある。

そうした流れを端的に表した建築史と美術史の協働作業が、西和夫と千野香織の間で取り交わされた「連論」であった（西・千野1991）。たとえば「豊国

祭礼図屏風」に描かれた方広寺大仏殿を取り上げて西が「絵師は，描きたいものだけを，描きたい方法で描く」と論じれば，千野は「絵画とは絵師の作為によって成立した一つの『作品』」であり，「絵師は見たままを忠実に描く，だから絵画は現実社会の再現なのだ，という素朴な議論は，もはや通用しない」と手厳しい。両者の「連論」と呼ぶ応酬は必ずしもかみ合っているとはいい難いが，きわめて重要で当然の事柄をここから学ぶことができる。すなわち，絵画とは虚実ないまぜのフィクションであることを前提に読み解かなくてはならないということ，つまり絵画に対する「史料批判」の必要性があるということである。これは何も復元を目的とした絵画の読み解きに限らない普遍的な価値を持つ当然の事柄のように思えるが，専門分野を異にする2人の優れた研究者同士の対話によって炙り出された帰結として尊重されるべきものだろう。実際，この「連論」の影響は大きく，その成果をふまえて建築史学会と美術史学会東支部が共催で記念シンポジウム「絵画史料をどう読むか―建築史と美術史の立場，そして共通の視点―」を開いたほどであった（建築史学会1992，藤井1992，千野1992）。

　この「連論」とシンポジウム以降，建築史研究者による絵画の見方が一変したのであろうか，先に触れた「一遍聖絵」についても描写には不正確な表現があり疑わしいとの評言が見られるようになる（藤井1996，玉井1996）。このように，同じ絵を見ても福山らのように積極的に資料性を認める立場もあれば，藤井らのように不正確さを指摘する者もいる。同じ絵画を対象としながら正反対の解釈に至ることすらあることには注意が必要だろう。

　同様の事例として，岩手・平泉の柳之御所遺跡から出土した折敷に描かれていた寝殿造風の建物の絵をあげよう（図3-14）。発掘調査で建物の平面規模や構造などが判明したとしても，実際の意匠や上部構造などは明らかにし難い。絵画を活用することができるならば，意匠や上部構造についても復元することが可能となる場合がある。川本重雄は，折敷に描かれている絵は遺跡に実際に建っていた建物であると解釈し，柳之御所遺跡に建っていた建物の細部の復元における重要な参考資料として扱っている（川本1992）。ところが，これに対して上原真人は，この絵は当時の定型表現であって遺跡に実際に存在した建物を描いたものではないと結論づけている（上原2001）。解釈がここまで分かれ

るとなかなか決着を見るのは難しい。最近では，冨島義幸が研究史を簡潔にまとめたうえで柳之御所遺跡の例については上原説に軍配を上げ，考古学的な見地や文献史料をも含めて総合的に遺跡・遺構を解釈する必要のあることを訴えている（冨

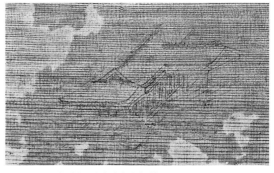

図 3-14　柳之御所遺跡出土折敷（部分）
　　　　（岩手県教育委員会蔵）

島 2017）。このように，絵画に史料批判を加えなければならないという考え方は，現在では建築史や考古学を専門とする研究者の間でも一般的になりつつあるようである。

　かつて，田中琢は出土する木簡を鰹節に，群がる古代史研究者をネコに例えて批判したことがある（田中 1990）。木簡を史料として扱う前に，まずは木簡そのものを観察・研究することが大事なのであって，木簡学会では本来，木簡に付随するさまざまな属性を総合的に研究すべきだと訴えたのだ。この発言は多くの反響を呼んだらしいことが翌年発行された木簡学会誌の笹山晴生による巻頭言からうかがうことができるが（笹山 1991），それどころか，いまだに金言として語り草になっている。ここで建造物を描いた絵画を鰹節に例えるつもりはないが，考古学だけでなく建築史であれ美術史であれ物質文化を対象とする場合には忘れるべからざる態度であろう。描かれた建築を史料として活用するには，まずはその絵画自体の史料批判がなされなければならない。

(2)　絵画の中の時間

　絵画に描かれた内容を鵜呑みにせず批判を加えることで使える情報を引き出すという作業は，当たり前のようでいて難しい。その根本は，絵が「絵空事」であることを理解できるかどうかにあるようにも思う。視覚によって得られた情報は残像として脳に刻み込まれる。そのイメージは他のものを見る際に色眼鏡となって現れかねない。そうした意味で我々がつい騙されかねないのが絵画

に閉じ込められていると錯覚する時間軸の問題である。例えるならば一度きりのシャッターによって切り取られた，ある一瞬だけが絵画には閉じ込められているものと現代人は考えがちではないだろうか。絵画にはある一瞬が切り取られているという前提に立つとき，絵画を前にすると次のような思考が繰り広げられる。すなわち，人物，建物，風俗や事象といった描かれた内容，つまり景観から判断して矛盾のない，ある一つの年代を絵画作品から探ろうとするのである。これを景観年代と呼ぶ。この景観年代がある一時期であることを前提にして絵画の前に立つことに対して，千野香織と高橋康夫は警鐘を鳴らしている。

　千野は滋賀県立近代美術館蔵の「近江名所図屏風」（図 3-15）を題材として論じる中で「景観年代論とは一般に，ある一つの絵画の画面内のどの部分を取り上げても，それぞれの景観の示す年代が矛盾なく一つの時期に収束する，すなわち画面全体が一つの景観年代を示している，という前提に立って，その一つの時期を可能な限り短い期間に絞り込んでいこうとする方法」と定義づけ，「景観年代をめぐる議論においては，単純化された結論だけが独り歩きし，そのまま定説となってしまうことが多い。景観年代論によって上限と下限を区切り，単純明快な結論を得たいという欲求が，研究者の側にもあるからであろう」と述べる（千野 1983）。また，「画中の景観を読み取ろうとするならば，まず対照すべきは，現実の景観ではなく，他の絵画作品における画中の景観であろう。絵画は一般に，それが描かれた当時の現実世界の姿よりも，それ以前に描かれた絵画作品の図様に多くを負っていると考えられるからである」という

図 3-15　「近江名所図屏風」（部分）（滋賀県立近代美術館蔵）

（同上）。絵画作品を前にすると，つい現実世界と絵画空間とを比較することで，その絵画の資料性を云々しがちだが，まずすべきことが実は絵画同士の資料批判であることは，文献史料批判と同様なのである。さらに，千野は「ひとたび成立して人々の共感を得たイメージの持つ力は，現実よりも強い」と述べ，絵画に描かれた世界は「実感の中から生み出した虚構」であるとしている（同上）。

　同様に，高橋康夫は初期洛中洛外図屏風を題材として論じた中で「屏風絵製作者が必ずしも写実的な描写に，また一定の年代の景観を描くことに拘泥していない」として，描かれた景観の年代を論じるには「論拠となるべき景観描写は画面に事実として描き込まれていることが肝要で」，「描かれていない景観については論議の対象にするべきではなかろう」と述べる（高橋 1987）。つまり，たとえばある建物が絵画に描かれていないことを論拠に景観年代を絞り込むようなことは，厳に慎まなければならないというのだ。さらに，「景観年代論を支える根本的な前提」として「絵画とは現実世界をそのまま再現したものであるはずだ，という信念」をあげ，「ほとんどすべての絵画作品は，過去や現在，あるいは空想上の時間までも織り混ぜた，〈複数の時間〉の集合体」であり，「同時に，〈複数の空間〉の集合体でもある」と結んでいる（同上）。

　以上のように，絵画に描かれた建造物が実際にある時期そのまま存在していたと安易に考えることは，もはやできない。絵画を元にした建造物の復元を行うにあたっては，絵画を過去の人々が思い浮かべた共有のイメージであり，ありうるべき姿を具現化したものと解しておく必要があるのであろう。たとえ復元の対象となる建造物が絵画に描かれていたとしても，それはその建物の理想的なイメージである可能性やさまざまな時間軸のイメージが複層的に折り重なっている可能性があるため，ある一時期実際に存在していた建物とは異なる姿が描かれている可能性が大いにありうるということである。もちろん，こうした重層的なイメージをあえて復元案として採用することもありうる。しかし，こうしたキメラ的あるいは動的な復元は誤解を生みやすいために避けるべきであろう。復元においては，任意の限定した一時期の姿を定める方が望ましいと考える。

（3）　解釈をする人々

　近時，話題となっている名古屋城天守閣木造再建をめぐる議論を振り返れば
理解されるように，多くの復元事業が政治案件として進み，研究者の良心など
顧慮されることはまれであろう。遺跡整備に伴う復元事業であれば，多くの場
合発注者である地元の地方公共団体は各分野の専門家に検討を依頼する。各分
野の専門家が検討の末に出す考証の結果は，おそらくその分野では妥当なもの
ではあろう。しかし，全体を統括し，各分野を貫き通す強い方針を打ち出すこ
とができなければ，ちぐはぐな結果を生み出しかねない。発注者にその役を求
めるのは酷な話である。各分野の専門家たちの板挟みになるのが関の山であろ
う。「復元検討委員会」のようなものを設置して委員長を高名な「先生」に依
頼したとしても，復元を担当する各分野の専門家に遠慮をしてそれぞれの結論
をそのまま受け入れることとなりかねない。基本方針をしっかりと打ち出し，
各分野の復元案を全体としてまとめ上げることのできる強力な統率力と学識経
験豊かな人物を探し出す必要があるだろうが，発想が出身分野に偏られてし
まっては元も子もない。

　そして，実は同分野の専門家同士でもコンセンサスを得るのが容易ではない
のだ。一例をあげておこう。大阪・池上曽根遺跡は近畿地方の弥生時代を代表
する大規模集落の跡としてきわめて重要な遺跡である。また，同遺跡から出土
した柱根の年輪年代測定結果が従前の土器年代から約100年さかのぼることが
判明し，弥生時代から古墳時代にかけての年代観が大きく揺らいだことでも重
要な意味を持つ遺跡である。

　さて，この遺跡のシンボルともいえる大型掘立柱建物の復元が企図された。
ところが，担当建築史家の交代に伴う復元案の修正は考古学者の間で評判が悪
かったらしい（金関ほか1998）。しかも，学界で最大級の読者とインパクトを
持つ『建築雑誌』の誌上で，こともあろうに池上曽根遺跡の整備委員長を務め
る金関恕の発言としてそうした評言が発表されたことで問題は肥大化した。そ
の評言とは，弥生建築であるはずの復元案が中国・雲南の少数民族の住宅のよ
うであり，建築史家は建築学科を出ているので，復元案で個性を出そうとしす
ぎる。結果，考古学者が建築史家に踊らされているというものだった。当の復

元担当者である浅川滋男はこの発言の事実誤認を指摘したうえで『建築雑誌』編集部に抗議を行った。結果，この抗議が認められて金関の謝罪文「座談会での発言に関するお詫び」（金関 1998）と浅川の反論（浅川 1998）とを『建築雑誌』に掲載することで手打ちとなった。

　ここで問題だったのは，金関が池上曽根遺跡の整備委員長という役職にあったことである。問題の発端に金関の認識不足があったとはいえ，これを単に個人的な過失として糾弾するだけでは問題の本質を見失いかねない。というのも，多くの人がこの復元案に対して抱いた感想を金関が代弁したにすぎないのであろうことがこの座談会の記録だけでなく，反論した浅川論文からもうかがえるからである。さらには，金関が指摘した建築学科出身であるが故の個性の表出という問題と，浅川自身のいう復元の根拠となる資料の解釈による復元案の相違とは紙一重であることに気づかされる。同じだけの材料を与えられたとしても，その解釈によって複数の復元案が創出されることは，出雲大社本殿の復元案や安土城天守の復元案などの著名な例を思い浮かべれば十分に納得できることだろう。池上曽根遺跡の例では，前任者からの設計案の変更はその後に出土した土器に描かれた絵画を参考にしたことによるもので，決して個性の表出ではないことを浅川は訴えている（同上）。ここで議論される「個性」とは建築家としての作家性のことではあるが，しかし，この土器の線描画が遺跡に実際に建っていた建物であるという判断は十分に研究者としての個性の表出であろう。先述した「一遍聖絵」や柳之御所出土折敷の解釈の例を想起すれば，そのことは理解されるだろう。

　いずれにせよ，事程左様に専門家同士であったとしても共通認識を持ちえないということには注意が必要であろう。いや，むしろ専門家であるからこそ見解を異にするというべきであろうか。どのような資料を根拠として用いるにせよ，結局解釈するのは人間なのである。

（4）　復元と史料精読

　次に史料すなわち文献史料について考えてみたい。建築を復元的に考えるうえで史料の読解は欠かせない作業の一つである。とりわけ，古代建築のように現存する建造物遺構が少ないだけでなく，上記した絵画などの復元の補助とな

る資料も少ない場合には史料の記述が建物を復元するうえで重要な鍵となるからである。このことは，裏を返せば古代や中世の人々が建造物に関心があり，記録を残してきたことの証左でもある。ただし，その記述法は現代と異なるため，正しく理解するためにはある程度史料読解の習熟が必要となる。

　このような建築の復元における史料の活用を考えるとき，研究史上最も大きな足跡を残した一人が足立康であろう。足立は文献に散見される建造物の平面規模に関する記述方法のうち，いわゆる間面記法に注目し，これが身舎の桁行間数と庇を差し掛ける面数とを合わせて記載する方法であると看破した。この間面記法は大江親通撰『七大寺巡礼私記』や顕真撰『古今目録抄』など平安時代末期から鎌倉時代の史料に頻出するもので，たとえば「三間四面」とは身舎の桁行が3間で周囲四面に庇がめぐる平面構造の建造物であることを示し，身舎の梁間は通例2間であると足立は読み解いたのである（足立1933bc）。この発見によって文献上で知られる建造物の平面を正しく知り，復元することができるようになったのである。足立によるこの間面記法の解読は，「復元学」の基層をなす研究として高い評価が与えられるべきものだろう。

　しかしながら，足立によるこの発見も実は平坦なものではなかった。そもそも当時は建築の平面の柱間を数えるのに正面は何間，側面は何面と呼ぶと教わっていたようで，ある日，喜田貞吉が足立に何故側面を「面」というのかと尋ねたところ即答できなかったことが，この問題に対する最初の疑問であったらしい（福山1942）。足立自身もはじめは当時の常識として間面記法を桁行と梁間を示したもの，たとえば「三間四面」とは桁行3間・梁間4間の建造物と解していた（足立1933a）。ところが，京都・醍醐寺の上醍醐に存していた経蔵（1939年に焼失）は桁行梁間とも3間だが，これについて『醍醐雑事記』は「経蔵一宇。三間一面。檜皮葺」と表記しており，岩手・中尊寺金色堂についても『中尊寺経蔵文書』に「金色堂。一間四面」とあって，いずれも現実と矛盾するのに気づき，間面記法が桁行・梁間を表したものとする解釈を誤りと断じたのである。新解釈の発見は文献と現存建物を比較することによって生まれた。先に触れた通り，間面記法は平安時代末から鎌倉時代にかけての文献史料に頻出する。これに先行する史料における建築の平面記載法と比較すると，たとえば間面記法による「三間四面」は，本来「母屋三間。庇在四面」と記述

されるべきものを省略したにすぎないと看破し，間面記法が身舎の桁行と庇の廻る面数表記であるとの発見に至ったのである。今では初学者でも当然のように読み解く間面記法は，中世後期以降その使用が廃れて以来（川上 1960）初めて足立によって正しく理解できるようになったのである。

　この足立の成果に対して，福山敏男は足立への追悼文で「氏の成し遂げられた多数の難問題の解決のうちで，私はこの間面の問題は最も輝かしい功績の一となるものと信じている」と評している（福山 1942）。このほか，太田博太郎は足立による間面記法の解読が「平面を正しく理解できるようになっただけでなく，さらにこれによって，日本建築が母屋と庇からなるという，内部空間に対する古代人の建築観を表わしたものという点において，さらに重要な示唆を与えるものであった」と高く評価している（太田 1987）。間面記法の解読が復元学的観点から画期的な論考であるだけでなく，建築史の研究史上においても身舎と庇という「日本建築の文法」（太田 1978）を明らかにした，まさに「コロンブスの卵」といってよい大発見であったことがわかる。「もっとも，平安遺文がもっと早く出ていて，「三間在四面庇」などという例が列んでいるのを見ていたら，きっと足立博士ならずとも気がついていただろうと思うのだが」という太田の負け惜しみ（太田 1962）もまた，足立の功績とともに竹内理三による『平安遺文』刊行の偉業を称えるものに他ならない。データベースはおろか史料の活字化の乏しい時代に，文字通り万巻の書を博捜して初めて得られた結論だったことに価値を認めるべきであろう。

おわりに

　以上，本章では雑駁ながら「復元」にまつわるさまざまな話題を提供することで「復元」のいわばグレーゾーンを提示し，もって復元のあり方を浮き彫りにしようと試みた。すべて後知恵で，机上の空論であるとのそしりを免れることはできないかもしれない。それでも，復元には多くの課題が残されている現状があることは多少なりとも提示できたのではないだろうか。解決策を示しえたわけではないが，少なくともその問題点をあげることはできたことと思う。そして，この問題が生じている空隙にこそ復元学が学として成り立つ余地があ

るといえるのかもしれない。また，復元の根拠となる絵画と史料の解釈については，研究史を振り返ることで格段の進歩が認められることを示したつもりである。復元という観点からの資料解釈も復元学の大きな課題である。

　復元とは畢竟理想の投影に他ならない。その時々の価値観を反映した理想の投影であり，選択の連続でもある。その選択の裏では必ず失われるものがある。抽象と捨象の関係は復元の過程でも必ず生まれる。復元されるべきものは何か。かたちか，色か，あるいは素材や技法か，果たすべき機能をどう考えるか，思想的な背景をどう解釈するか。何を捨て，何を選んだのか。思考の過程と選択の基準とその根拠とを明確にし，後世の検証に耐えうる記録を残すことで復元を「学」として成り立たせ，それを土台とした観点から妥当な復元案が求められる社会の実現を期待したい。課題は山積しているが，魅力あるフィールドであることは確かであろう。

　本章では多くの研究成果を参考とした。特に建築史をはじめとする他分野の研究成果については，誤読や誤解があるのではないかと大いに恐れる。引用や解釈に誤りがあるとすれば，当然ながらその責は筆者にある。大方のご叱正を賜れれば幸いである。

注

1) 『漢書』「律暦志　上」
　　参天九，両地十，是為会数。参天数二十五，両地数三十，是為朔望之会。以会数乗之，則周於朔旦冬至，是為会月。九会而復元，《註：謂四千六百一十七歳之月数也。所謂元月。》黄鐘初九之数也。
2) 『玉葉』養和元年（1181）6月条。
3) 『玉葉』文治五年（1189）8月22日・23日条。また，麻木1985，鈴木2003参照。
4) 長谷寺および同寺観音像については文学・歴史・美術など多方面にわたる膨大な研究史があるが，ここでは以下を参照した。寺川1998，瀬田2000，山本2005，瀬谷2005，根立2005，横田2006，北條2008。
5) 仏像の修理と建造物の修理の相違点として，雨風にさらされるかどうかという点に考慮が必要だろう。仏像は修理後も仏堂ないしは収蔵庫等の屋根の下に安置されることを前提とする。したがって，本来は保護皮膜の役割をも果たす表面仕上げ層を除去するようなことが行われたとしても保全を図ることが可能である。ところが建造物の場合にはさまざまに変化する自然環境の中で建ち続けることを前提として修理を行うた

め，塗装を含めた最終的な仕上げがなされる。

6) 古代寺院における食堂については吉川 2010，海野 2018 を参照。

7) 平城宮の第一次大極殿・朱雀門については，事業名として「復原」の語を用いている。ただし，本章では遺跡における復元であるため，「復元」を用いる。

8) 『集古十種』巻三
此甲冑寛政四年或所摸写也。小札増糸之類少シク疑ナキコト不能。同五年俗工猥修補ヲ加フ故今無后徴。一ニ摸本ニシタカッテ暫出之。

9) 大坂の地は明治に大阪府が置かれて以来「大阪」と表記されるようになった。以下本章では前近代および史跡名称としては「大坂」あるいは「大坂城」の表記を，近代以降については「大阪」の表記を用いる。大阪城天守閣は復興された天守の一般的な呼称であるとともに現在の博物館施設の名称でもある。

参考文献

浅川滋男「池上曽根遺跡からの反論―復元建物の実証性をめぐって」『建築雑誌』1430，1998 年

麻木脩平「興福寺南円堂の創建当初本尊像と鎌倉再興像」『仏教芸術』160，1985 年

足立康「古書に現はれた建築平面の特殊なる記法」『史蹟名勝天然紀念物』8-3，1933 年 a

足立康「建築側面柱間を「何面」と呼ぶ事に就て」『史蹟名勝天然紀念物』8-7，1933 年 b

足立康「中古に於ける建築平面の記法」『考古学雑誌』23-8，1933 年 c（のち足立『古代建築の研究』下，中央公論美術出版，1987 年に再録）

安城市教育委員会編『木造聖徳太子孝養像修理報告書 本證寺蔵』1994 年

INAX ギャラリー企画委員会編『レプリカ　真似るは学ぶ』INAX 出版社，2006 年

上原真人「秀衡の持仏堂―平泉柳之御所遺跡出土瓦の一解釈」『京都大学文学部研究紀要』40，2001 年

海野聡「東大寺食堂にみる古代食堂の建築的展開について」『東大寺の新研究 3　東大寺の思想と文化』法蔵館，2018 年

大河内智之「博物館機能を活用した仏像盗難被害防止対策について―展覧会開催と『御身代わり仏像』による地域文化の保全活動―」『和歌山県立博物館研究紀要』25，2019 年

大阪城天守閣編『特別展 大阪城はこの姿―戦災からの復興，整備，そして未来へ―』展図録，2013 年

太田博太郎「建築の平面記法」『（寧楽遺文中巻 付録）寧楽遺文 平安遺文 月報 2』東京堂，1962 年

太田博太郎「建築平面の記法 ―母屋と庇―」『大和古寺大観 第二巻 当麻寺 付録Ⅶ』岩波書店，1978 年

太田博太郎「解説」足立康『古代建築の研究』下，中央公論美術出版，1987 年

金関恕・鈴木嘉吉・大河直躬・山岸常人・佐藤浩司・藤森照信・宮本長二郎「建物復元に

どのような原理原則が求められているか」『建築雑誌』1426，1998 年

金関恕「座談会での発言に関するお詫び」『建築雑誌』1430，1998 年

川見典久「『集古十種』兵器篇と十八世紀の古武器調査」『古文化研究』16，2017 年

川上貢「間面記法の崩壊」『日本建築学会論文報告集』64，1960 年

川本重雄「寝殿造の絵画史料」『奥州藤原氏と柳之御所跡』吉川弘文館，1992 年

岸和田市教育委員会編『岸和田城常設展示図録　岸和田城と岡部家』2011 年

木下直之『わたしの城下町―天守閣からみえる戦後の日本』筑摩書房，2007 年

窪寺茂「大極殿小壁彩色―四神図像の配置に関する研究」『奈良文化財研究所学報 82　平城宮第一次大極殿の復原に関する研究 3　彩色・金具』奈良文化財研究所，2010 年

建築史学会「〈記念シンポジウム〉絵画史料をどう読むか―建築史と美術史の立場，そして共通の視点―」『建築史学』19，1992 年

興福寺編『興福寺仮金堂建設工事報告書』1975 年

児島大輔「甲冑修復の精神史―近世における修復二例を中心に―」『サムライの美学―甲冑師明珍宗恭とそのコレクション』展図録，早稲田大学會津八一記念博物館，2009 年

児島大輔「王権の荘厳―大極殿の障屏画に関する一試論―」『文化財論叢』IV，奈良文化財研究所，2012 年

児島大輔「総論　松伏町の仏像」『松伏町史　文化財編　仏像』松伏町，2019 年 a

児島大輔「御衣木の由来―史料から見た木彫仏像用材の意識的選択―」『古代寺院の芸術世界』竹林舎，2019 年 b

酒井一光「大阪城天守閣」『関西モダニズム建築』淡交社，2014 年

酒井一光「大阪城天守閣」『モダンエイジの建築』日本建築協会，2017 年

笹山晴生「巻頭言」『木簡研究』13，1991 年

鈴木喜博「七　不空羂索観音菩薩像　興福寺」『日本彫刻史基礎資料集成　鎌倉時代　造像銘記篇』1，中央公論美術出版，2003 年

瀬田勝哉『木の語る中世』朝日選書 664，朝日新聞出版，2000 年

瀬谷貴之「長谷観音信仰と中世律宗」『鎌倉』100，2005 年

高橋康夫「初期洛中洛外図屛風の絵画史料論的再検討」『国華』1105，1987 年

田中琢「巻頭言」『木簡研究』12，1990 年

田中康弘「現場レポート　熊本県　特別史跡熊本城跡本丸御殿大広間―本丸御殿の障壁画」『文建協通信』88，2007 年

玉井哲雄「絵巻物の住宅を考古学発掘史料から見る」『絵巻物の建築を読む』東京大学出版会，1996 年

千野香織「滋賀県立近代美術館蔵・近江名所図屛風の景観年代論について」『日本絵画史の研究』吉川弘文館，1983 年

千野香織「報告 2　絵画作品を解釈する三つの立場」『建築史学』19，1992 年

寺川眞知夫「御衣木の祟り―長谷寺縁起―」『仏教文学とその周辺』和泉書院，1998 年

62　　第 I 部　復元学の概念

百橋明穂「彩色壁画」『上淀廃寺と彩色壁画　概報』1992 年

百橋明穂「史料から見た大極殿小壁の彩色」『奈良文化財研究所学報 82　平城宮第一次大
　　極殿の復原に関する研究 3　彩色・金具』奈良文化財研究所，2010 年

冨島義幸「発掘された遺構をどのように読み解くか―中世住宅発掘遺構の研究方法をめ
　　ぐって―」『考古学と中世史研究 13　遺跡に読む中世史』高志書院，2017 年

永田勇夫「岸和田城天守閣の復興」『岸和田市史』5 現代編，岸和田市，1977 年

中原斉『シリーズ遺跡を学ぶ 116　よみがえる金堂壁画　上淀廃寺』新泉社，2017 年

中村昌生『茶室百選』淡交社，1982 年

中村博司『大坂城全史』ちくま新書，筑摩書房 1359，2018 年

奈良文化財研究所編『比叡山延暦寺 建造物総合調査報告書』比叡山延暦寺，2013 年。

西和夫・千野香織『フィクションとしての絵画―美術史の眼　建築史の眼』ぺりかん社，
　　1991 年

西ヶ谷恭弘『日本の城郭を歩く』JTB，2001 年

根立研介「御衣木加持をめぐる小論」『四大（地・水・火・風）の感性論―思想・アー
　　ト・自然科学の関わりについての基盤研究―』平成 13～16 年度科学研究費補助金研
　　究成果報告書，2005 年

平井聖・小室榮一編『図説日本の名城』河出書房新社，1994 年

福山敏男「追悼文 足立博士の思ひ出」『建築史』4-2 足立博士追悼号，1942 年

福山敏男「（一遍聖絵解説）建築」『日本絵巻全集 11　一遍聖絵』角川書店，1960 年

藤井恵介「報告 1　建築史にとっての絵画」『建築史学』19，1992 年

藤井恵介「絵巻物の建築図は信頼できるか」『絵巻物の建築を読む』東京大学出版会，
　　1996 年

藤岡穣「興福寺南円堂四天王像と中金堂四天王像について上・下」『国華』1137・1138，
　　2010 年

文化財建造物保存技術協会編『特別史跡平城宮席第一次大極殿正殿復原工事の記録』文化
　　庁，2013 年

文化庁（第 1 回史跡等における歴史的建造物の復元の在り方に関するワーキンググルー
　　プ）「（資料 2）近世城郭内の復元建造物等の実態に ついて」http://www.bunka.go.
　　jp/seisaku/bunkashingikai/kondankaito/shiseki_working/01/pdf/r1411437_02.pdf
　　（2019 年 8 月 22 日確認），2018 年

文化庁（史跡等における歴史的建造物の復元の在り方に関するワーキンググループ）「天
　　守等の復元の在り方について（取りまとめ）」http://www.bunka.go.jp/seisaku/
　　bunkashingikai/kondankaito/shiseki_working/pdf/r1411441_08.pdf（2019 年 8 月
　　22 日確認），2019 年

北條勝貴「礼拝威力，自然造仏―『三宝絵』所収「長谷寺縁起」の生成と東アジア的言説
　　空間―」『親鸞門流の世界―絵画と文献からの再検討―』法蔵館，2008 年

松田誠一郎「(講演) 仏像の復元から分かったこと」『よどえの郷トークプレイス講演記録集　上淀廃寺の謎に迫る！』とっとりの文化遺産魅力発掘プロジェクト実行委員会，2015 年

望月信成「一遍聖人絵伝について」『日本絵巻全集 11　一遍聖絵』角川書店，1960 年

藪内清『中国の天文暦法』平凡社，1969 年

藪内清編『世界の名著 12　中国の科学』中央公論社，1979 年

八尋和泉「不空羂索観音菩薩像　観世音寺」『日本彫刻史基礎資料集成　鎌倉時代　造像銘記篇』3，中央公論美術出版，2005 年

山岸常人「文化財『復原』無用論―歴史学研究の観点から」『建築史学』23，1994 年

山岸常人「造営における先規・旧規を守る意識について」『東大寺の新研究 3　東大寺の思想と文化』法蔵館，2018 年

山崎隆之「塑像」『上淀廃寺と彩色壁画　概報』1992 年

山梨県立博物館編「小桜韋威鎧兜・大袖付復元調査報告書　楯無鎧の謎を探る」『山梨県立博物館調査・研究報告』1，2007 年

山本陽子「祟る御衣木と造仏事業―なぜ霊木が御衣木に使われたのか―」『明星大学研究紀要　日本文化学部・言語文化学科』15，2005 年

横田隆志「長谷寺観音の御衣木と説話」『南都仏教』88，2006 年

吉川真司「古代寺院の食堂」『律令国家史論集』塙書房，2010 年

米子市教育委員会編『史跡上淀廃寺跡　第 I 期保存整備報告書』米子市教育委員会，2014 年

和歌山県立博物館編『仏像と神像へのまなざし―守り伝える人々のいとなみ―』展図録，和歌山県立博物館，2019 年

脇坂淳「熊本城本丸御殿の障壁画―昭君の間，若松の間の復元にちなんで」『京都教育大学紀要』106，2005 年

〔付記〕

　複製仏像のもたらす実質的かつ社会的な効果については和歌山県立博物館・大河内智之氏より，大阪城天守閣の復興については大阪城天守閣・宮本裕次氏より種々教示を得た。末筆ながらここに記して謝意を表したい。また，本章は筆者が助成を受ける JSPS 科研費18K00202 の成果の一部を含む。

第4章 ヨーロッパにおけるリコンストラクション
―再建建築の世界遺産登録―

マルティネス・アレハンドロ

はじめに

19世紀に文化遺産の概念が成立して以来，ヨーロッパでは崩壊や廃墟化した建築遺産のリコンストラクション（reconstruction）が数多く行われてきた。初期の有名な事例として，フランスのピエールフォン城（1858～70年にヴィオレ・ル・デュクによって再建），ドイツのハイデルベルク城（1897～1900年に部分的に再建），イタリア・ヴェネツィアのサン・マルコの鐘楼（1902～12年に再建）があげられる。いずれの場合にも，多くの専門家の批判を受けながら，強烈な議論の末に実施されたものである。

建築遺産のリコンストラクションに反対する意見の代表例として，ドイツの美術史家ゲオルグ・デヒオがハイデルベルク城の再建を批判して書いた文章を引用することができる（Dehio 1901）。デヒオによると，廃墟のリコンストラクションが行われる場合には，「本物を失い，偽物を得る。歴史によって形成されたものを失い，歴史性のない恣意的なものを得る。その古さを感じさせながらも，生き生きと我々に話しかける廃墟を失い，古くもなく，新しくもない，学術的で抽象的なものを得る」[1]ことになる。このようなリコンストラクションに対する批判に含まれている主な論点は下記のように整理できる。

①再建された建物は真正性を欠く偽造物である。

②再建された建物に推測が含まれているため，歴史的建築の特徴に関して誤解を招く。

③再建された建物は古色による美学的価値やオーラを欠く。

20世紀にかけて文化遺産保存の専門家が作成した国際保存憲章では，上記の論点にもとづいてリコンストラクションが否定されてきた。1964年の

「ヴェニス憲章」では，考古遺跡の項目で「リコンストラクションは原則として排除すべきである」[2]とあり，2015 年改訂版の「世界遺産条約履行のための作業指針」（以下，「作業指針」）では「考古学的遺跡や歴史的建造物・歴史的地区を再建することが正当化されるのは，例外的な場合に限られる。リコンストラクションは，完全かつ詳細な資料にもとづいて行われた場合のみ許容され得るものであり，憶測の余地があってはならない」[3]とある。ただし，この「例外的な場合」が具体的にいかなる状況を指しているかについては明確にされていない。

リコンストラクションに対して上記のような批判や制限が重ねられてきたにもかかわらず，ヨーロッパではその後も多くの歴史的建造物が再建され続けてきた。しかも，リコンストラクションが完全に否定されたわけではなく，世界遺産に推薦された再建建築の事例も見られる。

本章では，まず「復元」・「リコンストラクション」・「リストレーション」（restoration）という 3 つの用語の相互関係を明確にしたうえで，文化遺産保存の専門家がリコンストラクションをどのように評価してきたかを検討する。そのために，世界遺産に推薦されたヨーロッパの再建建築の事例を分析し，専門家がどのようにそれぞれを評価したのかを検討することによって，ヨーロッパではリコンストラクションがいかなる条件下で認められるのかを明らかにしていきたい。

1　「復元」,「リコンストラクション」および「リストレーション」

日本における「復元」の概念は，おおよそヨーロッパの「リコンストラクション」および「リストレーション」の 2 つの概念に相当する。文化遺産保存の分野におけるこの 2 つの用語の定義として，Art & Architecture Thesaurus（AAT）[4]に記載されている下記のものがあげられる。

　　リコンストラクション：歴史的・考古学的証拠等にもとづいて，古いものに取って代わるため，または古いものに似せて新しい物品・構造物を作る過程[5]。

　　リストレーション：当初の状態，またはその歴史の特定の時点における状

態に近似するように，ある物品・構造物に変更を加える過程[6]）。

　この両語の定義によると，建築遺産の場合，リコンストラクションは新しい構造物を建てることを意味し，リストレーションは現存する構造物に変更を加えることを意味する。すなわち，日本の建築保存における従来の「復元」と「復原」の使い分けを採用すると，リコンストラクションが復元に相当し，リストレーションが復原に相当するといえる。

　しかし，復元と復原の違いと同様に，リコンストラクションとリストレーションの違いは必ずしも定かではない。リコンストラクションもリストレーションも，時間の流れをさかのぼって，失われた形状を取り戻すことを目的としている点は共通している。完全に失われた構造物を再建する行為は，間違いなくリコンストラクションと位置づけることができるが，煉瓦や石で建てられた組積造建築の場合，上部構造が失われたとしても，壁の下部が長い時間，廃墟として存続することが多い。このように部分的に残存する構造物を元の形状に戻す行為は，古材と新材の比例などによって，リコンストラクションともリストレーションとも理解することができる。つまり，リコンストラクションとリストレーションの違いは程度の問題であり，専門家の間でも意見が分かれることがある。

　客観的な基準にもとづいて，リコンストラクションとリストレーションの違いを明確にする試みとして，1979年にICOMOSのオーストラリア国内委員会が作成した「バラ憲章」があげられる。本憲章では，リストレーションを後世付加物を取り除くことによって元の姿を取り戻す行為と定義し，新材の導入を伴うあらゆる行為をリコンストラクションと位置づける。しかし，ある構造物を元の姿に戻す際には，ほとんどすべての場合にある程度の新材の導入が必要である。そのため，「バラ憲章」の定義は非常に限定的であり，一般的に通用されていない。

　さらに，「アナスティローシス」（anastylosis）という特殊なリコンストラクションのタイプがある。アナスティローシスは，廃墟化した構造物において，崩れ落ちた材を元の位置に戻すことを意味する。したがって，アナスティローシスの最も重要な特徴は，オリジナルの材料が使用されていることである。ただし，多くの場合にはやはりオリジナルの材を元の位置に戻す際に欠損する部

分を新材で補充する必要が生じる。「ヴェニス憲章」では，リコンストラクションに関してアナスティローシスのみが許される，とあるが，この場合には古代ギリシャ・ローマ遺跡などの考古遺跡における部分的な再建のみが想定されていると思える。しかし，その後，部材の分解・組み直しによる建物の修理，オリジナルの材料を使用した災害や紛失で破壊された建物の再建など，異なる性質のさまざまな行為を指すためにこの用語が用いられるようになった。

2　世界遺産条約とリコンストラクション

世界遺産条約は，人類全体のために保存する必要があると判断された文化遺産および自然遺産を，民族や国境を越えて，国際的に協力して保護することを目的として，1972 年に UNESCO によって採択された。

特定の遺産を世界遺産一覧表に記載するためには，「顕著な普遍的価値」（outstanding universal value，以下 OUV）があることを証明する必要がある。文化遺産の場合，以下の 6 項目の登録基準の 1 つ以上が満たされた場合，OUV があるとみなされる。

(i)　人間の創造的才能を表す傑作である。

(ii)　建築，科学技術，記念碑，都市計画，景観設計の発展に重要な影響を与えた，ある期間にわたる価値観の交流又はある文化圏内での価値観の交流を示すものである。

(iii)　現存するか消滅しているかにかかわらず，ある文化的伝統又は文明の存在を伝承する物証として無二の存在（少なくとも希有な存在）である。

(iv)　歴史上の重要な段階を物語る建築物，その集合体，科学技術の集合体，あるいは景観を代表する顕著な見本である。

(v)　あるひとつの文化（または複数の文化）を特徴づけるような伝統的居住形態若しくは陸上・海上の土地利用形態を代表する顕著な見本である。又は，人類と環境とのふれあいを代表する顕著な見本である（特に不可逆的な変化によりその存続が危ぶまれているもの）。

(vi)　顕著な普遍的価値を有する出来事（行事），生きた伝統，思想，信仰，芸術的作品，あるいは文学的作品と直接または実質的関連がある [7]。

さらに，OUV が真正なものであり，完全な状態で残っており，その保存管理のための制度が整っていることも検証する必要がある。

　文化遺産を世界遺産一覧表に記載することにあたって，遺産が所在する締約国が推薦書を提出し，通常，UNESCO の諮問機関である ICOMOS[8] がこれを審査して記載についての勧告を作成し，これを受けて世界遺産委員会が最終的に記載について判断する。

　それでは，再建された建造物を世界遺産一覧表に記載することが可能だろうか。この課題は，1978 年にポーランドがワルシャワの歴史地区を推薦して以降，たびたび議題に上がり，記載された事例も，記載に至らなかった事例も確認される（表 4-1）。ICOMOS および世界遺産委員会の報告を検討すると，リコンストラクションに関する評価が遺産の価値の性質と密接に関連していることがわかり，おおむね 3 つのパターンが確認される。リコンストラクションが新しい価値を生み出したと評価された遺産，リコンストラクションが価値に悪影響を与えたと評価された遺産，およびリコンストラクションが価値に悪影響

表 4-1　再建建築の世界遺産審査結果

審査年	遺　産　名	登録基準	審査結果	リコンストラクション が価値に与えた影響
1980	ワルシャワ歴史地区	ii, vi	記載	○
1983	リラ修道院	vi	記載	○
1988	ロドスの中世都市	ii, iv, v	記載	↓
1990	ドレスデンのバロック都市		取り下げ	↓
1992	カルルシュテイン城		記載延期	↓
1994	ムツヘタの歴史的建造物群	iii, iv	記載	↓
1996	アイスレーベンとヴィッテンベルクにあるルターの記念建造物群	iv, vi	記載	―
1997	歴史的城塞都市カルカソンヌ	ii, iv	記載	○
1999	ヴァルトブルク城	iii, vi	記載	○
2000	ベリンツォーナ旧市街にある 3 つの城，要塞及び城壁	iv	記載	↓
2005	モスタル旧市街の古い橋の地区	vi	記載	○
2014	アニャナ渓谷	iii, iv, v	取り下げ	↓

*　○＝新しい価値を生み出した，↓＝価値に悪影響を与えた，―＝価値に悪影響を与えなかった

を与えなかったと評価された遺産の3つである。

3 リコンストラクションが新しい価値を生み出したと評価された遺産

　建築遺産の歴史的価値や芸術的価値の真正性を証明するためには，オリジナルの材料の存在が重要な一面である。このような価値が OUV の主な要素である場合，材料の真正性を欠くリコンストラクションを世界遺産に登録することがきわめて困難である。しかし，特定の場合には，リコンストラクションの過程自体によって，象徴的な価値や精神的な価値など，無形的な性質を持つ新たな価値が生み出されたとみなされることがある。その最初の事例は，ポーランド・ワルシャワ歴史地区のリコンストラクションである。

　13 世紀から 20 世紀にかけて形成されたワルシャワ歴史地区は，第二次世界大戦中ドイツ軍によって徹底的に破壊された。戦後，1945 年から 66 年にかけて，歴史地区が綿密に元通りに再建され，78 年に世界遺産に推薦された（図 4-1）。ICOMOS は当初「ワルシャワ歴史地区が真正性の条件を満たすのか疑問である」[9]と報告し，否定的な態度を示した（ICOMOS 1978）。1977 年の「作

図 4-1　第二次世界大戦後に再建されたワルシャワの歴史地区（撮影：益田兼房）

70　　第 I 部　復元学の概念

業指針」の初版においては，「意匠」「材料」「技術」「環境」[10) の 4 つの側面について真正性の条件を満たすことが求められていた。ワルシャワ歴史地区の場合，たとえば登録基準（iii）および（iv）をもとに，歴史的価値と芸術的価値を中心に OUV を理解すると，真正性が疑わしく，登録が困難に思える。ところが，その後，ICOMOS は OUV に関する理解を改め，「歴史地区の元通りの再建は，ポーランド文化の存続を確保する意志を象徴し，20 世紀後半の効果的な修復技術の代表例である」[11) と報告した（ICOMOS 1980）。すなわち，ワルシャワ歴史地区の価値は，登録基準（vi）にあるような歴史的な出来事との関連に所在すると判断されたわけである。そして，OUV の持つ特別な性質がゆえに，ICOMOS が「厳密な意義での真正性が適用されない」[12) とした。さらに，ICOMOS が「ワルシャワ歴史地区の再建はヨーロッパの大多数の国々に都市化の理論と歴史地区の保存に関して重要な影響を与えた」[13) と断言し，登録基準（ii）も適用可能と判断した。最終的に 1980 年に世界遺産委員会で登録基準（ii）（vi）をもとに登録が決定された。

　ただし，当時は世界遺産委員会がワルシャワ歴史地区の登録を特殊な事例とみなし，前例を作ることを避けようとした。そのため，1980 年に発行された「作業指針」の改訂版に，登録基準（vi）を「例外的な場合に，または他の登録基準と併せて」[14) 用いられることが望ましいと追記した。さらに，真正性の項目に，「リコンストラクションは，完全かつ詳細な資料にもとづいて行われた場合のみ許容され得るものであり，憶測の余地があってはならない」[15) という一文を付け加えた。それにもかかわらず，のちにリラ修道院やモスタルの橋など，いくつかの遺産がワルシャワ歴史地区と同様な論理にもとづいて登録された。

　ブルガリアのリラ修道院が 10 世紀に創建され，12 世紀から 14 世紀に最盛期を迎えたが，1833 年に火災によってほとんどの建造物が失われた。その後，ブルガリア文化の再評価を唱えた「ブルガリアン・ルネサンス」（Bulgarian Renaissance）という文化運動を背景に，1834 年から 62 年にかけて再建が行われた。1982 年に世界遺産に推薦された際，ICOMOS は「現代にほぼ完全に再建されたリラ修道院は，真正性の基準を満たさない」[16) と判断し，記載延期を勧告した（ICOMOS 1983）。しかし，世界遺産委員会はリラ修道院を「中世

第 4 章　ヨーロッパにおけるリコンストラクション（マルティネス）　71

の文明の物証としてではなく，19世紀のブルガリアン・ルネサンスの象徴として」[17] 再解釈し，1983年に登録基準（vi）をもとに登録を決定した。

ボスニア・ヘルツェゴビナにあるモスタルの町はその中心にある橋とともに16世紀以降に形成されていった。橋と町の大部分は1990年代のボスニア・ヘルツェゴビナ紛争中に破壊され，戦後，2001年から2004年にかけて，UNESCOと世界銀行の支援を受けて和解の象徴として橋の再建が行われた。2005年に提出された推薦書に対して，ICOMOSは「モスタルの真正性は極めて疑わしい。（中略）表面に部分的に旧材が再利用されているが，橋が主に新材を用いてコピーとして再建されている」[18] と指摘しながらも，リコンストラクションが完全かつ詳細な資料にもとづいて行われたことを高く評価し，再建された橋が「ある種の真実性」[19] を有すると判断し，登録基準（iv）および（vi）にもとづいて登録を勧告した（ICOMOS 2005）。しかし，世界遺産委員会では材料の真正性が欠けているため，登録基準（iv）が適用できないと判断され，最終的に登録基準（vi）のみをもとに登録が行われた（World Heritage Committee 2005）。

上記の3つの事例と異なる背景のものとして，フランスのカルカソンヌの城壁の再建があげられる。部分的に古代ローマ時代にさかのぼるカルカソンヌの城壁において，19世紀後半にヴィオレ・ル・デュクが失われていた壁の上部や屋根を再建した。1985年に一度推薦書が提出されたが，世界遺産委員会は19世紀の再建が真正性を損傷すると判断し，記載を延期した（World Heritage Committee 1985）。1996年に作成された2度目の推薦書では，再建自体が都市の歴史の一部を構成すると主張し，さらにICOMOSは壁の材料の85%が完全に真正なものであると評価し，最終的に19世紀の再建部分を含む都市の歴史的・芸術的価値および19世紀の再建が保存論に国際的に与えた重要な影響を鑑みて，登録基準（ii）および（iv）をもとに登録を勧告した（ICOMOS 1997）。

4 リコンストラクションが価値に悪影響を与えたと評価された遺産

歴史的価値や芸術的価値がOUVの主な要素である遺産の場合，リコンスト

ラクションが真正性に悪影響を与えると評価されることが多い。こうした状況にあって，ロドスなど，リコンストラクションが行われたにもかかわらず世界遺産登録が決定された事例と，ドレスデンやアニャナ渓谷など登録に至らなかった事例が見られる。さらに，登録後にリコンストラクションが行われた結果，世界遺産から除外された建物の事例もある。

　ギリシャ・ロドスの中世都市においては，イタリア占領時代（1912〜48年）に学術的根拠の薄いリコンストラクションが多数行われた。1988年の世界遺産登録の際，ICOMOSは登録基準（ii）（iv）（v）にもとづいて登録を勧告しながらも，リコンストラクションを強く批判し，将来にはこの行為を避けるべきであると主張した（ICOMOS 1988）。

　ドイツ・ドレスデンのバロック都市は1945年に連合軍の空襲によって徹底的に破壊された。戦後，都市の一部が再建され，1990年に世界遺産に推薦されたが，世界遺産委員会下にあるビューロー会議では否定的な報告が発表され，推薦が取り下げられた（World Heritage Committee 1990）。

　スペイン・アニャナ渓谷では，塩分を含めた地下水を木造の管網によって配分し，木や石で作られた塩田で蒸発させることによって塩が生産される（図4-2）。現存する最古の遺構は最盛期の18世紀頃にさかのぼる。1960年代に施設が廃棄され，2000年から12年までに，一部の塩田を対象として修理が行われ，写真や痕跡にもとづいた部分的なリコンストラクションが行われた（マルティネス2015）。しかし，その後，持続可能な経営を目指して，塩の生産量を上げる目的で，学術的根拠がないまま大規模なリコンストラクションが行われた。2014年に，登録基準（iii）（iv）（v）にもとづいて推薦書が提出されたが，ICOMOSがアニャナ渓谷に反映されている伝統的技術の無形的な価値を評価したいっぽうで，リコンストラクションは真正性を欠けていると判断し（ICOMOS 2014），最終的に推薦書が取り下げられた。

　11世紀に建てられたジョージアのバグラティ大聖堂は，17世紀にオスマン帝国軍の砲撃によって屋根とドームが破壊されて以降，廃墟として残っていた。1994年にゲラティ修道院とともに登録基準（iv）をもとに世界遺産に登録された。その後，大聖堂を再び宗教施設として活用することを目的として再建工事が計画された。2010年に世界遺産委員会は「バグラティ大聖堂において，

図 4-2　アニャナ渓谷（筆者撮影）

OUV および真正性・完全性に対する脅威であるすべての介入をたちまち停止する」[20]（World Heritage Committee 2013）ことを要求し，バグラティ大聖堂を「危機にさらされている世界遺産」（World Heritage in Danger）のリストに登録した。しかし，この要求が無視され，鉄筋コンクリートを使用してドームが再建されたほか，内部に金属製の柱や中 2 階が導入され，外側にエレベータが設置された。学術根拠がないまま，可逆性のない技術を用いて行われたこのリコンストラクションに対して，世界遺産委員会は「オリジナルの部分が新しい部分に飲み込まれ，真正性が非可逆的に破壊され，バグラティ大聖堂がもはや登録基準を満たさない」[21]と判断した（World Heritage Committee 2013）。結果として，2017 年に，バグラティ大聖堂が構成資産から除外された[22]。

5 リコンストラクションが価値に悪影響を与えなかったと評価された遺産

　歴史的価値や芸術的価値よりも，精神的価値や象徴的価値など，無形的な性質が強い価値が OUV の主な要素である遺産の場合，リコンストラクションが OUV に悪影響を与えないと判断されることが多い。逆に，リコンストラクションを行うことによって，無形的な要素を支える物理的な媒体を復活させ，無形的な価値の継続が確保されたと評価されることもある。ドイツにあるルター記念建造物群やヴァルトブルク城がその事例である。また，ヨーロッパ文化圏外では，ウガンダ・カスビのブガンダ王国歴代国王の墓がこの種の遺産の代表例である。

　ドイツにあるアイスレーベンとヴィッテンベルクのルター記念建造物群は宗教改革の中心人物であるマルティン・ルターとフィリップ・メランヒトンの生涯に関連する住宅や教会から構成された建造物群である。その多くについて 19 世紀にさまざまな度合いのリコンストラクションが行われ，なかでも 2 人の聖職者の墓が祭られている教会のヴォールト天井などが当時のゴシック趣味に合わせて完全に再建された。1996 年に登録基準（iv）（vi）をもとに登録が決定された際に，ICOMOS は「個々の建物においては，芸術作品としての OUV がないが（中略），この建造物群の主要かつ明白な顕著な意義はマルティン・ルターと宗教革命との関連性にある」[23]と判断し，リコンストラクションについては「建造物の歴史的な真正性に悪影響を与えた」[24]と指摘しながらも，「現代的な観点から批判されうるこの行為は，歴史的な考え方のもとではなく，宗教的な考え方のもとで行われている」[25]という事情を考慮すべきであると主張した（ICOMOS 1996）。

　11 世紀に建てられたドイツのヴァルトブルク城は，ルターが聖書をドイツ語に翻訳した場所として有名である。16 世紀末にすでに聖地として巡礼者を集めていたが，18 世紀に廃墟化し，19 世紀前半にほとんどの建物が再建された。ICOMOS はこの場合「考古学的真正性」と「象徴的真正性」[26]の 2 つの観点を考えるべきであると断言し，この場合には後者の方が重要であると主張した（ICOMOS 1999）。1999 年に，中世の記念物としての価値およびルターと

の関連性にもとづいて，登録基準（iii）（vi）をもとに登録が決定された。

　ウガンダにあるブガンダ王国歴代王の墓は，1882年に建てられた円形の平面を持つ木造・茅葺の建物の内部に祭られている。1938年から40年にかけて，鉄骨補強や鉄筋コンクリートの柱を導入するなど，近代的な技術を取り入れながら建物が完全に再建されたが，建築的な価値および精神的な価値をもとに登録基準（i）（iii）（iv）（vi）にもとづいて2000年に世界遺産に登録された。ICOMOSの勧告では，「この遺産の主な意義は信仰・精神・連続性・アイデンティティという無形的な価値にある」[27]と強調され，歴代王の墓としての機能の真正性が保たれており，再建されたにもかかわらず，建物が「明確なオリジナルのオーラを有する」[28]と評価した（ICOMOS 2001）。その後，2010年に建物が火災に遭い，「危機にさらされている世界遺産」のリストに登録されたが，世界遺産から除外されなかった。火災後，世界遺産委員会が「OUVの遡及言明」を採択し，「火災での中心的建造物の焼失によって遺産の真正性が弱まったが，建物を再現するために必要な伝統的建築技術が残り，建物に関する網羅的な記録もあり，真正性を守りつつ遺産の属性の復活が可能である」[29]と主張した。現在，屋根勾配の変更や鉄筋コンクリート柱の撤去など，いくつかの改変を加えつつ，基本的に1938年再建の建物をモデルにリコンストラクションが進められている。

お わ り に

　以上の分析から，文化遺産保存の専門家によるリコンストラクションの評価が，それぞれの遺産が持つ価値の性質によって異なることが明らかとなった。世界遺産では，登録基準（i）〜（v）にあるような有形的な価値がOUVの中心をなす場合，リコンストラクションによって失われた価値を取り戻すことができないとされ，逆にリコンストラクションが真正性に悪影響を与えると評価されることが多い。いっぽう，登録基準（vi）にあるような無形的な価値がOUVの核心である場合，リコンストラクションによって無形的価値の存続を支持できるとみなされることが多い。さらに，リコンストラクションの過程自体により，新しい無形的価値が生み出されると評価される場合もある。

OUV を構成するさまざまな無形的価値は世界遺産条約の採択時から認識されていたが，とりわけ 1994 年に「真正性に関する奈良ドキュメント」[30] が作成されて以来，その位置づけがより明確になり，それ以降，主に無形的価値から構成された OUV を有する遺産の真正性の検証と世界遺産への登録が容易になったといえる。

近年，災害や紛争による建築遺産の破壊が相次ぎ，今後，その多くのリコンストラクションが行われると予想される。その際，リコンストラクションが価値に与える影響を見極め，リコンストラクションが妥当とされた場合，どのような方法で実施されるべきかを判断することが，文化遺産保存の専門家の重要な役割になるだろう。ICOMOS は，2016 年に「ポストトラウマ状況における世界遺産のリコンストラクションのためのガイダンスドキュメント」を策定するとともに，リコンストラクションの参考事例集の作成に取りかかっている（www.icomos.org/en/focus/reconstruction）。建築遺産のリコンストラクションの理念と方法に関して，今後もさらなる研究が必要であろう。

注

1) "Verlieren würden wir das Echte und gewinnen die Imitation; verlieren das historisch Gewordene und gewinnen das zeitlos Willkürliche; verlieren die Ruine, die altersgraue und doch so lebendig zu uns sprechende, und gewinnen ein Ding, das weder alt noch neu ist, eine tote akademische Abstraktion"（筆者訳）

2) "all reconstruction work should however be ruled out a priori"（筆者訳）

3) "in relation to authenticity, the reconstruction of archaeological remains or historic buildings or districts is justifiable only in exceptional circumstances. Reconstruction is acceptable only on the basis of complete and detailed documentation and to no extent on conjecture."（文化庁仮訳）

4) 米国ゲッティ研究所（Getty Research Institute）が編纂した用語データベース。www.getty.edu/research/tools/vocabularies/aat/ にて参照可能。

5) "Reconstruction: the process of constructing of new objects or structures that are built to replace or resemble old ones, based on historic, archaeological, or other similar evidence."（筆者訳）

6) "Restoration: the process of making changes to an object or structure so that it will closely approximate its original state or other state at a specific time in its history."（筆者訳）

7）（i）　represent a masterpiece of human creative genius;

（ii）　exhibit an important interchange of human values, over a span of time or within a cultural area of the world, on developments in architecture or technology, monumental arts, town-planning or landscape design;

（iii）　bear a unique or at least exceptional testimony to a cultural tradition or to a civilization which is living or which has disappeared;

（iv）　be an outstanding example of a type of building, architectural or technological ensemble or landscape which illustrates (a) significant stage (s) in human history;

（v）　be an outstanding example of a traditional human settlement, land-use, or sea-use which is representative of a culture (or cultures), or human interaction with the environment especially when it has become vulnerable under the impact of irreversible change;

（vi）　be directly or tangibly associated with events or living traditions, with ideas, or with beliefs, with artistic and literary works of outstanding universal significance.

（文化庁仮訳）

8）　ICOMOS（国際記念物遺跡会議）。なお，文化的景観として推薦された資産については，IUCN（国際自然保護連合）と適宜協議しながら ICOMOS が審査を行う。

9）　"There is a question as to whether the Historic Centre of Warsaw meets the general rule of authenticity"（筆者訳）

10）　"design", "material", "workmanship" , "setting"（筆者訳）

11）　"The reconstruction of the historic center so that it is identical to the original, symbolizes the will to insure the survival of the Polish culture and illustrates, in an exemplary fashion, the efficiency of the restoration techniques of the second half of the 20th century"（筆者訳）

12）　"Authenticity may not be applied in its strict sense"（筆者訳）

13）　"the reconstruction of the historic center of Warsaw has exercised a considerable influence, in the majority of European countries, on the evolution of doctrines of urbanization and the preservation of old city quarters"（筆者訳）

14）　"only in exceptional circumstances or in conjunction with other criteria"（文化庁仮訳）

15）　注 3）参照。

16）　"Rila Monastery, nearly entirely reconstructed during the contemporary period, does not answer the criterion of authenticity"（筆者訳）

17）　"This property was not considered as a testimony of mediaeval civilisation but

78　第 I 部　復元学の概念

rather as a symbol of the 19th Century Bulgarian Renaissance"（筆者訳）

18) "there must be considerable reservations about the authenticity of Mostar. (…) The Old Bridge has been rebuilt as a copy, using mainly new material, though with the integration of some of the historic material especially on the surface."（筆者訳）

19) "a kind of truthfulness"（筆者訳）

20) "to halt immediately all interventions at Bagrati Cathedral, which threaten the Outstanding Universal Value, integrity and authenticity of the property"（筆者訳）

21) "the new work has overwhelmed the original masonry to such an extent that the authenticity of the Cathedral has been irreversibly destroyed and that Bagrati Cathedral can no longer be said to contribute to the criterion for which the property was inscribed on the World Heritage List"（筆者訳）

22) もう一つの構成要素であるゲラティ修道院は登録されたままである。

23) "none of the individual buildings may be considered to possess outstanding universal value as works of art (...) the over-riding and incontestable outstanding significance of the group is their association with Martin Luther and the Protestant Reformation"（筆者訳）

24) "had an adverse effect on the historical authenticity of the buildings"（筆者訳）

25) "most of the actions carried out in the past that would new incur condemnation were undertaken in a religious rather than an historical frame of reference"（筆者訳）

26) "archaeological authenticity", "symbolic authenticity"（筆者訳）

27) "the site's main significance lies, however, in its intangible values of belief, spirituality, continuity and identity"（筆者訳）

28) "it possesses an aura which is distinctly original"（筆者訳）

29) "although the authenticity of the site has been weakened by the loss to the fire of the main tomb structure, the traditional architectural craftmanship and the required skills are still available to allow it to be recreated. This factor, coupled with the extensive documentation of the building, will allow an authentic renewal of attributes"（筆者訳）

30) 1994年，奈良市で文化庁，奈良県，なら・シルクロード博記念国際交流財団の主催により，28ヵ国計45名の専門家を招いて開催された「世界文化遺産奈良コンフアレンス」で起草された文書。OUVの真正性の評価は画一的な基準に沿うのではなく，それぞれの遺産の文化的文脈の中で行われるべきであると提唱する。

第4章　ヨーロッパにおけるリコンストラクション（マルティネス）　*79*

参考文献

Dehio, Georg（1901）*Was Wird aus dem Heidelberger Schloss Werden*，Verlag von Karl J Trubner.

ICOMOS（1978）*Letter from Ernest Allen Connally, Secretary General of ICOMOS, to Committee Chairman Firouz Bagerzadeh, June 7, 1978.*

ICOMOS（1980）*Advisory Body Evaluation - The Historic Center of Warsaw.*

ICOMOS（1983）*Advisory Body Evaluation - Rila Monastery.*

ICOMOS（1988）*Advisory Body Evaluation - The Medieval City of Rhodes.*

ICOMOS（1994）*Advisory Body Evaluation - Bagrati and Gelati.*

ICOMOS（1996）*Advisory Body Evaluation - The Luther Memorials in Eisleben and Wittenberg.*

ICOMOS（1997）*Advisory Body Evaluation - Carcassonne.*

ICOMOS（1999）*Advisory Body Evaluation - The Wartburg.*

ICOMOS（2001）*Advisory Body Evaluation - Kasubi.*

ICOMOS（2005）*Advisory Body Evaluation - Mostar.*

ICOMOS（2014）*WHC-14/38.COM/INF.8B.*

World Heritage Committee（1983）*SC-83/CONF.009/8.*

World Heritage Committee（1985）*SC-85/CONF.007/9.*

World Heritage Committee（1990）*CC-90/CONF.003/12.*

World Heritage Committee（2003）*WHC-03/27.COM/8C.*

World Heritage Committee（2005）*WHC-05/29.COM/22.*

World Heritage Committee（2013）*WHC-13/37.COM/7A.*

東京文化財研究所『世界遺産用語集（改訂版）』東京文化財研究所，2017 年

マルティネス・アレハンドロ「脆弱な建築遺産の保存理念―アニャナ塩田の保存活用の事例にみる―」『日本建築学会大会学術講梗概集（関東）』2015 年

第Ⅱ部　考証学と復元学

―事例編―

第1章　近世における内裏の復元考証

加　藤　悠　希

はじめに

　天明8年（1788）の大火で焼失した内裏の再建において復古的な殿舎の造営が実現したことは，18世紀末の政治史・文化史において重要な意味を持つ出来事であった（藤田 1994 など）。このときに復古的造営が可能であったのは，裏松固禅（1736〜1804）らによる復元考証の蓄積があったからこそである[1]。固禅による考証の成果は『大内裏図考証』としてまとめられ，近世における建築史関連の研究業績として，建築史学史という観点からも高く評価されてきた（稲垣 1972，川本 2005 など）。本章ではその裏松固禅に加えて，固禅以前に内裏の殿舎の考証の先鞭をつけた高橋宗直（1700〜85），固禅の内裏考証における協力者であった藤原貞幹（1732〜97）という，固禅の周辺にいた2人の人物を取り上げ，彼らによる内裏の考証の内容や性格について考察を行う。

　裏松固禅・高橋宗直・藤原貞幹という3者の関係については，寛政4年（1792）に藤原貞幹が水戸の儒学者・立原翠軒に宛てて記した書簡に要領よく説明されている。

　　　内裏殿舎之図ヲ別ニ作リ考証ヲ著シ候ハ，御厨子所預高橋若狭守宗直朝臣
　　　ヲ始ニテ，其図及考証世上ニ流布仕候，此図紫宸清涼二殿ノミノ事ニ而，
　　　禁中全体ノ図ニ及不申候故，廿六七年前裏松公思召被立候而，大内裏図ヲ
　　　諸図ヲ集メテ諸書ノ説ヲ会メ，改正ノ図廿余年ノ考索ヲ以今度致成就候，
　　　明和八年辛卯ノ冬ヨリ私茂裏松公被命候義有之候而，安永二年已来今年ニ
　　　至リ御相手ニ相成居申候，[2]

　年代順に整理して内容を確認すると，初めて内裏の殿舎の図を作り考証を著したのは高橋宗直であって，宗直の作成した図と考証は世間に流布した。しかし宗直の図は紫宸殿・清涼殿のみで全体には及んでいなかったので，26〜27

年前すなわち明和2〜3年（1765〜66）頃に裏松固禅が思い立ち，大内裏図の作成を始めた。貞幹自身は明和8年の冬より依頼を受け，安永2年（1773）から今年まで固禅の考証事業に協力している。その大内裏図が寛政4年（1792）の今，ようやく完成した，という。

高橋宗直が紫宸殿・清涼殿のほかに太政官庁の図・考証も作成している点など，若干の補足が必要ではあるが，おおよそ以上のような彼らの関係をふまえたうえで，3者による復元考証を以下で具体的に見ていくことにしよう。

1　高橋宗直による復元考証

内裏の殿舎の考証を初めて行ったとされる高橋宗直は，山城国の富農で地下官人でもあった大島直武の子として生まれ，のちに高橋家に養子として入った（宗政1992）。高橋家は朝廷において朝儀の御膳を準備する御厨子所預という役職を務める家系で，庖丁道を家職としていた。宗直は庖丁道にも有職にもすぐれており，その事蹟や逸話は伴蒿蹊の『近世畸人伝』（寛政2年＝1790刊）にも取り上げられている。『近世畸人伝』において紹介される宗直の有職に関わる業績の一つが内裏の復元考証で，紫宸殿・清涼殿と太政官庁の考証および復元図を残している [3]。

宗直による紫宸殿・清涼殿の考証と復元図については，多くの写本が残されている。扱われるのは，清涼殿と，紫宸殿および南庭を囲む殿舎や門で，考証は編集の段階の違いから，宝暦6年（1756）の書写奥書を有する写本を含む草稿本系統と，宗直自身による宝暦12年4月の奥書を有する清書本系統に大別できる。紫宸殿・清涼殿の復元考証を行って復元図を作成する意図について，宗直は清書本の奥書で次のように説明する（高橋宗直『紫清両殿図別勘』国立国会図書館蔵）。

> 古之内裏東礼也，今之内裏西礼也，学者読東礼之儀注，当西礼之殿陛，方位既背進退皆乖，是以句句文文終不可解也，宗直浅陋忘意欲考訂古時内裏而作図，

すなわち，昔の内裏は東礼 [4] で今の内裏は西礼なのだが，学者は東礼の儀注（儀式の説明）を読みながら西礼の殿舎に当てはめようとしており，方位が

違えば進退の向きも異なるために，解読できなくなってしまっている。そのため，宗直は内裏について考証し，図を作成する，というのである。ほぼ同様のことは草稿本系統の『清紫両殿考』（国立国会図書館蔵）の奥書にも書かれている。宗直の意図としては，儀式の古制を理解するための補助的な作業として，その舞台となった古代の殿舎の復元図を作成するということであって，主たる関心は殿舎そのものよりも儀式にあることは明らかである。復元考証の対象として，多くの儀式の会場となった清涼殿と紫宸殿が選ばれたのも当然といえよう。

考証は，殿舎・部位ごとに項目を立てて関連する史料の引用と按文を記す本文と，『年中行事絵巻』など絵画史料の模写で構成される。その考証にもとづ

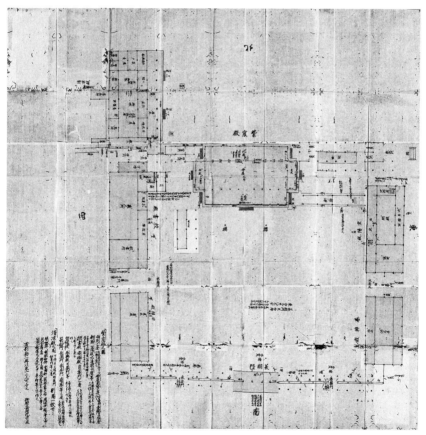

図1-1　高橋宗直「清紫両殿図」（京都府立京都学・歴彩館蔵，「京の記憶アーカイブ」より）

く復元案を示したのが，清涼殿・紫宸殿と南庭の配置を描く図（図1-1）と，清涼殿の調度の配置を記した図（図1-2）である。前者では南北の軸線上に並ぶはずの紫宸殿と承明門の中心がずれており，「承明門中央戸，可当南殿額間，此図有相違追可吟味」との注記がある。図の作成段階において考証結果の整合をとれなかったことを示すものであるが，それでもこのような図が初めて作られたという意義は非常に大きかったであろう。また，儀式に関心が向いている以上，建物のみならず図1-2のように調度の配置の復元考証を行うのも，ごく自然なことであろう。

宗直は，紫宸殿・清涼殿に関する考証に続いて，太政官庁に関する考証を行い，復元図を作成した。太政官庁は，大内裏域において中世にも維持された数少ない施設で，もともとは政務の場であったが，やがて八省院・紫宸殿に次ぐ

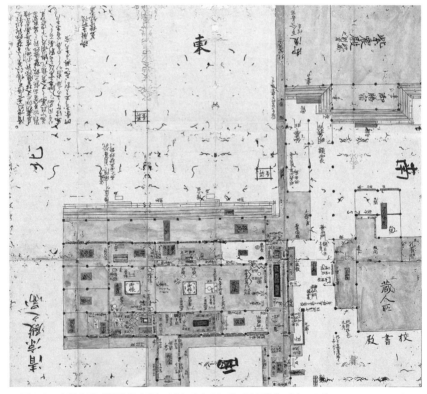

図1-2　高橋宗直「清涼殿之図」（京都府立京都学・歴彩館蔵，「京の記憶アーカイブ」より）

儀式の場となり，中世には主に八省院の代替として機能して即位の儀や大嘗会関連の儀式が行われた（溝口 1996，高橋 2006）。宗直による太政官庁の考証をまとめた『太政官庁図考証』（京都府立京都学・歴彩館蔵）には，次のような序文が記される。

　　太政官庁考証　　①従四位下行若狭守紀宗直輯
　　昔韓文公苦儀礼難読，楊信斎作図而後如指掌也，蓋宮室制度古今異互，苟不知其方向，則読古礼位置之東西，進退之左右，范無所弁，余為之憂，②曩既作紫清両殿図考，頃又③与一二同士講求作官庁図，恐言無徴纂輯儀式西宮北山以下及諸家記旁及雑記小説，以為考証云，

　すなわち，太政官庁もまた儀式が行われた場として，儀式を理解するために復元図が作成されたことがわかる。また下線部からは，①本書の成立は宗直が従四位下に叙された宝暦 13 年（1763）12 月から従四位上に叙された安永 4 年（1775）閏 12 月の間であること，②紫宸殿・清涼殿の復元考証より後の作業であること，③数人の協力者がいたこと，が読み取れる。なお成立時期を考えるうえで注意すべきは，先に引用した藤原貞幹の書簡によると，明和 2～3 年（1765～66）頃から裏松固禅が大内裏の復元考証を始めたという点である。宗直による太政官庁の考証が固禅の作業と無関係に並行してなされたとは考えにくいことから，宗直の考証は固禅が考証を始めるより前の，おそらく宝暦末～明和初年（1764 年頃）に行われたものと推測される。

　太政官庁についても，考証は項目ごとに文献史料の引用と按文を記載した本文と指図等の模写で構成され，その考証の成果にもとづいて復元図が作成された。復元図では正庁の北東にある朝所について，典拠となる文献や図の整合がとれず難航したため，押紙で「今按朝所図」と題した復元案を含む複数の図を示している（図 1-3）。

　宗直が太政官庁の復元考証を行っていたとみられる時期，朝廷では宝暦 12 年 7 月に桃園天皇が 22 歳で急逝し，儲君の英仁親王（のちの後桃園天皇）が幼少のため，桃園天皇の姉の智子内親王が後桜町天皇として急遽中継ぎに立てられるという事件があった。後桜町天皇の即位式は宝暦 13 年 11 月 27 日，大嘗会は翌明和元年 11 月 8 日に行われた。桃園天皇の急逝は朝廷を揺るがす非常事態であったことから，高橋宗直が紫宸殿・清涼殿の考証の清書本を作成した

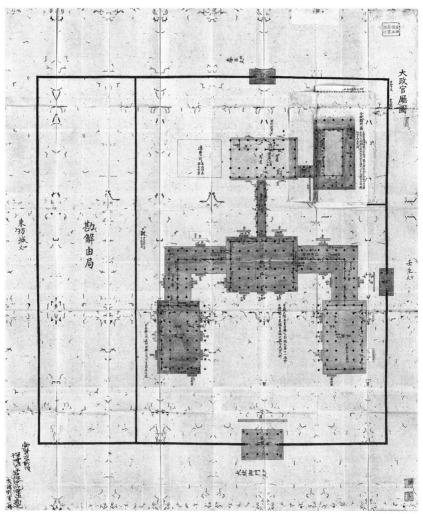

図1-3　高橋宗直「太政官庁図」（京都府立京都学・歴彩館蔵，「京の記憶アーカイブ」より）

宝暦12年4月の時点では，まさか数ヵ月のうちに天皇の代替わりがあるとは考えてもいなかっただろう。いっぽうで，その後にまとめられた太政官庁の復元考証は，後桜町天皇の即位式や大嘗会の実施を念頭に置いたものであったかもしれない。また，たとえそれより多少時期が降るとしても，後桜町天皇から次の後桃園天皇への近い将来における譲位は既定路線であったことから，宗直

88　第Ⅱ部　考証学と復元学

は太政官庁の考証を行うにあたって，近い将来，確実に行われる即位式や大嘗会関連の儀式を想定した作業という意識が少なからずあったものと推測される。

　なお，宗直による内裏の殿舎に関するまとまった復元考証は，管見の限りでは紫宸殿・清涼殿と太政官庁のみであるが，『宝石類書』（国立公文書館蔵）[5]という大部の著作には「殿舎」の部が設けられ，断片的ながら八省院・大極殿などといった大内裏の施設のみならず，寝殿・対屋・土蔵といった建築形式，階隠・押板・長押などの建築部位，さらには二条城・東山殿などに至るまで，さまざまな項目をあげて，関連する文献史料の抜粋が列挙されている。いずれも詳細に考察したり復元図を描いたりするような体系的なものではないが，宗直の関心の広がりを示すものとはいえるだろう。

　宗直による紫宸殿・清涼殿や太政官庁の考証および復元図は，成果物としてみれば裏松固禅の考証がまとまるとともに過去のものとなったといってよい。しかし，藤原貞幹の書状にも触れられるとおり，宗直の成果は『大内裏図考証』完成以前には広く流布しており，現存する写本の書写奥書からも18世紀後半に多くの写本が作られたことが確認できる。これは，同時代的に内裏の考証や復元図に対する需要が広く存在したことを物語るものである。そして，『大内裏図考証』を編纂した裏松固禅もまた，その刺激を受けた一人であった。

2　藤原貞幹による復元考証

　京都の考証学者・藤原貞幹は，高橋宗直に有職故実を学んでおり，裏松固禅による内裏の考証においては早い時期からの協力者であった。貞幹は古いものや制度等に広く関心を持って金石文や古瓦等の収集・研究も行ったことから，考古学史における先駆的な存在として評価されている。また，建築に関する復元考証としては，本章で述べる内裏のほかに，伊勢神宮に関しても殿舎配置の復元考証を行っている（加藤2015）。

　内裏の考証に関連するものとしては，貞幹の『六種図考』（安永7年＝1778，序。ただし安永末〜天明初年＝1789年頃の改訂か）[6]巻二に，以下のような都城・宮城・内裏の古図や復元図が載せられる（数字は筆者による）。

　　平安都城図（左京・右京）　　　(1)

平安宮城図	(2)
同図	(3)
新修平安宮城図	(4)
古宮城図	(5)
新修平安内裏図	(6)
新修八省院図	(7)
新修豊楽院図	(8)
新修中和院図	(9)
新修太政官図	(10)

このうち「新修」と称する（4）（6）～（10）はその名のとおり新たに作成されたものとみられ，（1）も「今会諸図書，拠江家次第校訂如右」と注記されることから，貞幹により作成されたものと判断される。内裏の復元図（6）は，清涼殿・紫宸殿周辺に限られた高橋宗直のものとは異なり，内裏のほぼ全域を網羅している。また，大内裏域内の施設としては，宗直が先に復元考証を行った太政官庁に加え，八省院・豊楽院・中和院も復元図が示されている。

各図は，紙幅におさまるように図を分割したり，左右対称のものは一方を省略したりする。とりわけ「新修平安内裏図」（6）の分割は複雑で，建礼門ほか外郭部の部分図に続いて承明門以下の内郭部が描かれ，その後に紫宸殿・仁寿殿など中心部の殿舎が描かれる。総体としては内裏のほぼ全域を網羅してはいるが，内裏の南側に位置する建礼門は北を上に描き，東側の建春門は西を上に描くというように，それぞれの図は内裏の外から内を見るように描かれていて方角の向きは一定せず，これらの図を眺めるだけで内裏の全体像をつかむことはきわめて難しい（図1-4）。内裏の全体を描こうと思えば，たとえば「新修平安宮城図」（4）がそうしているように，東西方向に細長く分割したものを北から南へ順に並べるという方法もありうるが，そうすると個々の殿舎が分断されてしまうことになる。『六種図考』の表記は，内裏全体の構成を示すよりも，個々の殿舎の平面構成を分割せずに示すことを優先したことを物語る。

貞幹は安永2年（1773）から裏松固禅による大内裏の考証に携わっていたというので，『六種図考』の復元図もおそらく両者の共同作業の所産で，『大内裏図考証』に結実する一連の作業の初期段階を示すものとみられる。『六種図考』

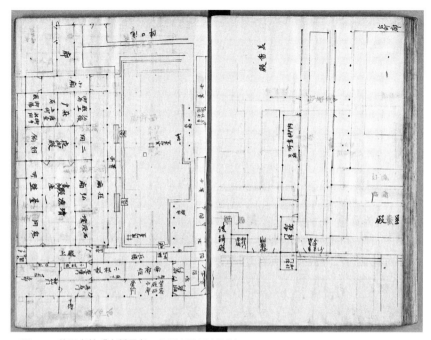

図1-4　藤原貞幹『六種図考』（国立国会図書館蔵）

　所収の復元図に直接的に対応づけられるようなまとまった復元考証の記録は，貞幹の著作としては確認できていないが，その一端をうかがうことができる記録として，『無仏斎随筆　殿舎考』（静嘉堂文庫蔵）と題された雑記がある。『無仏斎随筆　殿舎考』には，高橋宗直の『清紫両殿考』の奥書の抄出も記され，貞幹が宗直の考証を参照していたことが裏付けられる点も興味深いが，ここでは大極殿周辺の柱間などの寸法を検討した2種類の記述に着目する。

　便宜的にそれぞれA案・B案とすると，A案（図1-5）は「宮殿門廊丈尺石階」と「宮殿丈尺」と題して2ヵ所で同様の説明を載せるもので，大極殿の東西方向の柱間は身舎を1丈7尺，東西庇を1丈3尺5寸とし，南北方向は身舎と北庇を1丈3尺5寸，南庇を1丈7尺とする。B案（図1-6・7）は「或問，大極殿ノ柱間，新修ノ図ニ正中一間二丈間，其余各壱丈六尺間，南北二面広廂一丈八尺，櫺外堂廉ニ至リ七尺定ル者ハ何ニ拠ヤ」という問いに対する回答としてその復元の過程や根拠を説明するもので，大極殿の東西方向の柱間は中央

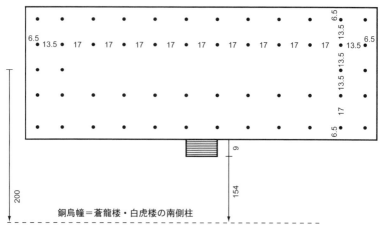

図1-5　藤原貞幹『無仏斎随筆 殿舎考』における大極殿復元A案模式図
　　注：数字は柱間等の寸法（尺）

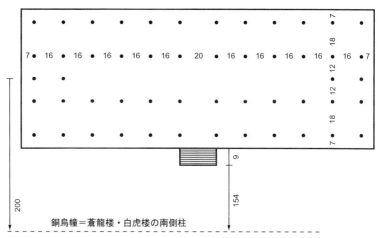

図1-6　藤原貞幹『無仏斎随筆 殿舎考』における大極殿復元B案模式図
　　注：数字は柱間等の寸法（尺）

を2丈，それ以外を1丈6尺とし，南北方向は身舎2間を1丈2尺，庇を南北とも1丈8尺とする。こちらは略図も描かれている。問に「新修ノ図ニ」とあるとおり，中央間を広くする点や身舎の梁間方向の柱間を狭くとる点など，『六種図考』の「新修八省院図」(7)に描かれる大極殿の図とよく対応している。

　A案とB案の説明には，南庭に立てる銅烏幢からの距離を南北方向の柱間

を割り出す手がかりにする点など共通する部分も多く見られるが，B案では「スヘテケ様ノ殿ハ，正中ハ柱間広キ者也」と記して大極殿の中央1間のみ柱間を広くとるのに対し，A案では身舎の柱間を均等に揃えるなど，見解が明確に異なる部分もある。『無仏斎随筆 殿舎考』は雑多な記述を集成したものであって，両案がどのような関係にあるかもわからないが，それぞれに復元考証の過程を具体的にうかがうことができるものとして貴重である。

3　裏松固禅による復元考証

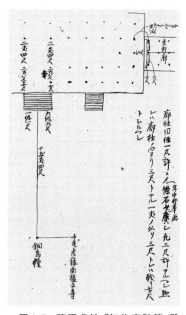

図1-7　藤原貞幹『無仏斎随筆 殿舎考』（静嘉堂文庫蔵）における大極殿復元B案略図

裏松固禅（光世）は元文元年（1736）に前内大臣烏丸光栄の子として生まれ，延享4年（1747）裏松益光の養子となって裏松家を相続した。しかし宝暦8年（1758），垂加神道の影響を受けた少壮の公家たちが天皇に『日本書紀』を進講して処罰された宝暦事件に連座して23歳で出仕を止められ，同10年に落飾して固禅と名乗った。冒頭で紹介したとおり，藤原貞幹の書簡によれば，固禅は明和2〜3年（1765〜66）頃から大内裏の殿舎の考証に打ち込んだという。『大内裏図考証』の編纂過程について，詫間直樹の研究に従って整理しておくと（詫間2003），天明3，4年から7年（1783〜87）頃にかけて考証の稿本が作成された。その後天明8年の大火で内裏が焼失すると，以後寛政6年（1794）初頭まで固禅は内裏再建などに忙殺されて，校訂・清書は行われなかったとみられる。その寛政6年には『大内裏図考証』献上の仰せがあって下書本・清書本が作成され，寛政9年に『大内裏図考証』正編30巻50冊が献上された。さらにその後も，文化元年（1804）に固禅が亡くなるまで校訂作業は続けられた。現在残される『大内裏図考証』の諸本は，天明大火前の第一次稿本から，献上以後の校訂を残す本まで複数の段階のものが

ある[7]。

　その間，復元考証と並行して復元図も作成された。天明4年には摂政九条尚実に大極殿の図および清涼殿の図と勘物を進上しており，この時点で，復元図がある程度まとまっていたこと，そして何らかの需要があったことがわかる（詫間 2003）。藤原貞幹の『六種図考』所収の復元図が，それよりさらに先行するものとみられることをふまえれば，復元考証と並行して復元図は何度も作成され，その都度更新されていったのであろう。

　なお，『大内裏図考証』には，高橋宗直の考証に載せられるような絵巻の模写などの絵画資料は含まれないが，それらは『宮室図』として別にまとめられている（藤田 2018）。

4　内裏の復古造営と裏松固禅

　天明8年（1788）の大火で焼失した内裏の再建にあたって，紫宸殿・清涼殿等一部の殿舎が復古的に建てられた。このときに裏松固禅がその再建事業に携わったことはよく知られている。江戸時代に内裏は幾度も焼失しているとはいっても，固禅の考証がある程度まとまった段階で内裏が焼失したこと，大火で考証の成果が失われず，その後の再建事業に固禅が立ち会うことになったのは，まったくの偶然にすぎない。一世代以上年長であった高橋宗直は大火に先立って天明5年に亡くなっており，高橋家の蔵書は大火で被害を受けたのである（松尾 1993）。

　内裏の再建に際して，裏松固禅は殿舎に関わるさまざまな事柄について朝廷から諮問を受け，勘文を作成した[8]。その案文の一部が東京大学史料編纂所蔵の裏松家史料に含まれており，また勘文を集成した『入道固禅注進勘物』という編纂物も残されている[9]。興味深いのは，そのいくつかにおいて古建築を参照している事例が見られることで，たとえば天明8年5月17日献上の勘文の案文では，東寺西院御影堂（康暦2年＝1380再建。現存）に古い天井の形式が見られると指摘する（「裏松固禅清涼殿天井等事勘文案」裏松家史料294）。

　　二，上古天井之結構
　東寺西院者，寺家称後宇多院寝殿之由，康暦年中雖回禄，如本図造立云々，

此院廂無天井，母屋有組天井^{大骨小骨}，如御帳台天井組之，

謹案，古代天井之躰，画図無所見候，古代天井今現存者東寺西院之外不多

歟，

　ここでは身舎を小組格天井として庇を化粧屋根裏とする構成が説明されている。文中にも記されるように，天井は絵画史料では描かれない部位であるため貴重な情報であったことがわかる。

　また，天明8年7月6日には東寺の子院・金剛珠院（明治期に廃絶）の花釘（釘隠）の拓本2点を献上している（「東寺金剛珠院花釘摸本」裏松家史料327）。この金剛珠院の寝殿については，同月8日献上の勘文の案で以下のように説明する（「裏松固禅紫宸殿母舎西面壁等事勘文案等」裏松家史料350）。

　金剛珠院寝殿之事

　寺家注文取要云，金剛珠院寝殿元在実相寺，是大師十大弟子真済僧正建立

　之住室也，永禄二年十月廿六日曳移于金剛珠院，

　すなわち，金剛珠院の寝殿は空海の弟子・真済（800〜860）の住室を永禄2年（1559）に移築したものだといい，固禅はこの建物を平安時代初期のものと考えていたらしい。拓本を提出していることから，それ以前に現地で調査を行っていたのであろう。『造内裏御指図御用記』によれば，翌寛政元年（1789）2月11日に修理職の役人が金剛珠院に行き，唐戸・妻戸そのほか金物・釘隠等の形を写し取っている。その際には修理職奉行の日野資矩から「其外古代之体見及候ハヽ，写取可申」という指示も出されていた。また同年5月12日には金剛珠院の「打妻戸」（折唐戸ヵ）を見るために，木子治兵衛（棟梁木子播磨の倅）を遣わしている。前後の記事からみると，これらは清涼殿等の建具・金物等の検討において参照されたものらしい。

　また，東寺の慶賀門（鎌倉前期建立。現存）を調査することになった際，裏松固禅が門の位置を教えていることから（『造内裏御指図御用記』天明9年正月19日条），慶賀門を参照することも固禅が主導したものとみられる。調査は棟梁の木子播磨らが行い，丈尺，高さ，腰長押の有無，天井の有無等を参照して，承明門・日華門・月華門の計画の参考とされた。

　東寺は，京都の市街地において中世にさかのぼる建築遺構が残される数少ない寺院であり，内裏の殿舎の復古を計画するにあたって裏松固禅が多く参照し

たのも妥当といえる。ただし，固禅が参照したのは東寺ばかりではない。壁の下地に関する次の勘文案は，実例として東大寺南大門・元興寺塔[10] といった奈良の古建築を参照している（「裏松固禅内裏檜皮屋不葺合事勘文案等」裏松家史料359，天明8年7月19日献上）。

　　壁桟用竹否之事
　　延喜寮木工式用梠事，又東大寺南大門及元興寺塔其外，南都古仏刹壁桟皆木
　　ヲ用ルノ由，御状ヲ以儀奏衆ヘ申入，

　この勘文がどのような文脈で出されたものかは不明であるが，本文で触れられる『延喜式』巻34「木工寮」では，「方丈壁一間一重桟料梠三担」[11] として，壁の材料として「梠」に触れる部分があるので，このような記述をふまえての問合せであったかもしれない。殿舎の外観・意匠ではなく，内部の構法に踏み込んだ内容である点でも興味深いものである。

　また，作成時期は不明ながら，紫宸殿の四隅の庇に関する勘文（『入道固禅注進勘物』所収）では，「凡殿屋ノ古制母屋ヲ造リテ四面ヘ廂ヲ出ス，如此時四隅アキタル所ヘ小廂ヲサス，是即隅廂也」として，建築の古制を一般化して語る。同様に，古代建築の金物に関しても，一般化して語る次のような勘文がある（「裏松固禅宮殿金物事勘文案」裏松家史料296，作成時期不明）。

　　三，宮殿金物之事
　　謹案，上古殿舎金物多以鉄作之，古代造立之舎屋今現存者，皆鉄金物也，
　　稀有金銅者後代如改作者也，（中略）破風及妻戸金物之事，於破風者今現
　　存之上古堂舎釘隠之外無金物歟，妻戸上下掛金座平金物并枢座平金物之外，
　　金物無之，古画之類亦如此，拠此等相考之所，要須所有金物而，餝金物無
　　之歟，

　上古の殿舎の金物は鉄製であり，また必要なところにしかないとの指摘である。固禅は，このように語りえるほどに建築の古制を理解しているという自負があったのであり，その論拠としては絵画史料や文献史料のみならず，現存する古建築の遺構も参照していたのである。なお金物については，藤原貞幹の天明8年6月24日付立原翠軒宛書簡によると「入道様（注：固禅のこと）日々御参内（中略），先々金銅ノ金具色々彫物ナドノ無益ノ事共ハさらりと相止申候へは，用途ハハブケ候て叡慮ノまゝ御落成候へかしと奉存候」として，内裏の

再建に際して金銅の金具・彫物などを固禅が止めさせたと説明する（『蒙斎手簡』に抄出。松尾1993）。

　いっぽう，「紫宸殿樋事」（『入道固禅注進勘物』所収）においては，「於簷霤流下之制者匠家宜存知之，依彼等之説可被懸樋歟，（中略）凡近代殿屋不架樋，雖匠家疑其制不可詳歟，宜被正寸法也」という記述もある。樋のかけ方という技術的な面は工匠のほうが詳しいのではないか，と言いながらも，近頃は樋をかけないので工匠はその制度に詳しくないかもしれない，との疑念も付記しているのである。現実的な技術については工匠に譲りつつも，古制に関しては自分のほうが詳しいという自負がやはりここでも示されている。

　有職故実家というともっぱら文献や絵画史料に頼っていて現実のモノを知らないというイメージを持たれがちであるが，裏松固禅が作成した以上のような勘文を見ると，実際には当時建っていた古建築についても情報を持っており，それを内裏の復古造営において参照する際にも主導的な役割を果たしていたことがわかる。いっぽうで，固禅にとってみれば，現実に造営に携わったことが建築をより具体的に理解する重要な契機となったという面もあっただろう。

　なお，これらの古建築への関心や情報は藤原貞幹も共有しており，『集古図』（国立国会図書館蔵）には内裏の造営で参照された東寺慶賀門の建地割図や，金剛珠院の蔀の拓本が載せられている。著述の傾向からみると，モノへの関心という点では，藤原貞幹のほうが主導していたかもしれない。

おわりに

　現在行われているものもそうであるが，歴史研究の一手法としての復元考証とは，時間的な変遷をある程度捨象したうえで，図面であれ模型であれ，あるいは原寸の建物であっても，一つのかたちに収斂させることが特質といえるであろう。残された資料から可能なかぎり情報を得るために，ある程度時代の異なる資料も利用していくことになるのは，手法上やむをえないところである。宗直・貞幹・固禅が描いた内裏の復元図は，おおよそ平安時代を想定したものといって間違いではないであろうが，具体的にいつの時期のものと特定されているわけではなく，参照される資料は文献も絵画も現存する古建築も，後の時

代のものまで含んでいる。もちろん焼失と再建を繰り返した平安時代の大内裏の時代的変遷に対する認識が欠落していたわけではないことは，裏松固禅の『大内裏図考証』巻三之中における以下のような指摘からも知られる（裏松家史料 1-7。一次稿本）。

　　案，弘仁内裏式及延喜式・北山抄朝賀御装束，去太極殿中階十五丈四尺，銅烏及四神幢与青龍・白虎楼南楹平等，如此図則不足南一丈也，始知，年中行事画所図，蓋後世簡略制矣，

　これは，先に触れた藤原貞幹『無仏斎随筆 殿舎考』における大極殿の柱間寸法の考証とも関連する箇所であるが，固禅は『年中行事絵巻』に描かれる朝堂院の蒼龍楼について，『内裏式』『延喜式』『北山抄』の記載との矛盾から，簡略化された後世の制であると指摘する。このような時代による変化についても念頭に置きながら，資料間の矛盾を解消すべく取捨選択を行ったうえで，結果として一つのかたちとして示されるのが，復元図であった。現代の復元研究においても，大規模な改造や再建などによって第一期・第二期などと時期を区分することでより精密であろうとすることはあっても，一定の時間幅をもってその間にも多少の変化はあったはずの対象を一つのかたちに収斂させるという復元図の根本的な性格は変わらない。その点において，本章で取り上げたような近世の復元考証と，近現代の歴史研究で行われる復元研究には，共通する性格を見ることができる。

　なお，近世における殿舎の復元考証として先駆的だったのは伊勢神宮で，17世紀後半から行われてきたが，そこで作成された図は，古制とは異なると知ったうえで現状を部分的に反映したもので，復元図というよりも復古計画図というべきものであった（加藤 2015）。それと比較するとき，内裏の殿舎の復元考証を初めて行った高橋宗直による内裏の考証と図は儀式の古制を明らかにするためのものであって，復古計画案とはもとより異なるものであるし，裏松固禅や藤原貞幹のものも，結果としてみれば現実に殿舎の復古造営に立ち会うことになったが，特に天明の大火以前においては考証や図が計画案としての性格を持っていたとは考えがたく，その後最終的にまとめられた『大内裏図考証』についても，復元造営の計画案とは別の，独立した著作となっている。彼らが作成したのはいずれも復古計画図ではなく復元図だったといってよいだろう。

いっぽうで，復元考証の対象と目的について考えると，3者の間での相違も見えてくる。高橋宗直の考証は儀式の古制を理解するためという意図を序や奥書で記載しており，考証の対象とした殿舎の選択からも，そのことは裏付けられる。ただし，『宝石類書』において「殿舎」を含む幅広い対象を取り上げることを思えば，殿舎自体に全く関心がなかったというわけではないだろう。いっぽうで裏松固禅・藤原貞幹による復元考証が大内裏の全域に向かうのは，それが儀式の考証のための補助的学問という目的に限定されたものではなく，大内裏という施設・建物自体への関心があったことを示す。また，貞幹と固禅について，それぞれの著作の傾向からみると，固禅は平安時代の内裏（里内裏も含む）に並々ならぬ執着をみせるが，貞幹にとってみれば内裏の考証は古代に対する幅広い関心のなかの一端を占めるにすぎず，内裏の復元考証を行う動機はそれぞれ違ったところあったであろう。

　本章では内裏の殿舎に関する考証のみを取り上げたため，「建築史研究者」でない彼らの学問のなかで内裏の考証がどのような位置を占めたのか，こたえられていない。その点に関しては，三者三様の多彩かつ膨大な著述を参照することで，さらに考察を進めていく必要がある。

注
1）「復原」と「復元」について現在便宜的に使い分けられることがあるが（本書Ⅰ—1参照），本質的な違いはないと筆者は考えるため，本章では「復元」で統一する。
2）藤原貞幹『無仏斎手簡』下巻（『日本芸林叢書』第九巻，六合館，1929年）29頁。
3）高橋宗直による考証および復元図の詳細については，加藤2018を参照のこと。なお，執筆時に未見であった『旧内裏殿舎考』（静嘉堂文庫蔵）も清涼殿・紫宸殿の考証（草稿本系統）であった。
4）飯淵康一によれば，礼とは，「儀式の行われる空間領域に於て形成される空間的上位下位と結びついた秩序の向きを示す概念」という（飯淵2002，299頁）。
5）のちに孫・高橋宗孝と門人・源長芳による校正を経たもの。なお『宝石類書』も写本は多数残されている。
6）貞幹には『七種図考』と『六種図考』という著作があるが，松尾芳樹によると，両者はほぼ同じ構成で，『七種図考』が安永7年（1778）に編纂され，安永9年以降さほど遅れないうちに『六種図考』に改訂された。また，『七種図考』と『六種図考』の大内裏図は，異なる編集作業の所産とみられるという（松尾1992）。
7）活字に翻刻された『故実叢書』の『大内裏図考証』は，幕末の国学者・内藤広前によ

る補正を経たものである。内藤広前の補正については詫間 2015a に詳しい。

8） 本節の内容は概ね加藤 2016 にもとづく。

9） 本史料は詫間 2015b により紹介されている。

10） ここでいう元興寺の塔とは、現存する五重小塔ではなく、奈良時代に建てられ安政
　　6 年（1859）に焼失した五重塔のことであろう。

11）『神道大系 古典編十二　延喜式（下）』（神道大系編纂会，1993 年），413 頁。

参考文献

飯淵康一『平安時代貴族住宅の研究』中央公論美術出版，2002 年

稲垣栄三「建築史研究の発端―伊東忠太と関野貞」『近代日本建築学発達史』丸善，1972 年

加藤悠希『近世・近代の歴史意識と建築』中央公論美術出版，2015 年

加藤悠希「寛政度内裏造営で参照された古建築について―裏松固禅の勘文を中心に」『日
　　本建築学会大会学術講演梗概集』2016 年

加藤悠希「高橋宗直による内裏考証について」『建築の歴史・様式・社会』中央公論美術
　　出版，2018 年

川本重雄「寝殿造と書院造―その研究史と新たな展開を目指して」『シリーズ都市・建
　　築・歴史 2　古代社会の崩壊』東京大学出版会，2005 年

高橋昌明「大内裏の変貌―平安末から鎌倉中期まで」『院政期の内裏・大内裏と院御所』
　　文理閣，2006 年

詫間直樹「裏松固禅の著作活動について」『書陵部紀要』55，2003 年

詫間直樹「裏松固禅『大内裏図考証』の補正について―内藤広前の補正本を中心に」『京
　　都御所造営録―造内裏御指図御用記（五）』中央公論美術出版，2015 年 a

詫間直樹「寛政度内裏造営と裏松固禅」『京都御所造営録―造内裏御指図御用記（五）』中
　　央公論美術出版，2015 年 b

藤田覚『幕末の天皇』講談社，1994 年

藤田勝也編著『裏松固禅「宮室図」詳解』中央公論美術出版，2018 年

松尾芳樹「藤原貞幹の『六種図考』と『七種図考』」『京都市立芸術大学芸術資料館年報』
　　2，1992 年

松尾芳樹「藤原貞幹書簡抄『蒙斎手簡』（上）」『京都市立芸術大学美術学部研究紀要』37，
　　1993 年

溝口正人「中世即位式の空間構造―儀式にみる古代と中世」『建築史の想像力』学芸出版
　　社，1996 年

宗政五十緒「『近世畸人伝』の人々」『江戸時代　上方の地域と文学』同朋舎出版，1992 年

〔付記〕

　　本章は JSPS 科研費 JP17K14795，JP17H06117 の助成を受けた研究成果の一部である。

第2章　平安神宮にみる考証と復元のはざま

海　野　　　聡

はじめに

　考証学による復古と建築史学における復元の両者の接点の一つとして，1895年竣工の平安神宮があげられよう（図2-1）。平安神宮は伊東忠太やその師である木子清敬の設計で，近代における過去の建築への探究がうかがえる。もちろん，造家から建築という変革の時期であり，建築における復元の語の成立が大正期に下ることは先に述べたとおりであるが[1]，この平安神宮の建設には「復元」の萌芽が散見される。それゆえ本章では，木子・伊東らを通して考証学と復元の境界を紐解いてみたい[2]。なお平安神宮創建の社会的背景や経緯に関しては，木子・伊東関連の文書のほか，『平安神宮百年史』の刊行の際にまとめられており，適宜，これも参照したい（水戸1997）[3]。

　木子家は修理職棟梁を代々務め，清敬も明治以後，宮内省で皇居や御用邸などの造営に従事したことが知られ，工科大学造家学科（東京大学工学部建築学

図2-1　平安遷都千百年紀念祭の様子（出典：平安神宮百年史編纂委員会1997, 本文編, 写真45）

科の前身）で，初めて日本建築に関する講義を行った。その時の木子の教え子が伊東忠太である。

伊東忠太は現在の山形県米沢市の出身で，帝国大学工科大学大学院在学中の1893年に法隆寺建築の調査を通して実証的に論じた「法隆寺建築論」を発表した。伝統的な木造建築は顧みられていなかった当時の日本において画期的なものであった。その後，東京帝国大学で日本建築史の教鞭をとり，教育に努めたことから日本建築の父といわれる。また建築家としての作品も多く，築地本願寺本堂や東京大学正門などが知られる。

平安神宮創建の背景としては，1894年が平安京に遷都した延暦13年（794）から1100年にあたることから企画された平安遷都千百年紀念祭の開催があった。この紀念祭で平安遷都という桓武天皇の業績を讃えて，計画されたのが模造大極殿で，平安宮八省院をモチーフとした。同じ頃，京都市から農商務省へ第4回の内国勧業博覧会の誘致が具申され，京都市岡崎の地で催されることになった。

それ以前にも桓武天皇を祀る「平安神宮」は岩倉具視によって計画されていたことが知られている[4]。1877年2月に明治天皇は近畿地方を行幸し，御苑の荒廃に悲嘆すると，その対策として保存と土地買収が進められ，一連の京都復興策がなされていった。同じ頃，桓武天皇の御陵である桃山柏原陵の修復が行われ，1883年1月には京都御苑保存に関する意見書が認められた（『岩倉公実記』）。

このように京都復興策が進められるなかで，岩倉を中心に京都御苑内の「平安神宮」の創建が検討されていたが，同年7月に岩倉が没すると計画は頓挫してしまう。ただし，この1881年から83年の岩倉の計画は，平安遷都千百年紀念祭への重要な足がかりとなったと考えられている（稲葉1980，永井1997）。この1883年の意見書では，「桓武帝神霊奉祀ノ事」として「禁苑内適当ノ場所ニ神殿ヲ作リ」と記されるのみで，平安宮の建築形式を用いるという判断は示されなかった。いっぽうで，この御苑の復興が計画の下地となっていたがゆえに敷地選定の問題，そして平安宮に対する考証あるいは復元という視点はなかったようで，平安宮の復元という思想を帯びた平安神宮の建設では，その齟齬がのちのち生じてくることになる。

1 敷地選定と規模

(1) 大極殿跡地における「平安宮」の計画

　現代の復元整備においてはもちろんであるが，復元における現地性は重要な要素の一つになろう。いっぽうで現在の平安神宮は平安宮八省院の旧地にはなく，岡崎の地に建設されている。当時も建設にあたり，現地性を考慮しなかったわけではなく，敷地選定においても同様の問題意識が存在していた。しかし平安神宮の複雑な建設経緯により，敷地をめぐって紆余曲折があり，この敷地の変遷は設計にも大きな影響を与えた。先に述べた岩倉案の影響もあり，神殿を造営する祭場として，御苑内が神宮の候補地としてあがっていた。1892 年 11 月には，京都で平安遷都千百年紀念祭の協賛会創立発起人会が開かれた。

　1893 年 3 月 11 日には京都府知事千田貞暁が内務大臣井上馨に意見書を提出し，95 年に「奠都紀念祭」を開催するにあたって，「平安宮」の造営を望んだ。「平安宮」は神武・崇神・天智・桓武の四天皇を高く評価して祭神として祀るための建物である。意見書によると，特に桓武天皇を奉祀する神宮を「規模ヲ朝堂院即チ大極殿ノ体制ニ効ヒ神殿ヲ造営シ平安宮ト号シ（後略）」と平安時代の朝堂院の建築形式を社殿に用いようとした。3 月 27 日の紀念祭委員会式典及編纂部の会議で，主要な事業として「紀念の為め大極殿の構造を模したる建築物」を造ることとその保存を決めたと 1893 年 3 月 19 日の『日出新聞』は伝えている。

　この平安時代の建築形式をモチーフとした「平安宮」の造営計画が，敷地選びの混乱を引き起こした。紀念祭京都府委員の湯本文彦は，歴史家の立場から大極殿跡にするのが適当であるとし[5]，1893 年 4 月 13 日付「平安奠都祭ニ付意見」を京都府委員会に提出している。これは現在の遺跡整備における復元の現地性の重視に通じる考え方である。この湯本の意見提出に合わせて，建物の設計については京都府の技手水口次郎による「平安宮即桓武天皇神宮建設幷図」も提出された。

　水口次郎は西本願寺の大工家である水口家の 16 代目の大工で，のちの紀念

殿工事では材料調査兼監督補を務めた。現場での実務家というよりも，事務に長けていたとされる（永井 1997）[6]。

　この大極殿の模造建築を建てる計画は協賛会に承認され，4 月下旬には用地買収費や建設費を見積もった「朝堂院建物其他概略設計予備調書」が水口により出されている。

　ただし，規模に関しては本来の朝堂院の敷地が約 3 万坪であるのに対して，旧朝堂院地の一部であった旧幕府役人の邸宅地の約 1 万坪が空地で，ここが候補地となり，規模を八省院の 3 分の 2 の規模とする案が具体化された。この案では大極殿・蒼龍楼・白虎楼・朝集堂・応天門の復元を示すいっぽうで，会昌・昭慶・宣政・章善の四門は鳥居，翔鸞楼・栖鳳楼は石灯籠，小安殿・朝堂12 堂は葛石で表現するとしている。完全な「復元」志向ではなく，部分的に復元建物を用いて，他の部分は建物復元以外の方法による表現という設計であった。この設計で水口は，近世以来の積算方法である本途形式を用いた。本途形式は建物の格式と平面積で積算し，見積りする方法で，近代においても，伝統的な手法が用いられた様子がここにもうかがえるのである。

　水口は大極殿の模造の計画が大工事で，難題であること，当時の古図や古建築の調査・研究が必要であることを説いている。この「復元」における研究の必要性の姿勢は，以降の伊東忠太の実地調査などにも表れている。

　さて，この大極殿跡地という現地性に対する固執は，模造であっても大極殿という平安宮を象徴する建物の建設における場所性の追求であろう。ただし，建物の形式がもととなって場所性を求める行為は因果関係の逆転ともいえる。いっぽうで，表現方法の多様性や規模の縮小は，厳密な復元による再現への意識の低さを示すものとも捉えられる。もちろん 1893 年 4 月頃に水口の作成した「平安宮即桓武天皇神宮建設幷図」では，大極殿は「旧式ニ準ジ」て造ることを計画しており，建物の古式さの追求もみられるが，規模は縮小しており，やはり場所性に比べて再現性は重視されなかったと推察される。それゆえ規模こそ巨大であるが，現地性を持たない模型とも性格は類似する。さらにいえば，復元の厳密さは検証のしようがないからこそ，当時，そこまでの意識が向けられなかったのかもしれない。いずれにせよ，現代の復元や整備につながる視点の一部が大極殿跡地における「平安宮」の計画に垣間見えるのである。

(2) モニュメントとしての模造大極殿

　さて，東京でも1893年4月には紀念祭協賛会の発起人会が開催され，この頃京都では水口の設計・積算の成果を受けて金銭の工面の見通しが立たないという問題に直面していた。その後，関係者で協議を重ね，同年5月には井上馨内務大臣，後藤象二郎農商務大臣，土方久元宮内大臣，陸奥宗光外務大臣らと千百年紀念祭関係者が集まり，模造大極殿の建設が決定した。この協議により，協賛会の事業として募金により模造大極殿を建設し，祭典後も紀念祭のモニュメントとして残すこととなった。また模造大極殿の建設地は大極殿跡ではなく，内国勧業博覧会の会場への隣接が適当であるとされ，現在の京都市動物園の地が買収された（図2-2）。

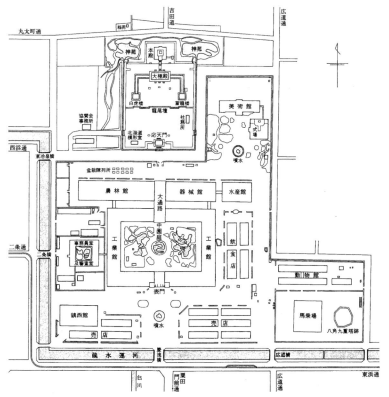

図2-2　第4回内国勧業博覧会の建物配置（出典：平安神宮百年史編纂委員会1997，本文編，図6)

ただし，敷地が岡崎となったことで，敷地に合わせて模造大極殿を西面させる計画が立てられた（図2-3，第一～三次計画案）。もともと西面する計画であったものが，大極殿は南面が適当であるとのことから，現在の平安神宮の地に建設されることになり，内国勧業博覧会場と模造大極殿建設予定地の交換がなされ，現在の敷地となった。

いっぽうで，平安神宮の創建も紀念祭の模造大極殿の建設によって否定されたのではなかった。1893年9月頃には模造大極殿の背後に本殿を建設して桓武天皇を祀り，大極殿を拝殿とする計画が佐野常民協賛会副会長より建議され，華族らの間で支持が広がった[7]。京都でも1893年10月17日付『日出新聞』の「平安宮」という記事によると，模造大極殿の建造とその維持は京都の美観，歴史の表現として歓迎するものであるとし，大極殿を拝殿とする方針に賛同を示している。そして翌94年7月には，天皇の裁可を経て，内務大臣・京都府

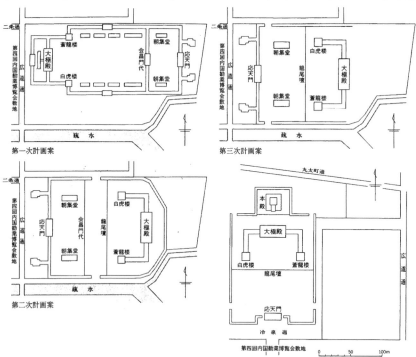

図2-3　第一次計画案から第四次計画案の変遷
　　　（出典：平安神宮百年史編纂委員会1997，本文編，図17）

知事を通じて平安神宮と正式に称することが許され，桓武天皇を祭神とする官幣大社に列した。

岩倉具視の御苑内の神社創建，その後の「平安宮」，記念祭の模造大極殿，そして平安神宮と計画が変遷するなかで，建物の意味も変化してきた。大極殿にしても大極殿跡地における「平安宮」の計画では「旧式ニ準ジ」た建物とされ，復元的要素が強かったのに対し，模造大極殿は記念祭のモニュメント，そして平安神宮の創建計画の過程で拝殿としての機能も担うことになった。こうした変化を鑑みると，ことに大極殿に関しては，平安宮八省院の復元ではなく，近代の平安神宮創建の歴史のなかで生み出された建物と位置づけられよう。ここに考証と復元のはざまが見えるのである。

2 「復元」における苦悩

（1） 紀念殿建設の経緯

さて話が前後するが，設計に関する動向を追ってみよう。前述のように，当初の大極殿跡地では，京都府技手の水口次郎が設計・積算を行った。その後，敷地が内国勧業博覧会の隣地に移されると，協賛会幹事会は宮内省内匠寮技師の木子清敬に設計を依頼した。木子は帝国大学大学院生であった伊東忠太と水口次郎を補佐とし，急ピッチの設計を進めた。

基本設計は6月中に進められ，水口は6月12日に上京して木子らと打ち合わせし，案が固まったようである（永井1997）。当初の紀念殿の案は『大内裏図考証』の付図の縮小版であったが，敷地変更や予算から計画変更を繰り返し，大きく4つの案（第一次計画案～第四次計画案）があったことが知られる（図2-3）（永井1997）[8]。これらについては，稲葉信子・永井規男らの研究に詳しいので，本章では詳述しないが，第一次計画案は東向きの朝堂・朝集堂を備えたもので，水口案をもとに改良したものと考えられている。5月に敷地が定まってから，さらに計画案が練られて朝堂・諸門が削除され，建物規模が縮小された。1893年6月26日に木子・伊東が入京した時には，この第二次計画案が動いていたとみられる[9]。

予算超過や敷地に余裕がないことにより，この案も変更を余儀なくされ，8月にはさらに縮小した第三次計画案が作成された。この案も予算超過という課題を抱えたものであった。さらに8月25日には市会で大極殿は南面すべしという方針が決定し，この観点から敷地変更となり，再び設計変更の必要に迫られた。この変更によって，第三次計画案から翔鸞楼・栖鳳楼の基壇，東西朝集堂が削除された設計案が第四次計画案で，これが最終案となった。

(2) 木子清敬・伊東忠太の設計方針

さて早い段階で木子・伊東は紀念殿について『建築雑誌』にて談じている（木子・伊東1893，同1894ab）。

　　況んや又今日千有余年前の建築を追考し其形式を拾収して之を実体に現わすに至りては，実に幾多の確実なる考証を要するなり，其事業は独り建築学術界の一大問題たるに止まらさるなり（木子・伊東1893）

これは木子・伊東の共報で，これ以降も『建築雑誌』で建築経緯・制限などをリアルタイムで報じている。なかでも1893年12月の『建築雑誌』第86号で詳しく述べており，まず紀念殿を大内裏八省院の建築の模倣であると位置づけ，桓武天皇の時代の形式を目標年代とする。さらに「大内裏建築史の研究より先なるはなし」と述べ，古代建築の研究の必要性を説いている。この姿勢は復元学に通じるもので，復元年代の明示や研究の必要性を表明した点は学術的にも高く評価できる。

また唐招提寺講堂は，平城宮の「八省院中の一宇」を移したものであることは事実であるとし，現存する古代建築に言及しており，裏松固禅の『大内裏図考証』や『年中行事絵巻』などから大体の形式を推測するのには足るとしている。いっぽうで「千百年前の古を考ふ素より雲を捉ふるか如き」とも述べ，その難しさを述べている。加えて細部は建築学術に照らして，当時の嗜好を忖度するほかはないとしている。この細部の復元の困難は，現代の復元も同様であろう。

古代建築をそのまま「直写」できなかった理由として期日，資金，地所の3つの制限をあげており，配置・広さ・材料・形式及び手法を駆使して設計したと述べる。なかでも配置・広さは西向きから南向きに変更したこと，そして規

模を 8 分の 5 に縮小したことが述べられ，設計者以外の外的要因として区別している。この設計変更の過程も重要であるが，古代建築の「直写」を設計コンセプトの一部として明示する点は特筆すべきものである。この表明は実際の建設はともかくとして，少なくとも設計においては「復元」を志向したことを示すもので [10]，近世の内裏における復古以上に建築の細部を含め，厳密さを追求する姿勢がうかがえる。

また次の材料に対する言及も注目すべきもので，1000 年前と木や石は同じではないとする。「工程（技術や作業工程のことか）」も模倣しようと欲しても，方法がないとし，「嗜好」という言葉で表現しているが，「今人」と「古人」の嗜好が異なっている可能性を指摘し，細部については「古人」の嗜好がわからなかったと述べている。この材料や細部に関する指摘は，はからずも復元の限界への言及であり，完全なる復元が幻想であることを説いている。

このように，古代建築の「直写」を目標とした点は，少なくとも設計においては「復元」を志向していたことを裏付けるもので，「復元」の萌芽と位置づけられる。また学術的な経緯や思考の検討過程の提示はわずかではあるが，「復元」の過程と問題点の提示は学術的意義の大きなもので，「復元学」のキーストーンと位置づけることができよう。

（3） 伊東忠太の調査と苦悩

さて，復元の過程で伊東忠太がどのような調査を行い，何を根拠に復元したかについて見ていきたい。京都滞在の際における伊東忠太の動向はフィールドノート（日本建築学会建築博物館蔵，以下，ノートとする）からうかがい知ることができ，このノートによると伊東は京都の滞在中，「京都川端丸太町下ル塚本方」に身を寄せており，奈良の古建築も探訪している。

その成果として最もわかりやすいのが大棟の両端にのる鴟尾で，奈良時代から残る唐招提寺金堂（8 世紀後半）の鴟尾を参考としており，鴟尾の採寸がなされている（図 2-4）。実際に大極殿をはじめとする平安神宮諸建築の大棟には唐招提寺金堂型の鴟尾がのっている（図 2-5）。また伊東忠太の懐古談によると，唐招提寺金堂が最も良い模範であると信じ，実測・調査のうえ，参考としたようで，組物や木割も唐招提寺金堂の影響がうかがえる [11]。

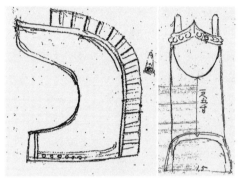

図2-4　唐招提寺鴟尾のスケッチ（出典：ノート）　　図2-5　平安神宮廻廊上の鴟尾（筆者撮影）

　そして応天門・蒼龍楼・白虎楼などの重層建築の建設が特に困難であったため，その参考とするため，奈良の薬師寺東塔（天平2年=730）や般若寺楼門も参考としている。

　ここでは，薬師寺東塔が奈良時代の建築であることを認識したうえで参考事例としており，各柱間のバランス，瓦の枚数や垂木割にも気を配っている（図2-6）。重層建築の各層のバランスである逓減を調査することで，多層で裳階付きの蒼龍楼・白虎楼の復元の参考としようとしたのであろう。また塔本体の三手先，裳階の平三斗の組物，裳階の跳高欄のスケッチもしている。

　そして般若寺楼門（文永頃=1264～74）では，「上ノ柱外面ト下柱真ト引通シ」とメモ書きがあるように，やはり上層の逓減に注意を払っている（図2-7）。ただし「斗高サ七分鬼斗ハヤヤ今風ナリ」とも記しており，細部の時代性に対する指摘も見られる。

　これらの奈良の古建築の探訪には，学術的に大きく2つの意味がある。1つは「復元学」の観点で，当時の建築史学的な整理が不十分な点は否めないが，同時代建築の参照という手法が的確にとられたことは重要である。もう1つは建築史学的研究としての意味で，唐招提寺金堂が奈良時代後半の建築で，平安宮創建の時期に近い建物であることを認識し，現存する鴟尾が奈良時代のものであるとして調査しているのも見逃せない。伊東の研究対象であった法隆寺の諸建築を用いなかった点も，平安時代初頭の建築の意匠として相応しくないと判断したためであろうし，この時点で古建築の年代判定が適切になされていた

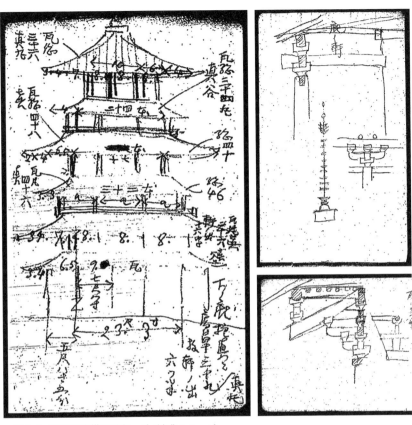

図 2-6　薬師寺東塔のスケッチ（出典：ノート）

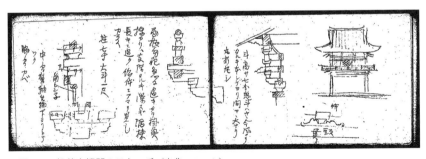

図 2-7　般若寺楼門のスケッチ（出典：ノート）

第 2 章　平安神宮にみる考証と復元のはざま（海野）　111

ことを示す点でも重要である[12]。

設計以外で伊東忠太が特に苦悩した点を述べておきたい。それは屋根の碧瓦で，伊東が設計においても最も実現したい部分の一つであった。京都の大仏山の粘土に加背山のものを混ぜて素焼きし，その後，碧色の釉薬を施して，再度焼成したもので，この瓦を巡って新聞紙面をにぎわすことになった。

1894年10月から翌年1月にかけて，『日出新聞』紙上で伊東忠太が批判にさらされたのである。この時の苦悩は，木子清敬に宛てた書簡に記される（東京都立中央図書館木子文庫蔵）。これは緑釉瓦の凍害問題で，協賛会幹事会は『日出新聞』に情報をリークしながら，20万枚の瓦を取り替えることを決議するなど，強行に責任を追及したようである（清水2008b）。これについては後述のように伊東忠太も後日，回顧している。

このように過去の建築に関する情報の蓄積が十分ではない時期に，古建築の調査を行い，それを参考としつつ，過去の建築の姿を追い求めた設計は「復元」の行為と共通する。特に実施施工を伴う設計では立体的な検討が求められ，さらには細部意匠や技術も必要となる。これらの点からみても，近世の平面を中心とする考証学から脱却し，次なるステージへと移っているといえよう。

3　伊東忠太の回顧

完成した紀念殿であるが，伊東自身は満足していなかったようで，後年になって，平安神宮大極殿を振り返っている（伊東1924）。ことに大極殿に絞ると彼にとって後悔，あるいは不満だった点は，①屋根形状，②柱の太さ，③瓦の焼成の大きく3つである。これらについて，伊東の考えをトレースしつつ，復元の視点から論じてみたい。

最初の屋根形状に関しては，平安神宮大極殿は現状，入母屋造であるが，唐代の最高級の屋根の形は寄棟造であるべきと伊東は考えていた。伊東の理想と実際の平安神宮大極殿の屋根形状の乖離には，大きく3つの原因がある。

1点目は平安宮自体の時期による変化である。周知のように平安宮は焼亡と再興を繰り返しており，時期によって形状を変えている。諸時代の資料を用いた裏松固禅の『大内裏図考証』が存在しえない大内裏を示してしまったことか

らもその変容はうかがい知れよう。

　2点目は「復元」において目指す時期の設定である。水口の「平安宮」の建設計画において，「旧式ニ準ジ」た建築を考えるとされたが，平安宮といっても9世紀なのか，11世紀なのかで形状も大きく異なってくる。この「平安宮」での対象時期は「延暦ノ原形」（若松1994）とあることから，平安遷都直後であったのであろう。伊東忠太の回顧によると，中国唐代の最高級の屋根形式である四阿造（寄棟造）を志向したが，協賛会によって入母屋造となったことを悔いている。『大内裏図考証』に寄棟造と書かれていることも，寄棟造が有力である証である。いっぽうで，同じく平安神宮の建設において重要な資料として用いられた『年中行事絵巻』は，平安時代末期の平安宮における年中行事の姿を描いたもので，ここには単層入母屋造の大極殿が描かれている。それゆえ「復元」の視点からは，単層入母屋造の屋根形式は一応の根拠のある判断である。この乖離が伊東忠太の苦悩と後悔を生み出した。伊東の頭には平安時代初頭の平安宮のイメージがあり，細部に関してもこの時代の建築を適切に参照しており，唐代の最高級の屋根形状を求めたのであろう[13]。平安時代初頭の宮殿の屋根に関する詳細な情報がない以上，断ずることはできないが，時代の近接する唐招提寺金堂・講堂の関係性から寄棟造の屋根を格上とする考えは首肯でき，紀念祭委員会によって，「直写」を阻まれた無念は計り知れない。

　3点目は，平安神宮の大極殿が平安宮の復元大極殿ではない，という点である。すなわち，平安神宮大極殿はあくまで紀念祭のモニュメントであった。最終的には本殿建設もあって，拝殿という機能を担わされた[14]。これにより，平安宮の「直写」という要素は小さくなっていったのであろう。

　次に柱の太さの変更についてみてみよう。平安神宮は平安宮八省院の8分の5のサイズで設計されたことは先に述べた。いっぽうで，唐招提寺金堂のプロポーションを参考に古代建築の細部を導いており，柱や諸部材の比例寸法にも設計は及んでいた。そのため伊東は柱径を1尺6寸としたかったが，予算の都合により，1尺1寸となってしまった。木割まで古代建築の研究を重ねたにもかかわらず，それを反映できずに木細いプロポーションとなり，外観意匠に大きな影響を与えた点も大きな無念であった[15]。特に建物ごとに縮小の度合いが異なった点は，平安宮の復元思想を抱いていた伊東からすると，「延暦ノ原

形」からは程遠いものであったのである。いっぽうで，初期の設計から比べると，諸部材の形状やプロポーション，細部の絵用や形など近世的なものが排除されており，古代の建築に近いものにする努力がなされているという（永井1997）。

　この屋根形状・柱の太さの変更に対する不満は，伊東忠太の平安神宮の理解が平安宮の「復元」であるということに起因する。先に述べたように，『年中行事絵巻』に描かれた平安宮は建設のモデルではあったが，模造大極殿が拝殿となり，平安神宮の創建がかなったことで，建設時には機能が変わっている。すなわち平安神宮の建築にとって，平安宮はモチーフであり，コピーやレプリカのためのオリジナルではなくなっていたのである。しかしながら，伊東忠太にとっては平安神宮の建設は平安宮，あるいは過去の建築への探究と再生であったがゆえに，両者の齟齬が伊東忠太の無念を生み出したのであろう。

　いっぽう碧瓦の焼成に関しては，過去の建築の再現という側面での苦悩もあったろうが，施工面での問題である。京都にいる伊東忠太から東京の木子清敬に宛てた手紙によると，伊東は『日出新聞』の紙上で焼成の失敗について糾弾され，意気消沈したようであるが，これについては，復元の設計者というよりも施工監理者としての失敗であり，実際の建設行為の影響が大きい。伊東忠太は建築史研究を新しい建設行為のための学問と捉えていたが，この施工における無念には，その研究姿勢の一端が表れている。

　もう一つは，この書簡から見える木子清敬と伊東忠太の関係性である。すなわち，最高責任者を木子，現場監督を伊東とした体制であったが，この書簡を見る限り，事あるごとに東京の木子へ連絡を取って，木子の指示や東京での調整を求めており，木子の影響力の大きさがうかがえる。こうした点からみると，平安神宮の建設において，伊東忠太が「復元」的な作業である基本設計にどの程度，関わったのかは不明である。いっぽうで，回顧において「似而非大極殿」「大極殿に似た建物」「失敗の作」などと辛辣な言葉を並べており，平安神宮建設に対する思いは強かったのであろう。

　このように伊東忠太の回顧では，平安神宮を平安宮の「復元」として捉えて，無念を述べたのであるが，実際には正確な「復元」を志向したものではなく，平安神宮は紀念祭のモニュメントであった。つまり平安神宮は復元ではなく，

114　第Ⅱ部　考証学と復元学

平安宮をモチーフとしたプロジェクトで，いうなれば，「復元的」な明治の新築であったのである。いっぽうで実際の平安神宮の建設では現存建築の調査をふまえており，近世以前の復古に比べて，現代の復元に近い要素が多い。現に伊東忠太が屋根形状をはじめ，桓武朝の建築の姿を追い求めており，その行為は「復元」といえよう。ただし実際の平安神宮は設計者らの意図通りとはいかず，変更せざるをえなかった。過去の建築を探究する行為と過去の建築をモチーフとした実際の建設という両者を，伊東は明確に分離しえなかったからこそ，苦悩に陥ったのである。これは復元原案と復原実施案の両者の未分化（本書III-4 参照）と同じ問題であろうが，平安宮の復元とそれをモチーフとした新築である平安神宮という設計コンセプト上の理論の整理はなされていない [16]。

おわりに

以上のように，平安神宮の建設は当初，平安時代の建築を志向したが，紀念祭のモニュメントとしての役割を担うことで，精緻な復元という方向からは逸れている。特に協賛会等による敷地変更や本殿の付加など，さまざまな干渉により，木子・伊東らの求めた「延暦ノ原形」は望むべくもなかった。

いっぽうで，過去の建物を再現しようとする行為は現代の復元と共通しており，「復元」の萌芽とも位置づけられる。紀念祭委員会や協賛会らの考えはともかくとして，伊東忠太自身は回顧の言葉にも表れているように，彼らは過去の建物の姿を求め，その乖離を示しており，これは「復元」の思考といえる。

加えて，『大内裏図考証』では平面の検討に集中していたものが，平安神宮に至って，立面的かつ三次元的に検討された成果は計り知れない。ただし，細部の構成や図面から実物への適応の部分は大工にゆだねなくてはならない部分も多く，古代技術の復元という点には十分な注意が払われてはいない。この点は関野克が登呂遺跡において技術の復元にこだわった竪穴建物の復元とは大きく異なる。

ともあれ，現地性への志向，過去の建築の調査・研究，回顧による批判的検討など，復元や復元学の思想の萌芽が内在している。平安神宮が平安宮の厳密な復元ではないことを含みおいても，近世における考証から脱却し，近代にお

ける復元に足を踏み入れた画期と位置づけることができ，考証と復元のはざま
の混沌を平安神宮の建設に見出すことができるのである。

注

1) 本書Ⅰ-2参照。なお1894年には伊東忠太により造家から建築に改める提案がなされ，97年には造家学会が建築学会に改称された。

2) 都立中央図書館の木子文庫蔵の木子清敬関連資料や東京大学蔵・日本建築学会蔵の伊東忠太関連資料があり，平安神宮に関する記述も含まれる。資料の閲覧にあたり，多くの関係各機関にお世話になった。
平安神宮の創建に関する建築史研究として，稲葉信子・永井規男のものがある（稲葉1980，永井1997）。

3) また平安神宮の建設経緯はその建設を復元と捉える観点からで，これまでも取り上げられている（青木2006，海野2017）。

4) 秋山信英「明治16年の平安神宮創建案」『国学院大学日本文化研究所紀要』38，1976年，所功「平安神宮の創建前史」『神道史研究』42-4，1994年。

5) ただし，この段階では記念祭の神殿としての「平安宮」を造営し，その形の参照とする対象として大極殿をあげているのみである。いっぽうで，湯本の主張は大極殿の復元という立場で述べており，議論の錯誤，あるいはすり替えがみられる。実施を伴う復元においては，往々にしてみられることであるが，復元ではないものが，復元，そして本物であるかのようなすり替えは厳に慎まなくてはならない。

6) 近世の建設では積算や入札といった方法がとられており，こうした能力も重要であった。

7) 平安神宮創建の建議の過程で，大極殿内に「高座」を設けて天皇の神霊を拝するとし，長く天皇の霊を奉祀する平安神社と称して，大極殿を拝殿に充てることと意見した（「大極殿建設計画ヲ拡張シテ平安神社ト為スノ議」佐野常民の意見書，平安神宮百年史編纂委員会1997，117頁）。

8) 第一〜三次計画案ののち，大極殿を南面させる方針から敷地が現在地へ変更となり，現在地での設計は第四次計画案のみ確認できる。

9) この第二次計画案は敷地が決定された1893年5月中旬から6月上旬以降で，木子・伊東の入京前とみられる（永井1997）。この時には甲乙の2種類の図面が作成されたが，甲図のみが現存する。変更の過程については，木子・伊東も述べている（木子・伊東1894b）。稲葉信子は『日の出新聞』1893年7月2日の記述から，木子・伊東の「第二次変更」甲案（1894b）を木子の最初の設計とみており，「第一次変更」案を水口の計画案と配置計画・平面規模ともに一致するとする（稲葉1980）。

10) 「吾人の古代建築を直写し能はさる」（木子・伊東1894a）と述べていることからも，

116 第Ⅱ部 考証学と復元学

思想としては，古代建築の復元を志向したとみられる。

11）　桓武天皇を祀るということから平安時代初期を復元の時期として定めたと推察され，伊東の思考の原点はここにあるのかもしれない。その場合，平安時代末期の平安宮を描いた『年中行事絵巻』の描写に重きを置いた考証は史料の扱いとして不適切となる。

12）　清水重敦は，1897年5月以前に作成された建造物等級表は建築家によって作成された最初の建築物の価値評価リストで，伊東忠太がその等級表の作成に至った経緯を述べている（清水 2008a）。紀念殿の設計のために薬師寺東塔や唐招提寺金堂の実測調査を実施したことは指摘するが，全国の悉皆的な調査の企図は紀念殿竣工が近づいた1894年末頃とする。もちろん『大内裏図考証』にも唐招提寺講堂が朝集堂であったこと，金堂の両端に鴟尾があることなどが記されており，これらの情報から調査対象の参照とした可能性もあるが，薬師寺東塔や唐招提寺金堂などを参考事例としている時点で，ある程度の年代指標の萌芽があったとみられるのではなかろうか。

13）　古代宮殿の大極殿が中国の空間や建物の格式にもとづくもので，寄棟造を上位とする建築史的価値判断を提示したといえる。いっぽうで，明治期の人々にとっては，入母屋造の屋根の格式は大極殿に適したものであると判断された。屋根形状と格式の関係に対する意識が時代により変化していること，そして建設時（明治期）の意識が優先されたことがわかる。

14）　平安神宮の拝殿に模造大極殿をあてるとすることから，設計段階で拝殿にふさわしい形式として建築の形式が定められたわけではないようである。

15）　いっぽうで，身舎・庇ともに化粧屋根裏とする点や入側柱のたて登せ柱や身舎妻側の中央の見せかけの大斗などは近世的手法で，構造強化を成し遂げている。こうした組立上の形式や手法は設計者の領域ではなく，近世以来の大工にゆだねられた可能性が指摘されている（永井 1997）。特に佐々木岩次郎が木子・伊東の設計の細部を実務面で支えたとされ，難工事とされる応天門・高楼を担った。

　　これに従えば，大工であった木子はともかくとして，伊東忠太の設計は現代の「復元」というレベルの細部までのものではなく，外観意匠面での「直写」が主な目的であったと考えられる。なお，建築史研究の黎明期であった当時においては，研究を尽くしたとはいえ，虹梁の袖切や眉，末広がりの間斗束，廻廊の中備における大斗肘木の使用など，形式・意匠的にも古代建築では考えにくいものが用いられている。明治期の工匠の意匠・構造・技術と「復元」としての古代建築の細部に対する考えとの乖離の一端の表出であろう。

16）　建築史研究が新たな建設のためのものであるという伊東の主張を考慮すると，両者をわざわざ分化するという考えは初めからなかったのかもしれない。

参考文献

青木裕介「平安神宮—模造と復元のはざまで—」『復元思想の社会史』建築資料研究社，

2006 年

浅川滋男『建築考古学の実証と復元研究』同成社，2013 年

伊東忠太「殿堂建築の話」『日本趣味十種』文教書院，1924 年（『伊東忠太建築文献』第 6
巻，龍吟社，1937 年所収）

稲葉信子「平安神宮の研究―建設の経緯―」『日本建築学会大会学術講演梗概集』1980 年

稲葉信子『木子清敬と明治 20 年代の日本建築学　近代日本における建築の伝統の継承と
展開の過程』東京工業大学学位請求論文，私家版，1989 年

海野聡「復元学の構築とその定義に関する試論」『日本建築学会学術講演梗概集』2015 年

海野聡『古建築を復元する―過去と現在の架け橋―』歴史文化ライブラリー 444，吉川弘
文館，2017 年

川島智生「創出された平安神宮―発見された図面・伊東忠太の苦悩・小泉八雲のまなざ
し」『京都国立近代美術館論集』3，2010 年

木子清敬・伊東忠太「京都紀念殿建築談」『建築雑誌』84，1893 年

木子清敬・伊東忠太「京都紀念殿建築談」『建築雑誌』86，1894 年 a

木子清敬・伊東忠太「紀念殿建築説（第 86 号の続き）」『建築雑誌』87，1894 年 b

小林丈広「平安遷都千百年紀念祭と平安神宮の創建」『日本史研究』538，2007 年

清水重敦「古社寺保存会草創期に作成された建造物等級表について」『日本建築学会計画
系論文集』631，2008 年 a

清水重敦「伊東忠太と「日本建築」保存」『明治聖徳記念学会紀要〔復刊第 45 号〕』2008 年 b

鈴木博之『伊東忠太を知っていますか？』王国社，2003 年

鈴木博之編『復元思想の社会史』建築資料研究社，2006 年

永井規男「平安神宮の建築」『平安神宮百年史』本文編，平安神宮，1997 年

奈良文化財研究所編『発掘遺構から読み解く古代建築』クバプロ，2016 年

平安神宮百年史編纂委員会編『平安神宮百年史』本文編・年表編，平安神宮，1997 年

水戸政満「千百年紀念祭と平安神宮の創建」『平安神宮百年史』本文編，平安神宮，1997 年

若松雅太郎「平安遷都千百年紀念祭協賛誌（明治 29 年 8 月 15 日）」『明治後期産業発達資
料』192・194，龍渓書舎，1994 年

第3章　登呂遺跡復元住居（1951）の同時代性
―建築史家・関野克による住居復元案の形成過程―

青　柳　憲　昌

はじめに

　静岡県・登呂遺跡（弥生時代後期～古墳時代中期）に1951年3月に建設された復元住居は，建築史家・関野克（1909～2001）によって設計されたものである（図3-1）。この復元建築は，その後，日本各地で盛んに行われた原始住居の復元建設に先鞭をつけたという点において，歴史的重要性を持つ戦後の建築でもあった。よく知られているように，この住居は古代の砂鉄製錬小屋・高殿（たたら）の架構に想を得て復元されたものであるが，以下，本章の論考は，従来あまり注目されてこなかったこの復元案（復元原案および復元実施案）の形成過程を分析しながら，その復元設計の意図を明らかにしたものである。さらに，この復元住居を実際に計画・建設する過程において，関野がどのような問題に直面し，対処したのかについての考察を加えることで，「復元建設」[1]という行為の意

図3-1　登呂遺跡復元住居（関野克設計，1951年，左：竣工写真，右：建設中写真）
（出典：静岡市登呂博物館蔵資料）

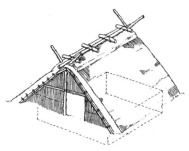

図3-2 天地根元宮造り
（出典：吉田鉄郎『日本の住宅』1935年）

図3-3 登呂遺跡「旧復元建物」（2018年撮影）

義や問題点について考えるうえでの一助としたい。

　登呂遺跡の復元住居に論及する文献はこれまで数多く出されてきたが、その復元案の形成過程について詳しく記すものは、管見の限り見あたらない[2]。関野の復元案は、従来とかく原始住居としての学術的妥当性ばかりが論じられてきたといえるが、それら既往の文献に対し、本章ではあくまで設計者・関野克による復元建設の方針に焦点を当てている。

　関野の復元案は、いわゆる「天地根元宮造り」の対案として提案・作成されたものであった[3]。「天地根元宮造り」とは、竪穴の上に切妻の屋根を架けたもので、昭和初期頃まで、しばしば日本建築の起源として説明されてきた（図3-2）。しかし、昭和初年代から本格化する竪穴住居址の発掘調査によれば「天地根元宮造り」に合致するような平面形の住居が全く発見されないことから、その説に対する疑問が持たれはじめていた。関野自身、後年この頃のことを回顧し、当時の調査報告を見ても「とにかく天地根元宮造りになるような遺跡はない。（中略）どんな建物が建っていたのかということに、ぼくがたいへん興味を覚えた」（関野1988、17頁）と、自らの研究の動機について語っている。

　なお、関野による1951年建設当初の住居そのものは現存しない。「復元住居・復元高床式倉庫　改修年表」（『静岡市立登呂遺跡博物館館報』8所収、1998年）によれば、1951年に竣工した復元住居1号棟は69年に全焼し、同年再建された。また、1号棟のほかにも、1969年までに同じ形態の2～5号棟が建設されていたが、いずれも全焼・解体・再建を繰り返し、建設当初のものは現存しない。2006～11年の登呂遺跡再整備事業に伴い、1995年に建て替えられた

5号棟（現在の「旧復元建物」）を残し，ほかはすべて解体されている（図3-3）。

1　住居復元事業の経緯，および登呂遺跡の国家的重要性

　そもそも登呂遺跡に原始住居を復元建設しようという計画は，1943年の同遺跡発見直後に静岡市が提言した「郷土博物館」建設計画が具体化しはじめる1947年頃に持ち上がったものであった。その経緯を記すと以下のようになる。

　静岡市の「郷土博物館」構想とは，1943年6月の登呂遺跡の発見をうけて同年8月に行われた緊急調査の最中，静岡市（尾崎元次郎市長）が提言したものである[4]。この時点では，「静岡市上代居住のわが先祖の文化的優秀なる遺品」（ママ）を市民に示すという目的で，登呂遺跡の出土物だけではなく，市内の考古学的遺物を展示する施設を，既存の商工奨励館を改修してつくるという計画になっており，住居を復元建設するという発想はまだ出ていなかった。戦時下という厳しい社会情勢のなか，この計画はそれ以上進展せず，戦後になって1947年7月，発掘調査（第一次）が始動するとともに再び取り上げられることになった[5]。

　このときには各方面から復元住居を建設する，というアイデアが出されている。1947年8月，今井登志喜（静岡市登呂遺跡調査会委員長）が，「上太古そのままの家を数軒建てて当時の状態を復元させる」という提案を行い，小野武夫（同会委員）も，同遺跡に「当時の住居を数軒復元してその中に発掘の一部遺物を陳列」するという「自然博物館」建設の提案をしている[6]。すなわち，博物館に付属する屋外展示施設として，原始住居を再現しようというわけである。そして，1948年6月21日の静岡市文教委員会にて「同遺跡を復元し，陳列館を建設」するという計画が議論されはじめた[7]。この時の公文書を見ると，復元住居の建設に関する市からの支出について否定的な意見が出されていたが，7月21日に継続審議され，8月16日には現場視察会が開催されている[8]。

　この復元事業が具体化するのは1949年のことであるが，その後その当初計画は次第に縮小されて実現に至った。1949年10月19日の『新静岡』紙には，「県市当局は八十万円の予算で復元第一期工事に着手」したとあり，次いで1950年1月の時点では，県の助成金を得て市が同年3月までに1棟約8万円

の住居 3 棟を建設するという計画になっており，その設計はすでに関野克に依頼されている 9)。しかし，この間 1949 年 12 月に市議会から国（文部省）に提出されることとなった「登呂遺跡の発掘調査保存に関する意見書（案）」（静岡市公文書）10) の中で，住居復元に対する補助金が要求されていることから，市がこの復元事業の費用捻出に苦心していたことがうかがえる。また，発掘調査の進捗状況の点からも，復元住居の建設は一時見送られることになった。1950年 12 月には 1 棟 15 万円の住居 2 棟を建設することに変更され，さらに 51 年 1 月には資材高騰のため 1 棟 20 万円の住居 1 棟のみ建設ということになって 11)，同年 3 月にこの住居は竣工した。

　1947 年 7 月に発足した調査組織「登呂遺跡調査会」は，考古学者のみならず多分野の専門家が参画する学際的な研究組織であった。翌年 4 月の日本考古学協会の設立に伴い，登呂遺跡調査会も同協会の一組織として編入され，新たに「登呂遺跡調査特別委員会」として再発足した。その構成員を見ると，調査員 27 名のうち建築史学者は一人関野克のみであった（関野は 1943 年遺跡発見当初から調査に参加していた）。したがって，住居の復元設計は関野に一任されていたとみて差し支えない 12)。

　当時社会的に大きな注目を集めた登呂遺跡の発掘調査は，まさしく国家的な事業といえるものであった。当時の文部省がこの調査を重視していたことは，この調査に対する国からの助成額を見るとよくわかる。1947 年度から 1950 年度までの 4 年間の調査費の合計は，国庫補助 400 万円，地元補助約 100 万円からなるが，その初年度の調査費は国庫 5 万円，静岡県 5 万円，静岡市 5 万円をあわせた 15 万円にすぎなかった。しかし，1948 年度からは国家予算に組み込まれ，国 70 万円，県 20 万円，市 15 万円の合計 105 万円となり，さらに 1949年度は国 220 万，1950 年度は国 100 万で，いずれも県・市の補助なしで行われることになった（日本考古学協会 1954，1〜15 頁）。こうした大幅な増額には当時のインフレの影響もあるが，同じ時期に行われたほかの発掘調査に対する国費補助額を見ても，平出遺跡の調査費は 30 万円（1952 年度），尖石遺跡は 1万円（1948 年度）であったことを考えれば（平出遺跡調査会 1955，25 頁，宮坂 1958，267 頁），文部省の登呂への対応はきわめて異例であったといえる。

　当時の資料によれば，上記の博物館建設計画と原始住居の復元建設計画は，

122　第Ⅱ部　考証学と復元学

登呂遺跡の「保存顕彰」を目的としたものであったといえる。1949 年に市議会が国に提出した「登呂遺跡の発掘調査保存に関する意見書（案）」（前掲）を見ると、「日本国成立の基礎を科学的に検討し日本民族発展の歴史を探求することは、文化日本建設に欠くべからざるものであって登呂遺跡の保存顕彰こそ重要かつ緊急の問題」（傍点引用者、以下同じ）として、次のことを要望している。

　　一、日本考古学協会の発掘事業の助成金は今後も継続的に支出せられ、かつ飛躍的に増額されたい。
　　一、全額国庫負担による出土遺品保管の博物館を現地附近に建設せられたい。
　　一、屋外博物館としての保護施設に補助金を交付されたい。

　ここで「屋外博物館としての保護施設」というのは、前述の経緯から復元住居のことを示すものと考えてよいが、それは「登呂遺跡の保存顕彰」行為の一つとして位置づけられている。原始住居を再現し、その具体的なイメージを国民に与えることは、登呂遺跡を「保存顕彰」するうえで意義深いと捉えられていたのである。

　こうした復元住居建設の意義については、当時の文部省も十分認識していた。たとえば、国家予算に登呂遺跡の調査費を組み込む案件が審議された 1947 年 8 月 26 日の国会衆議院文化委員会で、森戸辰男文部大臣は以下のように答弁している。

　　日本の歴史は、従来学校では、神話に基いて教えられておつたので、本当の科学的な歴史は、十分に教えられていない（中略）そこで新しい時代とともに、日本の民族の成長の科学的な研究がされなければならないが、かような矢先にこの遺跡が発見された。（中略）この事業のもたらしたものが、むだにならないだけでなく、日本の古代文化、日本の歴史の理解の上に、重要な寄与となるような形で、これが保存されるようにということを、私は考えておるのであります。（『1 国会衆議院委員会議事録 2　1947』所収、49 頁）

　森戸文相はここで、戦前における神話にもとづく日本史理解を改め、とりわけ原始・古代史を「科学的」に解明すべきと説きつつ、登呂遺跡を「保存」す

ることの重要性を主張している。森戸のいう「日本の古代文化，日本の歴史の理解の上に，重要な寄与となるような形」の「保存」というのが，住居の復元建設を含意するかどうかは文面からわからないが，上記のようにこの委員会と時期を同じくして住居復元というアイデアが出されていたことを考えれば，この発言がそれを念頭に置いたものであった可能性は十分にある。

　このように，当時の文部省が登呂遺跡の「保存顕彰」を重視していた時代背景には，戦後日本で盛んに唱導されていた「文化国家の建設」という政治スローガンがあったと考えられる。登呂は，敗戦後の国家的アイデンティティの新たな拠りどころとして，同時代の脚光を浴びていたのである。1948 年 11 月にアメリカの学術顧問団の一人として登呂遺跡を訪問した東洋史研究者 E. O. ライシャワーは，「日本が文化国家を建設するためには正しい日本歴史が立てられねばならない，登呂遺跡はそうした面から非常に価値あるものだ，登呂は調査とともに完全に復元し」なければならないと述べているが [13]，この言葉は当時の人々の登呂への眼差しを代表的に示しているといえる。

2　復元案の形成過程に示された架構形式重視の姿勢

(1)　復元案の形成過程

　1933 年に東京帝国大学を卒業した関野克は，まもなく日本住宅史研究，とりわけ原始・古代のそれに着手し，1938 年に「鉄山秘書高殿に就いて（原始時代一建築構造の啓示）」（『考古学雑誌』28-7，1938 年）を発表した。この論考の中で関野は，俵國一『古来の砂鉄製錬法』（丸善，1933 年）掲載の，明治後期に現存していた高殿の架構に着目しつつ，4 本柱で円形あるいは隅丸矩形の平面を持つ諸々の住居址に高殿の架構がよく合致し，なおかつその外観も佐味田古墳出土の家屋文鏡と西都原古墳出土の家形埴輪に類似することを指摘している。しかし，この時点では，まだ原始住居の具体的な復元案を提示するには至っていない。

　この論文で関野は，同じ俵の著書の中で翻刻されている天明 4 年（1784）の下原重仲『鉄山秘書』をもとに高殿の図を作成している（図3-4）。いうまでも

124　第Ⅱ部　考証学と復元学

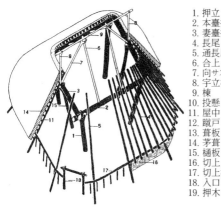

図3-4 高殿の復原図（関野克作成）
（出典：関野1938）

図3-5 尖石遺跡4号住居址平面図
（出典：宮坂1957）

なくこれは，『鉄山秘書』の著された近世における高殿を図示したものであったが，関野はそれにとどまらず，より古い時代におけるその架構形式を推定して，次のように述べている。

> 合上と向さによる立体小屋は，妻臺持に合上無く，宇立はかつて棟持柱として仲押立の延長と伝へられてゐる点，高殿の入母屋の屋根は寄棟造から発展して来た如く思へる。この考へ方から合上及び向さすも嘗て長尾の延長であつたらうと想像が出来るのである。（関野1938，438頁）

つまり，古くは宇立・合上・向叉首が桁・梁に立つのではなく，地面から直接立ち上がっていたのではないかというわけである。これは『鉄山秘書』に「むかしは仲押立を長クして，棟に届くやうにして立しことなん」（俵1933，80頁）とあることをふまえた関野自身の考察である。この推定は，次に見る原始住居の復元案に直接的に反映されている。

関野が最初に原始住居の復元案を作成した時期は，今回調べた限りでは，1940年9月であった（以下「第一案」，図3-6）。尖石縄文考古館蔵の宮坂英式資料に残されている「竪穴家屋想像復原図」3枚がそれである（資料番号329-1～3）。おそらくこれが，日本の原始住居復元案の嚆矢であろう。この図には「関野　克」の署名および「昭和十五年九月二十三日」という日付がある。

しかし，この図には遺跡名や住居址番号が特定されておらず，各部の寸法表

記もない。したがって、表題にもあるように、竪穴住居一般の復元図として作成されたものと見られるが、より仔細に見ると、これは長野県・尖石遺跡4号住居址を下敷きとしたものであったことがわかる。というのも、この住居の平面図をその住居址（図3-5）と比較すると、4つの主柱穴と周壁の位置関係、P5・P6の柱穴が炉の軸線上に並ぶことなど、よく一致する点が見出せるからである。また、同遺跡で第1〜4号住居址が続々と発見されたのは1940年の4月から6月のことなので（宮坂1957、30〜35頁）、同年9月というこの図の作成時期ともよく符合する。尖石遺跡発掘の中心的役割を担った考古学者・宮坂英弌は、「八ヶ岳西山麓石器時代の住居址」（『信濃』4、1942年）の中で、「尖石発掘住居阯中最も典型的な第四号住居阯実測図」をもとに復元案の作成を関野に依頼した旨を述べており、この論文の中に関野のこの図を書き写したものを掲載している。したがって、関野がこの時点で自らこの復元案を公表する意志があったかどうかは別としても、この図は尖石遺跡4号住居址の復元案とみて間違いない。

　この復元案は、上記した高殿の架構形式を参酌したものであったと考えられる。まず、屋根下方の四注造と上方の切妻造を合わせた錣葺状の入母屋造という屋根形式が同じであるし、4本柱に桁梁を架けて垂木をその上下で分割し、合上2本と向叉首で構成された三脚柱2組によって棟木を支持するという架構形式も共通している。しかし、この案では梲（宇立）を用いず、棟持柱で棟木

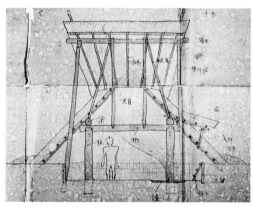
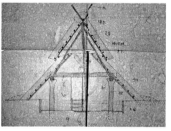

図3-6　竪穴家屋想像復原図（第1案、1940）（左：桁行断面図、右：梁行断面図）
　　　（出典：茅野市尖石縄文考古館蔵宮坂英弌資料〈資料番号：329-3〉）

図 3-7　竪穴家屋想像模型（第 2 案，左：復元模型，右：構造模型）（出典：関野 1942）

を支持しているという点は異なるが，これは先に見た関野が推定した高殿の旧形式と共通している。むろん棟持柱の案を提示するには発掘調査にもとづく根拠が必要となるが，おそらく関野は，現在石柱祭壇の痕跡と入口付近の埋甕の痕跡と考えられている 2 つの柱穴（P5・P6）を，棟持柱の痕跡と解釈したのであろう[14]。

次いで 1942 年，関野は『日本住宅小史』（相模書房）において，上記の案とは異なる原始住居の復元案を提示した（以下「第 2 案」，図 3-7）。この案では棟木を 2 組の三脚柱でうけ，4 本柱上の桁梁を用いて三脚柱を支持し，垂木を上下分割して屋根を綴葺状にしている。ここでは棟持柱を用いる点のみならず（図 3-7 左図），合上，向叉首が地面から直接立ち上がっている点においても（同・右図），先に見た高殿の旧形式として関野が想定したものと同じである。

上記の第 1 案も第 2 案も，4 本柱で隅丸矩形の平面を持つ竪穴住居一般の復元案として提示されたもので，具体的に登呂遺跡の住居の復元案ではなかったが，登呂遺跡はそれと同形式の平面を持つから，登呂の復元案もあくまでこれらの案の延長線上に位置づけられる。事実，関野自身，「登呂遺跡の住居址雑考」（関野 1947b）の中で「か゜つて本誌に竪穴住居址について，その上屋の構造を論じたことがあつた。登呂遺跡が発見され（中略）其の際見られた住居址の平面は，私の竪穴上屋説を裏書きするものとして思考するに充分であつた」（592 頁）と述べている。

しかし，それにもかかわらず，この案は次の点において，のちの登呂の復元案とは大きく異なっている。それは，登呂遺跡の復元実施案では近世の高殿のように構造的に上下で分割するのに対し，ここでは上下が一体的な構造になっ

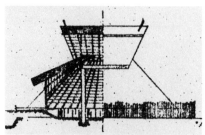

図3-8　登呂遺跡住居復原案（第3案）
（出典：日本考古学協会 1949）

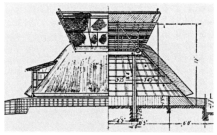

図3-9　登呂遺跡復元住居断面図（実施案）
（出典：関野 1951）

ている点である[15]。

　関野が第2案を発表した直後，1943年3月に登呂遺跡が発見され，同年8月には緊急調査が行われた。今回調べた範囲では，これ以降戦前において関野は登呂遺跡あるいは原始住居一般の復元案を発表していない。戦後1947年に発掘調査が本格的に開始され，同年7月から9月にかけて完形に近い3棟の住居址の発掘を含む第一次調査が行われることになり，その報告が『登呂』（日本考古学協会，1949年）にまとめられているが，同書の中で，はじめて関野は具体的な登呂遺跡の復元案（以下「第3案」，図3-8）を提示している。

　図3-8を見ると，地面から立ち上がる三脚柱の架構形式になっていないし，棟持柱も用いていないという点で第2案とは異なり，その架構は実施案（図3-9）と同じく，桁梁の上下で構造を分割するものになっている。また，柱が又柱になっていないのは，このときの調査で弥生時代には鉄器を用いていたことが明らかとなり，この時代に仕口をつくる技術があったと判断されたためである。

　また，この案を実施案と比較すると，棟木の支持方法が異なっている。実施案では棟木を合上，向叉首の三脚柱でうけ，さらに妻に転びがあることにより長大となった棟木の両端を支えるために梲を用いるが，この案では梲のみで棟木を支持している。この住居の竣工時に関野が，叉首，棟持柱，梲のいずれを用いるかで「私は迷つたが，最も構造の簡単な梲を立て，高殿の方式を寧ろ実行するのがよいと考えた」（関野1951，10頁）というように，結果的に実施案が高殿の架構に最も近似することとなったといえるのである。

　この復元については，竣工当時から多くの批判が出されていた。諸家の批判

を見ると，スケールの異なる高殿の構造を住居に当てはめたことが主な批判の
的になっていた 16)。しかし，今回調べた限り，少なくとも復元案の作成過程
において，関野は高殿の架構をそのまま当てはめようとしたわけではなく，架
構形式上の試行錯誤を少なからず重ねていたのである。このことは，復元設計
の中で架構形式の案出にとりわけ意が注がれていたことを示しており，そのこ
とを裏付けるように，復元住居の外観に着目すると，第1案から実施案まで終
始一貫している。四注屋根の勾配（桁行中央における断面）は，設計当初より
矩勾配でそれ以降変化が見られないし 17)，四注造と切妻造で構成される錣葺
状の入母屋造という屋根形式も，第1案から最終案まで一貫している。むしろ
関野は，家屋文鏡，家形埴輪などの考古学的遺物から，その屋根形式を固定し
たうえで，その外観に妥当な構造を付与することに腐心していたと考えられる。
たとえば，第1案・第2案に棟持柱があるのは，それら遺物に倣って妻の転び
を大きくしたため，棟木が長大になったことによるものであったし，錣葺状の
屋根は，関野が「下方の四注造に上方の切妻造の屋根が重ねられ，段を有す
る」（関野 1938，15頁）というそれら遺物の特徴を重く見たことによるもので
あった。

（2） 登呂遺跡住居の「様式」に対する関野克の批判的評価

　復元案作成の過程において架構形式を重視していた関野の姿勢には，登呂の
住居に対する関野の意匠的評価が反映していたと考えられる。以下では，関野
がこの住居の当初の「様式」をどのように評価していたのかについて，彼の記
述をもとに考察したい。
　関野は第一次調査の報告書の中で，木材の加工痕に金属器（鉄器）の使用が
認められるという考古学上の発見に言及しつつ，次のように述べている。

　　竪穴住居の上屋は石器時代の工具に相応した自然採取の丸太の柱や垂木と
　　結束のための葛による構造と，それを内容とした上屋の形式であつた。そ
　　の技術と竪穴住居の上屋の形式は縄文時代から弥生式時代に継承された。
　　而して新しい金属器は進んだ木工技術を伴ひ竪穴の上屋にも取り入れられ
　　た。しかし竪穴住居の形式は従来通りに止まつた。新しい技術には新しい
　　構造が対応する。平地住家や高床の倉は正に新しい木工技術の温床となつ

たのであつた。その意味で登呂遺跡の竪穴住家は前時代的形式に盛られた新しい技術の時代錯誤が感ぜられる。（日本考古学協会 1949，123〜124頁）

関野はここで「上屋の形式」と「技術」の関係を問題にしつつ，登呂の時代における両者の乖離を指摘している。関野は，同様のことを「登呂遺跡と建築史の反省」（関野 1947a）の中でも「登呂の住居址の上屋は，その様式に於て石器時代のそれを脱してゐない」と，批判的に述べている。つまり，すでに鉄器のあった弥生時代に，石器を用いていた縄文時代の「様式」で竪穴住居をつくることは「時代錯誤」であり，本来は「竪穴でない相当の木造住家を営み得た筈である」（日本考古学協会 1949，123頁）と関野は言っているのである。「様式」はその時代の「技術」に一義的に規定されるもので，両者は一対一に対応すべきであるというのが彼の建築の見方であった。

しかし「技術」と一口にいっても，それが意味する内容は幅広い。そこで，関野による登呂遺跡に関する論考の中で「技術」という語の指示内容に着目すると，それは以下の3点にまとめられる。

まず第一に，木工具を含めた製材・加工技術である。関野は，以下のようにその技術がきわめて高度であることを強調している。

　　竪穴住家の屋根を支へる太い柱が所謂眞夫り材であることや，近世竪挽きの大鋸によって始めて可能である製板技術を，巧みに年輪に沿って剝ぐことにより，見事になし遂げてゐることは誠に驚嘆の外なかった。（関野 1947，10頁）

第二に，軸部の仕口に見られる部材接合技術があげられる。関野は，竪穴住居に用いられる藁縄や葛による結束は前時代における石器の工具に相応するという見方を示し，登呂の時代においては「出土した木製品の技術から，鑿を以つて柄差し，欠き入れ程度のことは行われたと想像出来る」（関野 1951，11頁）と述べている。

第三は，屋根の架構形式に見られる構造技術であり，これは上記のように特に重視されたものであった。関野は「登呂の竪穴住居はその平面並びに構造的形式即ち様式は縄文式時代に継承する」と述べているから，「構造的形式」を「様式」が成立するうえでの重要な二要素のうちの一つと捉えていたことがわかる（日本考古学協会 1949）。

130　　第Ⅱ部　考証学と復元学

論考「登呂遺跡と建築史の反省」（前掲）の中で関野が，登呂遺跡住居を例にあげつつ「技術を基盤とした新しい建築史の進むべき道」を説いていたように，当時関野は技術史重視の建築史観を表明し，一連の研究を推し進めていたが，登呂に対する上記のような建築意匠的見地からの批判的な評価にも，当時の彼の立場が色濃く反映していたといえる。

3　関野克の「復元」の理念と手法

　関野の復元案の形成過程について上に述べたが，以下では，関野がその自らの復元案を実際の建物として建設する際に──復元実施案を作成する際に──，どのような点を重視していたのかについて考察したい（なお，この復元住居の現場監督は伊藤要太郎である）。

　建設方針を考察するには，まずこの復元住居の竣工時の状態を明確にすることが肝要である。上記のように，この住居は 1969 年に焼失したために現存せず，それを知るには諸種の文献資料を用いなければならない。以下では，主として次に掲げる静岡市立登呂博物館蔵の「登呂遺跡調査・整備等学史資料」を用いている。それは，

　(1)「登呂復原竪穴家屋設計図」（資料番号 E7-1）

　(2)「昭和 44 年度　静岡市登呂復元家屋工事設計図」（同 E7-3, 4）

　(3)「昭和 55 年度　登呂遺跡復元家屋再現工事設計書」（同 E7-5）

　(4)「原始住居の復原　その 1　住居」（資料番号なし）

　(5)『登呂遺跡　平地式住居模型組立順序』（同 E7-11）

の 5 点である。(1) は青図 1 枚で，「昭和 25 年 11 月 27 日」という日付とともに「関野克」という署名がある（以下「関野設計図」と呼ぶ，図 3-10・11）[18]。ただし，後述のように，実施されたものとは異なる点があるので注意を要する。(2) は，1969 年度の再建時（1 号棟再建，4・5 号棟新築）に「静岡市建設部住宅営繕課」によって作成された図面で，その後の再建・補修の際には常に参照されてきたものである。1951 年に建てられた当初の住居は，火災のあった 69 年まで存在していたわけだから，その点からもこの図は建設当初の復元住居の姿をよく伝えるものと思われる。(3) は，「静岡市建設部」の図面で，復元住

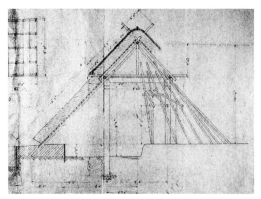

図 3-10　登呂遺跡復元住居梁行断面図（関野克, 1950）
（出典：静岡市登呂博物館蔵資料〈資料番号：E7-1〉）

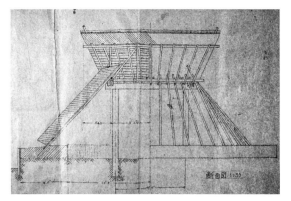

図 3-11　登呂遺跡復元住居桁行断面図（関野克, 1950）
（出典：静岡市登呂博物館蔵資料〈資料番号：E7-1〉）

居の設計主旨と仕様書が転載されたものである。この図面右半にある仕様書は，関野設計図（1）の図面左下にあるものと同じであるから，1980年再建の際に参考とするために51年建設当初の仕様書を転載したものと考えられる。（4）は，施工中の写真が工程順に並べられたもので，「静岡市教育委員会」が何かの展示用に作成したもののようである（図3-12）。そのうち数葉の写真は，竣工時の関野の記事に掲載されたものと同じであることなどから，1951年建設当初のものと見て間違いない。（5）も，住居復元の施工中写真のアルバムで，日付はないが，建物周囲の状況から判断して1961年の2号棟施工時のものと考えられる。

　1950年の関野設計図（1）を，1969年の図（2）や施工中の写真（4）と比較すると，架構の形式はいずれも4本柱で梁桁の上に三脚柱，梲を立てて棟木を支えるものである点で何ら変わりはない。また，各部の寸法も完全に一致しているし，写真に映っている垂木本数は両図のそれと同じであるから，大局的に見れば，1950年の関野の復元案はほぼそのまま翌年に実施されたと考えてよいだろう。

しかし，屋根切妻部の細部については幾分の相違が認められる。まず目に付くのは，切妻屋根下端，四注垂木を押さえて切妻垂木をのせる横架材の上に「くつわぎ」（轡木）が架けられていることで，それは両柱上２本ずつ，および桁行中央２本の計６本配されている。竣工時の写真や1969年の図を見てもこの材はないので，この関野設計図の作成後，何らかの事情で設計が変更されたものと考えられる。「くつわぎ」とは，屋根を貫通して外部に突出し，そこに横架材を載せて棟上の材とともに縄で縛ることによって，切妻の屋根を覆う「アンペラ」を固定するためのものである（図3-10）[19]。実施の際には，この「アンペラ」を押さえる押縁の割り付けや，妻煙出しの大きさなどの設計変更もあった[20]。

　仕様書（3）を見ると，その冒頭にこの復元工事の設計主旨として「往時の住家を想像復原して現地に建設し以つて学術的参考資料とする」と記されている。関野は「登呂の住居址による原始住家の想像復原」（関野 1951）の中でも，再三「想像復原」という語を用いているから，この語が彼の復元建設の基本方針を示す重要概念であったことがうかがえる。この語の定義はどこにも明示されていないが，関野は，高殿の架構を参酌してこの住居を復元したことについて「垂木の配列叉首の構造，屋根の形式とともに全くの想像によるもので，この点復原の名にふさわしくない」（関野 1951，9頁）と記していることなどから，「想像復原」は，学術的な根拠が十分ではないために「想像」をまじえて「復原」することという意味で用いられていると考えられる。

　しかし，他面において，当初の状態が完全に明らかになることはありえないから，一般に「復元（復原）」という行為には常に主観的なものが介在するわけで，それでもなお，関野がここであえて「想像復原」と断るのは，その「復原」の確からしさが，ある一定の水準よりも低いと彼自身が考えたためであろう。通常遺構が存在しないところに建物を復元建設するという行為は，旧材が多く残る文化財建造物の修理に較べて復元（復原）資料の多寡に大きな制約があるのを常とする。そしてその資料の絶対的不足こそ，復元行為の恣意性が問われる所以でもあった。この点，「想像復原」という関野の設計主旨には「復元建設」という行為の本質問題がよく示されているともいえる。

　この復元事業において関野は，当初の技術的なものを「想像復原」すること

により——言い方を換えれば，〈技術のオーセンティシティ（真実性）〉を重視した建設方針をとることにより——，原始住居の「様式」を再現しようとしていたと考えられる。

　関野が，「様式」と「技術」を不可分のものと捉える見方を示しつつ，登呂遺跡住居の「様式」を批判的に評価していたことは先に見たとおりである。たとえそれが負の評価であったとしても，そうした見方に立つとき，当初の様式を再現するには，必然的に，当初の「技術」を再現する必要も出てくる。このため関野は，発掘調査で得られた少ない復元資料に加え，「想像」をまじえることでそれを補完し，復元案（復元実施案）を作成しようとしていたのである。後年，関野は，大学院講義の中で，この復元事業で行ったことを「単に家屋の形式的復原ばかりでなく，内在する技術の復原も同時に行った実験的試行」（関野1969，76頁）と説明していたが，この「実験的試行」とは，実際に建て

図3-12　「原始住居の復原　その1　住居」（1951年頃作成）（出典：静岡市立登呂博物館蔵資

るという「実験」を通して得られた知見により，確からしさの低いものをより高いものにしようと「試行」したという意味であろう。

　この復元事業で「想像復原」された「技術」の具体的内容を見ると，以下に示すように，先に見た登呂の住居の「様式」評価において用いられていた「技術」の指示内容とおよそ一致する。すなわち，あくまで関野が捉える「様式」との関連において「技術」の再現が試みられているのである。

　まず，第一に，建て方，および木材の製材・加工のしかたを含めた施工技術を再現したことがあげられる。仕様書（3）には「建設の順序」が記されており，1の「整地」から，6の「屋根」までの一連の工程が詳細に指示されている。施工中の写真（4）から，地中の礎板を用いた掘立柱の建て方から茅を葺くまでの一連の工程が実際に再現されていたことを確認できる（図3-12）。「礎板」は，軟弱な粘土層に柱が沈下するのを防ぐために柱根の下に敷くものと考

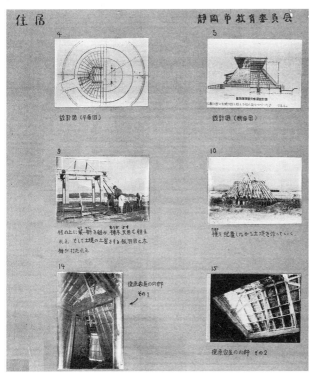

料〈資料番号なし〉）

図3-13　仕口の再現
（出典：日本考古学協会1949）

えられていたが，登呂遺跡ではこの礎板が数枚重ねになっているものがあり，当時その理由はよくわかっていなかった。これについて関野は，「これは柱の高さを調節するために余計に用いられたもので，このことは今回の復原家屋の柱を建てるときにも経験された」（関野1951，9頁）と述べている。つまり，実際に建ててみることで，その確からしさがより高まったというわけである。

　また，仕様書（3）を見ると，柱・桁・梁の構造材は「末口1尺の杉丸太より手斧にて8寸押角に仕上げる」と指示され，関野は「今度用いた柱は杉丸太を現在の手斧でおとして断面が8寸押角になるように仕上げた」（関野1951，9頁）と述べている。この時にはまだ，加工痕をもとに蛤刃の手斧を復元試作していないが（翌年の倉庫復元の際にはそれが使用された），できるかぎり当初に近い製材・加工法を用いようとしていたことがうかがえる。

　第二にあげられるのは，仕口が「想像復原」されたことである。関野は，出土した木製品の加工痕から「鑿を以つて柄差し，欠き入れ程度のことは行われたと想像できる」（関野1951，11頁）と述べている。仕様書（3）を見ると，桁－柱の仕口は「柄差し」，桁－梁の仕口は「合決」と指示されているし，施工中写真（4）からも柱上面に平柄を加工しているのが確認される（図3-13）[21]。

　第三には，上記のように，その架構形式が「想像復原」されているということである。関野はこの案に対する諸家の批判があることに言及しながら，彼の提案した架構形式はあくまで「想像」によるものであることを明記している。この建物の「様式」評価は当初の技術に重きを置くものであったが，以下に示すように，この架構形式の再現に際してはさまざまな工夫がされている。一般に古い技術を再現することは耐震性・耐久性の確保という現代的要請と相容れないことが多く，それも「復元建設」行為の課題の一つであるが，この工事では，諸々の措置を講じることでその問題に対応している。下記のような措置は，一面「技術」の再現というこの工事の基本方針と相反するが，反面，関野はむ

しろそうした手立てをとることで「架構形式」の再現を優先的に行ったとみるべきであろう。

関野は，耐震性・耐久性の確保に関して以下のように述べている。

　　おそらく原始的な構造のままでは数年ともたないであろらう，厳密な復原が出来たとしてもこれを屋外に建築すべきではなく，その場合には寧ろ博物館などの屋内に格納すべきものであると思う。今回の如く屋外に建てられる以上は風雨に対して或る程度の耐久力は考慮さるべきである。（中略）そこで掘立柱，外柵，板羽目，垂木にはクレオソートを用い，許される範囲で，羽目板扉を厚く，柱，垂木，柵を太く，近代的な材料の釘，ボールト，鎹を用い屋根は厚く葺いた。総じて立派になつたが，構造的な特徴はすべて活かすよう努力した。その点で理想復原となり，学問的の厳密さは一見薄いように見られるが，決してそうではないのであつて，学問的に決定されない質の問題がこゝでは上等に取り扱われることになつただけのことである。（関野 1951，11頁）

この記述から，工事の際に，見え隠れで金物によって部材接合部を補強したということがわかる。上記のように，この復元工事では仕口が「想像復原」されたのであったが，仕様書（3）には，各部材の接合部は耐震性・耐久性を考慮して金物で補強することが指示されている[22]。関野自身が「出来るだけ釘，ボールト，鎹を用い，耐久性を考慮し，見えがかりとして藁縄の結束を行つた」（関野 1951，11頁）というように，古式の藁縄結束は「見えがかり」として用いられているにすぎなかった。

また，上記の引用では，柱・垂木などの構造材に防腐剤を塗布し[23]，なおかつその断面を，当初と見なされたものよりも大きくしたこともあげられている。先述のように，柱は「8寸押角」で実施されたが，『〈登呂遺跡基礎資料4〉登呂遺跡出土資料目録　写真編』（静岡市立登呂博物館 1989，65頁）に掲載されている柱根6例（いずれも 1950年までの発掘で出土したものとされる）[24] の径を見ると，180〜190 mm（部材番号306），方 140 mm（同307），165×95 mm（同308），150〜170 mm（同309）となり，いずれも5〜6寸で8寸には満たない。ただ，部材311の断面の径のみ同書に記載がないが，筆者が実物を実測したところ 215〜235 mm であったから，おそらく関野はこの部材を根拠に「8寸押

角」の柱を再現したものと思われるが，もしそうであったとしても，これは例外的に太い柱根であった。竣工時において関野自身が「出来上つた感じからは柱は太きに過ぎた」（関野 1951, 9頁）という感想を述べているのもそのためであろう。また，垂木は通常周堤の上にかけられるので一般に痕跡が残らず，出土材もなかったため，その詳細は不明であったが，関野は登呂の垂木の材種が竹であったという可能性を示唆しつつも「保存上杉の丸太を用いた」と述べている。

　なお，弥生時代の茅葺の接地部は土で押さえたものと考えられていたが，この工事では，茅の耐久性を考慮して地上低い位置に軒をつくっている。仕様書（3）には「四注軒先板」という6寸×3尺で厚4分の部材が記載され，これを挿入した理由は仕様書に明記されていないが，軒をつくったことで屋根と地面の間に隙間が出来てしまうことから必要になったものと考えられる。

お わ り に

　本章で見たように，登呂遺跡復元住居は，敗戦直後という特殊な社会状況のもと，さまざまな試行を経て実施されたものであった。その過程を改めて振り返れば，「復元」とは，その一面において復元建設を行った時代の社会を映し出し，それが建設された時代に共有されていた「ものの見方」に従って創造された時代の産物であったということがよくわかる。

　関野は復元建設にあたって〈技術のオーセンティシティ（真実性）〉を重視していたが，同時に，そうした方針をとることによって復元案の学術的妥当性が向上したということを再三強調していた。しかし，いうまでもなく復元建築は，「建設」という現代的行為を伴う以上，建設時点における最新の学術的成果品としての存在意義を持つだけではなく，同時代の一般建築と同列に扱える側面も持ち合わせているという点を忘れてはならない。

　そもそも「技術」と「様式」を表裏一体のものと見なす関野の建築観は，1950年代の日本の建築界に支配的であった近代合理主義の建築思想——もしくはそれが立脚する唯物史観の，下部構造（技術）が上部構造（様式）を規定すると捉える「ものの見方」——に裏付けられている。そうして見ると，関野

は「復元建築」を，一つの学術的成果品である以上に，同時代の「建築」と同じ範疇で捉えていたと考えることもできる。だからこそ，彼は，この復元された建物を「建築」として成立させるために，設計過程において〈技術のオーセンティシティ〉にあれほど拘泥していたのではないか。

　同じ時代に長野県で原始住居の復元建設を試みていた堀口捨己（尖石遺跡）や藤島亥治郎（平出遺跡）の復元案においても，ここで見た関野と同じ建築観が共有されていた。日本建築の始原として原始住居のあるべき姿を模索していた当時の学界の動向自体，国家的アイデンティティを模索していた敗戦直後の日本社会の状況が色濃く反映されているし，他面において，当時の建築史学の中で「復元建設」がクローズアップされてきた背景にも同時代に特有の建築観があったと思われる。建築を「技術」とともに捉えようとする当時の建築観は，「復元建設」という行為に強い社会性と説得力を与えていたのである。

　敗戦直後の建築界や日本社会を象徴的に示すという点において，また，その後に続く復元建設事業への影響が大きかったという点において，1951 年の登呂遺跡復元住居は，近代建築史上きわめて重要な建築物の一つであったともいえる。翻って考えてみれば，今日行われている復元建設についても，未来の建築界において同じような議論がされることであろう。

注
1）　本章においては「復元建設」という語を，かつて実在した建物をすべて新材を用いて再建することという意味で用い，「復元」はより広い意味，すなわち創建時の状態が失われたものを学術的な知見にもとづいて再現（作図を含む）することという意味で用いる。また，「復元案」という語は，「復元原案」と「復元実施案」に分けられるが，本章では必要に応じて「復元案（復元原案）」などと表記することとする。
2）　本章に関する代表的な先行研究として，宮本長二郎『日本の原始古代の住居建築』がある。この論考は，関野の復元案がどのような変遷を経て形成されたのかを論ずるものではないし，そうした作業を通して「復元建設」という行為一般の有する問題点について考察したものでもない（宮本 1996，7〜13 頁）。
3）　太田博太郎は自らの原始住居復元案を示しながら，関野案の高殿に着目した点に賛同し，それが「天地根元宮造り」の対案であったことに言及している（太田 1968，10頁）。
4）　『毎日新聞』（静岡版）1943 年 8 月 25 日。

5) 『毎日新聞』（静岡版）（1947 年 7 月 23 日）によれば，1947 年 7 月 21 日に開催された「国のあけぼの講習会」席上で島村孝三郎（東亜考古学会幹事）がこの計画実現の急務を訴えているし，同じ頃に静岡県郷土文化研究会や静岡市古代史研究学徒会もそれに向けて動いていたらしい。

6) 『毎日新聞』（静岡版）1947 年 8 月 8 日。

7) 『静岡新聞』1948 年 6 月 9 日。

8) 『文教委員会　昭和 23 年―昭和 23 年』静岡市公文書館資料 1012-2。

9) 『静岡新聞』1950 年 1 月 8 日。

10) 『市会会議録（三）　昭和 24 年―昭和 24 年』所収，静岡市公文書館資料 0842-2。

11) 『毎日新聞』（静岡版）1950 年 12 月 29 日，1951 年 1 月 17 日 4 面。

12) ただし，登呂遺跡特別調査会委員・後藤守一は『登呂遺跡調査白書』（新日本歴史学会編，1949 年）の中で，「自分はこの建築史専門学者の想定復元を，誤っていると論ずることはできないと思っている。（中略）ただ東日本に，そのしころぶき造の屋根があったかどうかということになると，なかったのではないかといいたい」（106〜107 頁）と述べているから，関係者の中に関野案に異を唱えるものもいたことがわかる。

13) 『毎日新聞』（静岡版）1948 年 11 月 27 日。

14) 宮坂 1957 掲載の発掘日誌の記述（101 頁）から，発掘当時，P5・P6 は棟持柱の柱穴と考えられていたことがわかる。同案で棟持柱の位置が住居平面に対して対称に配置されていないのは，関野が P5 と口径が近い P6 のほうをその柱穴と解釈したためと考えられる。

15) ちなみに，同書にこの三脚柱の根拠は示されていないが，こうした架構形式が提示された背景には，当時の民家調査の動向があったと思われる。たとえば，鷹部屋福平は北海道各地のアイヌの住居，とりわけその「ケッンニ」と呼ばれる三脚柱の屋根構造について報告していたし（鷹部屋 1939），また城戸久も三脚柱の構造を報告していた（城戸 1938）。

16) 拙稿「登呂遺跡復元住居・関野克案の形成過程―「復元」の意義に関する一考察―」（『日本建築学会大会学術講演集梗概』2009 年，327〜328 頁）を参照されたい。

17) 第 2 案は模型のみで図面がないのでその勾配はよくわからないが，第 1 案・第 3 案は図面よりおよそ 45 度とわかるし，実施案では正しく 45 度になっている。この矩勾配は関野の高殿の図から見られるが，それは『鉄山秘書』に「高さ三尋壹尺」，「長尾の尻の除き三尋壹尺」とあるのを，関野が柱の高さと地面における柱芯から垂木までの水平距離が同一になるものと解釈したことによる（関野 1938，435 頁）。

18) 1950 年 11 月 28 日に関野が作成した設計図が静岡市役所に届いたという報道があったが（『毎日新聞』〈静岡版〉1950 年 12 月 29 日），この図面はそのときのものと考えられる。

19) ちなみに，堀口捨己は関野案とは異なる登呂遺跡の復原案を提示しているが，堀口

案には「鏡の家の屋根に見える五つの点」に準拠した「クツワギ」があり，それは，「風押への藤つる『クツワフチ』を掛ける手寄」とされている（堀口1948，21頁）。関野設計図（1950）には立面図がないので「くつわぎ」の使い方はよくわからないが，少なくともこの材に横材をかける点で堀口案とは異なるし，この材の上に段違いに茅を葺くことで雨水の浸入を防いでいる点も異なる。

20）　この「アンペラ」は関野設計図では千木から下端までの高さ方向を2尺3寸間隔で3つ割りしているが，竣工時の写真を見ると2つ割りになっている。煙出しの大きさ，すなわち妻面の大きさについては，関野設計図を見ると，妻側の四注垂木が梁上の向又首中程まで屋内に突入し，梲は茅葺屋根を貫通しているが，竣工時の内部写真を見ると，屋根はさほど内部に入り込んでいないように見える。

21）　桁−梁の接合は，当初の写真からは確認できないが，1961年の2号棟建設時の写真（5）を見ると，下木となる桁の仕口加工が映っており，その仕口は渡り腮（わた・あご）であったことがわかる。

22）　桁−柱，および梁−桁の仕口は鎹で緊結し，垂木−桁・梁，外柵−土留板も釘打ち，切妻屋根の小屋組も「すべて仕口は釘，鎹でとめた上細縄で更に締結する」と記されている。

23）　施工中写真（4）を見ると，垂木の下部に塗料が見え，確かに防腐剤を塗布したことを確認できる。

24）　それぞれの部材の発見時期については静岡市立登呂博物館・中野宥氏のご教示によるところが大きい。

参考文献

太田博太郎『日本の建築　歴史と伝統』筑摩書房，1968年

城戸久「尾張に於ける古民家建築」『建築雑誌』636，1938年

後藤守一『登呂遺跡調査白書』新日本歴史学会編，1949年

静岡市立登呂博物館『〈登呂遺跡基礎資料4〉登呂遺跡出土資料目録　写真編』1989年

関野克「鐵山秘書高殿に就いて（原始時代一建築構造の啓示）」『考古学雑誌』28-7，1938年

関野克『日本住宅小史』相模書房，1942年

関野克「登呂遺跡と建築史の反省」『建築雑誌』735，1947年a

関野克「登呂遺跡の住居址雑考」『考古学雑誌』34-11，1947年b

関野克「登呂の住居址による原始住家の想像復原」『建築雑誌』774，1951年

関野克『文化財と建築史』鹿島出版会，1969年

関野克「インタビュー　古代日本人の建築技術」『建築雑誌』1273，1988年

鷹部屋福平「アイヌ屋根の研究と其構造原基體に就て」『北方文化研究報告』1，1939年

俵國一『古来の砂鉄製錬法』丸善，1933年

日本考古学協会『登呂』毎日新聞社，1949年

日本考古学協会『登呂　本編』毎日新聞社，1954 年

平出遺跡調査会『平出』朝日新聞社，1955 年

堀口捨己「出雲大社と古代住居」『古美術』1948 年 7 月号

宮坂英弌「八ヶ岳西山麓石器時代の住居址」『信濃』4，1942 年

宮坂英弌『尖石』茅野町教育委員会，1957 年

宮本長二郎『日本原始古代の住居建築』中央公論美術出版，1996 年

〔付記〕

　本章は，拙稿「関野克の登呂遺跡住居復原案の形成過程と『復元』の基本方針」（『日本建築学会計画系論文集』654，2010 年，2073〜2080 頁）を改題のうえ，本書の主旨に合わせて加筆・修正したものである。

142　　第Ⅱ部　考証学と復元学

第 4 章　建築史家・大岡實の復元建築
―鉄筋コンクリート造による
　創建時代の「造形感覚」の再現―

青　柳　憲　昌

はじめに

　建築史家・大岡實（1900〜87）は，寺院建築を中心に数多くの宗教建築の新築設計を行ったことでも知られており[1]，また，昭和再建の薬師寺金堂（図4-1）や興福寺食堂・細殿（現・興福寺国宝館，図4-2）など，歴史的建築の復元設計を手がけた例も少なくない。本章は，それら復元建築における大岡の設計意図や「復元建設」[2]の理念について考察したものである。

　復元建築を実際に建設することの是非をめぐる問題は近年取り上げられることが多いが[3]，その問題の根源は，通常，建物遺構がないところに建てられる復元建築は一般に資料の多寡に制約があるため，その形態の決定根拠に乏しいという点にある。つまり，復元設計の恣意性が常に問題となっているのであり，それゆえ設計者はその形態の拠り所を，少ない復元資料のほかにも求めざるをえず，必然的に設計者の建築観や歴史観がそこに介在することになる。

図 4-1　薬師寺金堂（1976 年建立）

図 4-2　興福寺収蔵庫（1959 年建立）
（出典：川崎市立日本民家園蔵大岡資料）

表 4-1　大岡實設計の復元建築一覧

	建物名	着工年月 〜竣工年月	構造設計	施工者	構造	建築面積 (m²)	延床面積 (m²)	総工費(円) 坪単価(円)
1	興福寺宝物収蔵庫(興福寺 食堂・細殿〈現・国宝館〉)	1955.1 〜1959.3	小野薫 安藤範平	奥村組	RC造	1,120	1,728	56,775,555 108,599
2	福山城(松前城)天守	1959 〜1960.8	安藤範平 松本曉	島藤建設	RC造	172	427	35,000,000 270,270
3	高島城天守	1969.1 〜1970.5	松本曉	熊谷組	RC造	270	381	95,000,000 823,223
4	薬師寺金堂基本設計	1971.4 〜1976.4	松本曉	池田建設	SRC造(内陣) W造(内陣以外)	412	412	約1,000,000,000 8,012,821
5	興福寺中金堂計画案	(設計期間) 1971〜74	(不明)	—	SRC造	435	435	(見積) 906,900,000 6,880,880

＊『興福寺収蔵庫竣工記念』(興福寺, 1959 年),『月刊文化財』210, 1981 年,『建築史学』10, 1988 年,『諏訪
高島城』(宣弘社, 1970 年),『諏訪高島城』(今井広亀, 諏訪市教育委員会, 1970 年),『史跡松前氏城跡福山城跡
保存・整備について』(北海道松前町教育委員会, 2012 年), 大岡實建築研究所旧蔵資料 (松浦資料), 川崎市立
日本民家園・大岡實博士文庫資料などをもとに作成。

　本章で詳しく述べるように，大岡は，創建当初の古建築に示された設計意図
——それは，彼によれば，創建された時代の「造形感覚」が建物に表れたとこ
ろでもある——を解釈し，それを現代に再現することを目指していた。そして，
他面においてその再現には不燃構造（RC 造）を採用し，創建当初の木構造技
術の再現には拘泥しなかった。この点前章で見たような，「技術」の再現を重
視した関野克の復元理念とは大きく異なるものであった。大岡の復元設計の姿
勢は，現代の復元建築の一般的な手法や理念とは異なるものと思われるが，
「復元建築」の一つのあり方を示唆するものとして今日再評価に値すると筆者
は考えている。

　大岡による「復元」建築は 5 棟ある（表 4-1）[4]。このうち薬師寺金堂の復元
事業については，棟梁西岡常一の著書・聞き書きなどで広く知られているが，
いずれもその基本設計者が大岡であったことに触れるのみで，大岡の設計意図
については何ら記述されていない。また，周知のように興福寺中金堂は 2018
年に木造によって再建されたが，すでに 1970 年代に大岡は同じ建物の RC 造
による復元設計を行っていた。結局これは計画案の作成のみに終わったが，そ
の時点ですでに建物の構造まで検討されており，明らかに復元建設を想定した

144　第Ⅱ部　考証学と復元学

ものであったことから本章の考察に加えている[5]。

　なお，本章で用いた資料は，主として大岡實建築研究所蔵の図面資料（以下「松浦資料」）[6]，および川崎市立日本民家園蔵の大岡實博士文庫資料（以下「大岡資料」）に残された関連図面や覚え書きなどである。

　大岡實によって設計された5棟の復元建築それぞれについて，次節以降，設計と建設の経緯を見ていくことにしたい。

1 「復元建設」に対する大岡實の積極性と不燃化への取り組み

（1）　興福寺収蔵庫（食堂・細殿）

　興福寺から収蔵庫の設計依頼があった際に大岡は，食堂・細殿を復元して建設することで，その用途にあてることを自ら着想したという。1959年，建物の竣工時に大岡は次のように述べている。

　　　主要伽藍の中に新に建物を建てるとすれば，その建物の形態は実に重大であって，絶対に興福寺伽藍の風格を失うものであってはならない。（中略）旧堂宇の復原がその様式として最適であるとの結論に到達した（中略）食堂，細殿を復原することが規模の点から適当であり，またその位置の関係も建設後の管理の面から最適であると考えた（大岡1959a，6頁）

　この建物が食堂・細殿の「復元建築」として建設されることになった詳しい経緯は明らかではないが，下記のことから，大岡自らが復元建設を志向したことと，1955年の奈良国立文化財研究所の発掘調査によって復元資料が充実したことが，その工事実施の契機となったことがわかる。この事業は1954年度に開始されたが，同年度末になっても建設用地が決定せず，1955年10～11月に行われた発掘調査によって「平面はよく知ることが出来た。この調査の結果にもとづいて審議の結果十一月末になって収蔵庫を食堂・細殿跡に建設することが決定した」と大岡は記している（大岡1959a，10頁）。

　大岡實建築研究所蔵の松浦資料には，「興福寺収蔵庫計画」と題された第1～5案の計画案がある（いずれも作成日の記載はない）。第1案（図4-3）は双堂

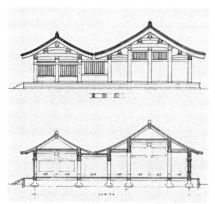

図4-3　興福寺収蔵庫計画第1案　　　図4-4　興福寺収蔵庫平面図
　　　（出典：松浦資料）　　　　　　　　　（出典：松浦資料）

形式をとる点からも，規模の点からも食堂・細殿の復元を意図したものであったとみられるが，それ以外の4案はいずれも双堂形式をとらず，立面図を見ても明らかに復元建築ではない。第1〜3案の平面図には食堂・細殿の旧礎石位置が書き込まれるが，食堂は側面4間になっているので正確でなく，おそらく発掘調査前に推定柱位置によって作成されたものであろう。また，第4・5案には旧礎石位置の表記がないので，敷地は食堂・細殿の跡地ではないと思われる。第1案の食堂は切妻造で，大岡は発掘調査によって入母屋造であることが確認されたというから，やはりこの案はそれ以前に作成されたものと考えてよい。上記の事業経過を考え合わせると，この一連の計画案はいずれも発掘調査前，敷地の問題が紛糾している最中に作成されたものと推測される。

　この建物の意匠は，「収蔵庫」としての機能的要請から各部に変更点はあるものの，大局的には食堂・細殿の学術的な復元案（復元原案）にもとづいているといえる（図4-4）[7]。たとえば，柱は，遺跡保護の点から位置を少し外して配され，外壁の片蓋柱以外は角柱となっているが，その位置関係や柱間寸法は発掘調査で得られた旧規に従っている（ただし細殿は梁のスパンを縮めるために棟下にも柱列を設けている）。斗栱は，創建当初は平三斗か大斗肘木であった可能性が高いが，法隆寺食堂の大斗肘木の例や，コンクリートによる施工性を考慮して大斗肘木としたと大岡は説明している（大岡1959b，39頁）。建物の高さは内部に安置する千手観音像の高さから決められ，そのために建物のたちがや

や高くなっているが，第1案が実施案より低いのは，『興福寺流記』の食堂「高二丈一尺」細殿「高一丈五尺」という記述を，それぞれ食堂身舎柱高，細殿柱高に比定したためであろう。

(2)　福山城（松前城）天守

「松前城再建工事経過報告書」（松浦資料，大岡の自筆原稿）によれば，1947年頃，当時の松前町長は，当時文部技師であった大岡に，荒廃していた天守の修理の実施を強く請願していたが，敗戦直後における厳しい財政事情のために見送られていたところ，この建物は1949年6月5日に焼失してしまう。付言すれば，この時期は，ちょうど大岡が修理工事の監督を引責辞任することを余儀なくされた法隆寺金堂火災（同年1月26日）の直後であった。

　焼失した天守を再建したいという町長の相談を受けたときに大岡は，「言下に復興のときは私が設計して差上げますと約束した」と同報告書の中で述べている。1958年春に正式に設計依頼があった際に大岡は「出来るだけ元の形（創建当時の）に復興したい」と考えたと述べているように，その設計の際には，1941年国宝指定時の文部省作成の実測図[8]が参照され，高さや軒の出などはこの実測図をもとに決められた。

(3)　高島城天守

　1875年に明治新政府の指令で破却された高島城天守は，63年に高島城復興期成同盟会が結成されたのを機に，70年に再建された。大岡が設計契約をしたのは1968年3月，すでに工事着手の後であったが[9]，この時までに作成されていた再建案（宮坂哲治の設計によるもの）は旧観を度外視したものであったために，同年5月大岡によって学術的な復元案が急遽作成されることになった（図4-5）。

　大岡による再建天守の外観意匠は，1944年に発表された藤岡通夫の復元案（藤岡 1944）にかなり忠実に従っており，両者の立面図を比較しても変更点はほとんど見出せない。たとえば，建物の規模は，『諏訪高島城』（宣弘社，1970年）によれば当時6説あったことがわかるが，実施案は1階7間半四方，2階5間四方，3階3間半四方とする藤岡説とほぼ同じ規模になっている。また，

屋根は銅板葺として，寒冷地のために柿葺であった旧天守の特徴的な外観を再現している。ただし，最上階の高欄付き縁は明治初年の古写真にも前掲の藤岡案にもなかったものだが，近世初期の天守には類例が少なくないから，おそらくは復元的意図で大岡が付けたものと思われる[10]。

（4） 薬師寺金堂（基本設計）

この事業が動き出すのは 1969 年頃のことであるが，大岡はすでに 54 年頃からその復元設計に着手していたという。下記の大岡の回顧によれば，彼が薬師寺研究に着手した昭和初年頃に金堂の再現を夢想し，1954 年頃に実際にその設計の要請があったらしい。この記述を見ると，大岡がいかにこの復元建設に熱意をもって臨んでいたかがよくわかる。

> 奈良本期の伽藍の宏大な均整美のイメージが私の頭の中に出来上がったとき，何とかこれを再現して，社会に奈良時代芸術のすばらしさを視覚に訴えて，把握してもらいたいという夢が生れた。（中略）昭和の初年に薬師寺伽藍の復原をしてから私の頭の中を離れなかった。ところが数十年の後，昭和二九年頃になって，薬師寺金堂復原の議が起り，試に私にその図を書いて見るようにとの要請があった。私は永年の夢であるので勇躍してスケッチにとりかかった。（大岡 1975，3〜5 頁，傍点引用者，以下同じ）

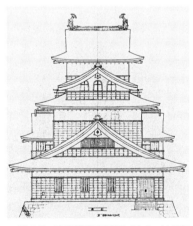

図 4-5　高島城南立面図（出典：松浦資料）

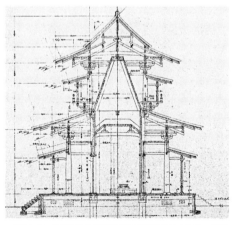

図 4-6　薬師寺金堂再建工事断面図（出典：松浦資料）

この建物の構造は，内陣を鉄骨鉄筋コンクリート造，その外部を木造とする混構造であるが（図4-6），これについて大岡は「われわれも，いかに完全な施設をしても木造は結局焼ける運命にあるからと主張して，内陣を不燃性にする案にきまった」と述べている。不幸にも，裳階を残してその内部が焼損した法隆寺金堂火災を経験した大岡の心の内が，この提案から邪推される。これより先，興福寺菩提院大御堂（1970年3月竣工）で，大岡は自らの発案で内陣を鉄筋コンクリート造として，その外周を古材を再利用して再建していたから（大岡1970），薬師寺金堂の構造はやはり大岡の意見を反映したものであったと考えてよいだろう。

　また，ここで大岡が「復元建設」の持つ社会的意義に関連して「社会に奈良時代芸術のすばらしさを視覚に訴えて，把握してもらいたい」と述べていることに留意されたい。

（5）　興福寺中金堂計画案

　昭和の興福寺中金堂の計画案は実施されなかったこともあり，その設計経緯は詳しくはわからない。しかし，1971年頃に興福寺から大岡に中金堂復元の設計依頼があったようである。というのも，1971年10月10日の日付がある「興福寺中金堂再興設計図」（スケッチと書簡，松浦資料）を見ると，大岡から所員・松浦弘二に宛てた添付文書の中に，「前から興福寺から略図面を早く造ってほしいと言われています。外部に説明用です。少なくも平面と正面図はこの目的に使えるようにして下さい」とあるからである。その文書には『南都七大寺の研究』（大岡1966，248頁）に掲載されたこの建物の復元図（復元原案）をもとに復元案（復元実施案）を作成することが指示されており，大岡のこの指示によって松浦が作成したのが「興福寺中金堂再興設計図」である（図面作成日は1971年10月10日，図4-7）。

　その文書の中で大岡は，「柱を半分追込んで上層の意匠柱及三手先斗栱は全く化粧につくることにしたらどうでしょう（中略）内部が防火になるのが目的です」と指示している。この記述から，（鉄骨）鉄筋コンクリート造の採用によって，大岡が「防火」を意図していたことがわかる。図4-7を見ると，主屋（身舎）の軀体を大スパンの鉄筋コンクリート造で建設し，木製の地垂木・飛

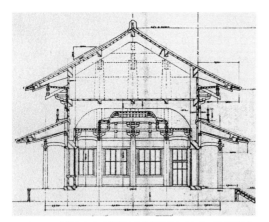

図4-7 興福寺中金堂復元案断面図（出典：松浦資料）

檜垂木を軒の片持ち梁に取り付け，内部空間には木製の柱・梁・天井を設けて，RCの巨大な構造が極力内観・外観に現れないように工夫されている。

次いで，1974年10月には2つの試案が作成されている。「第一案」は裳階上に高欄を設けたもので，「第二案」にはそれがない。大岡は平等院鳳凰堂などを参照しつつ裳階上の高欄は「形としてはつけたい」と考えていたが（大岡1966，247頁），応永再建堂を描いた古図に高欄がないことから，この図は高欄の有無を立面上で比較検討する際に作成されたものと推察される。

上述のような各作品の復元設計および建設の経緯を見ると，以下に示す3点を指摘できる。まず第一は，多くの復元建築の設計で大岡は自ら古建築を「復元建設」する計画を推し進めていたということであり，このことは「復元建設」に対する彼の積極性をよく示している。第二は，大岡が建築史家である以上，当然ともいえるが，いずれも建築史学の考証がなされた復元案（復元原案）にもとづくものであったということである。第三は，そのすべてが鉄筋コンクリート造を採用していることで，とりわけ薬師寺金堂と興福寺中金堂はその構造の採用に，「防火」重視という設計者の意向が反映されていた可能性が高い。

2　鉄筋コンクリート造による伝統的木造建築の「造形」の再現

以下に述べるように，大岡は，創建当初の木造建築の造形を，鉄筋コンクリート造に置き換えて再現しようとしていた。しかし，伝統的木造建築の形態を鉄筋コンクリート造で忠実に再現しようとしても，施工性・経済性の観点から

不合理なところが出てくることはいうまでもない。それにもかかわらず，あえて何かを再現しているのであれば，大岡がその何かの再現を重視したことを意味すると考えてよいだろう。

　大岡の復元建築の中で，そうした不合理を承知で再現しているものに着目すると，まず第一に，垂木と斗栱があげられる。いずれも本来は構造的意味を持つ伝統的木造建築の部位だが，鉄筋コンクリート造で構造材として再現するのは困難なので，大岡の復元建築では，あくまでも装飾的付加物として作られている。たとえば，興福寺食堂・細殿の矩計詳細図を見ると，「タルキはプレキャストしたものを後付施工」とか「大斗及肘木はタルキ同様後付施工」と記載されており，大斗は外壁に「引締取付金具」で，垂木は軒に「吊ボールト」で固定されている。また，興福寺中金堂計画案でも，垂木（木製）は鉄筋コンクリート造の片持ち梁に取り付けられているし，三手先斗栱も外壁の片蓋柱とともに装飾的付加物になっている。松前城天守と高島城天守の垂木についても，設計図によれば，いずれも鉄筋コンクリートの軒に疎垂木（木製）を後付けするという工法になっている。

　第二の点は，屋根各部の曲線や曲面を忠実に再現しようとしていることである。鉄筋コンクリート造で木造建築の繊細な曲線・曲面を再現しようとすれば，型枠工事などに非常な手間を要するが，いずれの復元建築も屋垂み・軒反りがあり，屋根の下地からコンクリートで三次元的曲面を作り出している。興福寺食堂・細殿では，地垂木・飛櫓垂木の端部に反りがあり，さらに，茅負には隅の反り出しがあるので垂木の形は一様にはならない。プレキャストで1本ずつ形の異なる垂木を作るのは，相当な手間がかかったはずである。また，高島城天守の規矩図を見ると，「桁反り（軒裏を捻らないものとす）」という記載があるので桁に反りを付けたことがわかり，同図に「軒反り型板（但し原寸にて決定する）」と記されていることからも，（茅負・木負は鉄筋コンクリート製であるにもかかわらず）木造の規矩術に準じて正しく軒反りを再現することに意が注がれていたことがわかる。

　第三の点は，「木造」らしい部材寸法に近づける工夫をしていることである。一般に鉄筋コンクリート造は構造材の部材断面が木造よりも大きくなるので「木造」らしさの表現に困難が生じるが，大岡はそれを避けるためにさまざま

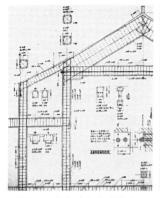

図4-8　興福寺収蔵庫構造図　　図4-9　興福寺収蔵庫母屋桁配筋図（出典：松浦資料）
　　　（出典：松浦資料）

な工夫をしている。上記のように，興福寺食堂・細殿で，外壁に「意匠柱」（半円形断面の片蓋柱のこと）を作り出しているのも，その手法の一つである。

　また，食堂身舎にかかる大虹梁の内部には，梁成を抑えるためのプレストレストのピアノ線3本（径32 mm，18 tの「元応力」を導入）を仕込んでいる（図4-8）。試みに，新薬師寺本堂（奈良時代，国宝）の大虹梁のスパンに対する梁成の比を算出すると0.04となり，興福寺食堂の復元実施図におけるその値（0.05）に近似するから，この梁の工作は，同時代の遺構に見られる部材同士の比例に近づけることを意図したものであったと考えられる。さらに，細殿の妻面から外に現れる母屋桁の断面を内部小屋裏の母屋桁よりも小さくするために，外壁位置（登梁との接合部）において配筋の間隔をどのように調整するかを指示するための図面も作成されている（図4-9）。

　上記の諸点に示されているのは，創建当初の意匠を鉄筋コンクリート造で再現するための大岡の強い造形意欲である。とりわけ屋根各部の繊細な曲線・曲面は，大岡が日本建築の意匠上特に重視していたものであった[11]。以下に示すように，大岡は，創建の建物に同時代の「造形感覚」がよく発揮された（と彼が考えた）部分を重点的に再現しようとしていたと考えられる。

　たとえば，興福寺食堂・細殿の食堂は天井を張らず，大虹梁上の叉首で棟木・母屋桁を支持する構造になっているが（ただし叉首上の大斗肘木は構造材ではなく垂壁に付く装飾である），これについて大岡は，

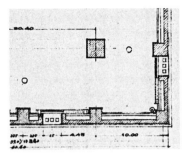 

図 4-10　松前城平面図（初層・部分）　　図 4-11　松前城外観（出典：大岡資料）
　　　　（出典：松浦資料）

　　食堂部分の天井を張らなかったのは，上記の千手観音像を安置するためで
　　もあるが，この種の建物の通性と考えられる化粧屋根裏式の感じを多少で
　　　　　・・・・・・・・・・・
　　も出すためで，そのため大虹梁に叉首を配したが到底化粧垂木まではつけ
　　ることが出来なかつた（大岡 1959a，8 頁）

という。つまり，「化粧屋根裏式の感じ」は奈良時代食堂の「通性」の一つな
ので，化粧垂木を付けるほどの予算がないなかでも，その部分はあえて再現し
　　　　　　　　　　　　　　　　　　　　　　　　　・・・
たというわけである。
　また，城郭建築の造形について大岡は，次のように述べている。
　　壁を主体とする建築は，壁と窓との比例関係が重要であるが，その一つの
　　味は，厚い壁を窓が切りぬいているところの感じである（この感じは壁の
　　うすい現代の鉄筋コンクリートの場合には，ほとんど見られない）。欧州の石
　　造りの場合には，構造的必然性から，これが随所に見られるのであるが，
　　日本の城でも，この味のある形を造り出している（大岡 1967，162 頁）

　つまり，城郭建築一般の造形的特質について，外観上開口部に現れる壁の厚
みにそのポイントを見ていた。松前城の窓回りの詳細を見ると，鉄筋コンクリ
ート造の軀体の壁厚は 8 寸 5 分だが，窓回りのみ壁を廻して，外部からはあた
かも 1 尺 4 寸の壁厚のように見せている（図 4-10・11）。焼失前の外観写真を
見ると，上げ下げ窓が壁面に近い位置に取り付けられているので，復元天守
のように外観から壁厚が見える竪格子窓となっていなかったが，大岡が焼失前
に自ら行った調査にもとづき創建時の状態が再現されているのである（大岡資料
にはその際の実測野帳が残されている）。こうしたディテールは，上記「城郭建

築」の建築意匠についての大岡の解釈と無関係ではないであろう。

ところで，建築史学の社会的意義について大岡は次のように述べていた。

建築史が寺院の沿革史や住宅の沿革史，あるいは，建物個々の説明に，おわってはいけないと考える。（中略）究極においては，建築のある時代あるいはある地方，またはある階層の基本形式をつきとめ，それが社会全体といかなる関連があり，かつその時代あるいは，その地方の社会を背景として，いかなる造形感覚が表現されているかを察知し，将来建築の進むべき進路を把握すると同時に建築に対する造形感覚の養成に資するのでなければ意味がない（大岡 1962，349 頁）

つまり，同時代・同形式の類例を含めて歴史的な建築を検討することで，そこに表現された「造形感覚」を解明し，さらにはそれを今日の建築に応用することを説いているのである。こうした姿勢は，上記のような大岡の復元建築によく示されているといえよう。

さらに，次に詳述するように，薬師寺金堂の設計過程を見ると，創建当時の「造形感覚」の再現を重視する大岡の復元理念は一層明瞭となる。

3　薬師寺金堂復元案の作成過程と大岡實の設計意図

（1）　基本設計図の作成時期と大岡の関わり方

1976 年に再建された薬師寺金堂は大岡實の基本設計によるものであるが，全体的設計方針は大岡のほか，浅野清，太田博太郎，関野克，井上光貞を構成員とする「復興委員会建築小委員会」の中で策定されていた。以下では，この委員会における大岡の関わり方を明らかにしつつ，その設計過程について検討したい。

大岡實建築研究所蔵の松浦資料には，第 1 案から第 12 案までの計画案が残されている。この一連の設計作業が開始された時期は正確にはわからないが，浅野は「写経（高田好胤管長による「写経勧進」のこと：引用者注）が始められたのは四三年の夏であり，設計の依頼があったのはその翌年」（浅野 1981，12 頁）と述べているので，1969 年（昭和 44 年）頃に設計が開始されたと思われ

る。また，最終案（第12案）の作成時期の下限は，工事の実施に向けた10分の1模型の製作が着手された1970年10月頃[12]と考えられる。というのも，この模型をもとに上層の大岡案と浅野案が比較検討された結果，大岡案（梁間2間）が採用されたことについて後年西岡常一が言及しているが（西岡・青山1977，140〜141頁）[13]，一連の設計図の後ろの数案はその浅野案の模型製作のための作図であったとみられるからである。第8案は「浅野氏第1次案」で，第11・12案はそれに加筆・修正した「浅野氏第2次案」「浅野先生案」と記されている。その図面名称を見ても，委員会での浅野の提案を受けて大岡實建築研究所で作成されたものとわかる。

　これらの設計図のうち，作成の年月が明記されているのは，わずかに第7案の「昭44.8.4」と青図の「1969.10」のみである（表4-2）。しかし，多くの図面には「第1案」のようにその案の次数が記されており，下記のような各部寸法の検討からも，前後関係のおよその見当は付けられる。たとえば，軒の出を見ると，第5案までは初層15.38尺，上層14.2尺で，第6案は上下層とも15.38尺で，第7案以降は上下層とも14尺となる（復原尺，以下同じ）。また，基壇に付く階段の位置は，第7案までは正面中央3間幅，側面前寄1間幅で，第9案以降は正面中央および左右1間幅，側面は中央1間幅となる。この2点は，1969年7月から9月にかけて行われた発掘調査で雨落溝の位置や階段の痕跡が発見されたことに対応し，このことを勘案すれば，作成日の記載がない第9・10案は，青図案や「木造案」の前に作成されたものであったことなどが判明する[14]。

　この一連の設計作業は，大岡實建築研究所で原案を作成し，それをもとに建築小委員会において協議され，その協議内容が次の案に反映されるというかたちで進められていた[15]。既述のように，大岡は1954年頃から薬師寺金堂の復元案作成に取り組んでいたが，それらは第1案以降の諸案とはかなり相違するから，設計の前提条件は同委員会で取り決められたのであろう。今回調べた限り，第1案以前の大岡の復元案は4点あり[16]，いずれも初層裳階を吹放ちとし，上層柱筋と初層内陣柱筋を通していた。大岡は，後者のために上層の形が取りにくく苦心したと回顧している。理由は正確にはわからないが，第1案以降は裳階を吹放ちとする案は見られないし，上下層の柱筋を通す案についても

表 4-2　薬師寺金堂基本設計案の各部寸法比較表（単位：尺）

	作成日	作者	図面種	軒の出	
				初層	上層
第 1 案	—	—	立（正・側），断	—	—
第 2 案	—	—	立（正・側）	—	—
第 3 案	—	—	立（正・側），断	15.38	—
第 4 案	［昭 44・6・22］	大岡	立	—	—
第 5 案	—	—	立（正・側），断	15.38	14.20
台輪含む	29.5	—	—	.80	.40
第 6 案	—	—	立（正・側），断	15.38	15.38
同上（改）	—	—	断	15.38	15.38
第 7 案	昭 44.8.4	大岡	立（正・側）	14.0	14.0
第 8 案	—	浅野氏第 1 次案	立（正・側）	—	—
第 9・10 案	—	—	立（正・側），断	14.0	14.0
［同上（改）］	9 月 1 日	—	断	14.0	14.0
［同上（改）］	9 月 6 日	—	断	14.0	14.0
青図	1969.10	大岡建築研究所	平，断	14.0	14.0
木造案	—	—	平，断	14.0	14.0
第 11 案	—	—	立（側）	—	—
第 12 案	—	浅野氏第 2 次案	立（正・側）	—	—
［同上（改）］	—	—	立（側）	—	—

＊1 松浦資料，大岡資料，池田建設奈良営業所蔵資料により作成。
＊2「—」は図面に寸法表記がないことを示し，作者欄の「大岡」は大岡のサインがあることを示す。図面種欄は
＊3 ［ ］は表作成者の推定である。第 4 案の作成日は，図面に「昭 49・6・22」とあるが信を置きがたく，「昭
＊4 総高は，地盤面から上層野垂木拝み天端までの寸法とする。
＊5 構造は，第 6 案まで木造が想定されていたが，第 9 案で内陣を鉄筋コンクリート造にしている。ただし第 9

委員会の初期段階において廃案となっている。

　第 1～4 案は，委員会において一時期に提示されたもので，第 1 案は上層柱
筋の，初層内陣柱筋からの出を 1.25 尺とし，第 2 案は上下層の柱筋を通した
もので，第 3 案はその出を 0.625 尺，第 4 案は 2.5 尺とした案であった。1.25
尺という寸法はこの建物の設計の単位寸法と判断されたもので（大岡 1975，6
頁），第 3・4 案ではその 2 分の 1 倍，2 倍とし，立面上における上下層の比例
が検討されている。第 5 案の図面に「1 尺 2 寸 5 分出したもの，太田氏，浅野

156　　第Ⅱ部　考証学と復元学

基壇付階段位置		総高	初層		上層		屋根勾配	
正面	側面		本柱高	内陣天井高	本柱高	裳階柱高	上部切妻	下部寄棟
中3間	なし	—	—	—	—	—		
中3間	なし	（断面詳細図なし）						
中3間	なし	—	—	—	—	—	.80	—
中3間	中央前寄1間	（断面詳細図なし）						
中3間	なし	71.50	19.5					
—	—	72.00	19.5	—	14.4	—	.80	.38
—	—	72.50	19.5	29.5 [26.5]	15.7	—	.80	.40
中3間	中央前寄1間	（断面詳細図なし）						
—	—	（断面詳細図なし）						
中・左右	中央前寄1間	75.20	19.5	26.5	16.3	7.0	.90	.40
—	—	73.20	19.5	26.5	15.4	6.0	.90	.40
—	—	74.30	19.5	26.5	14.8	6.0	.92	.40
中・左右	中1間	74.30	19.5	26.5	14.8	6.0	.92	.40
中・左右	中1間	74.30	19.5	—	14.8	6.0	.92	.40
—	中1間	（断面詳細図なし）						
中・左右	中1間	（断面詳細図なし）						
中・左右	前寄1間	（断面詳細図なし）						

平：平面図，立：立面図，正：正面，側：側面，断：断面詳細図を意味する。
44」の誤記であると判断される。

案の作成後も木造案が併行して作成されていた。

と打合せしてきめた」と記されているので，委員会合意のもと第1案が採用されたとわかる。

（2） 創建時代の「造形感覚」の再現

薬師寺金堂の復元資料をあげると，旧基壇や旧礎石などのほか，発掘調査によって階段や雨落溝の位置も判明したし，文献史料としても長和4年（1015）撰録の『薬師寺縁起』の「二重二閣」，「柱高一丈九尺五寸」という記述，ある

いは12世紀成立とされる『七大寺巡礼私記』の「重閣各有裳層，仍其造樣四蓋也」という記述などがある。さらには，遺構としても同寺東塔が現存するから，資料として決して少なくはない。しかし，それだけでは形が決まらないことはいうまでもなく，それゆえ復元設計に際しては，上記資料のほかにも何らかの拠り所が必要となってくる。以下に示すように，大岡は，奈良時代諸大寺の金堂に示された当初設計者の設計意図を解釈し，それを薬師寺金堂の諸条件に当てはめながら，復元設計を行っていたと考えられる。

今回収集した図面資料をもとに，薬師寺金堂の設計過程を詳細に検討すると，上記の大岡の設計意図がよく示されている点を見出せる。たとえば，上層柱間の数についてである。既述のように第8案は大岡の第7案に対する浅野清の提案で，大岡案が上層桁行5間・梁間2間であったのに対し，浅野案は桁行6間・梁間3間であった（図4-12・13）。原図を見ると両案とも桁行，梁行とも総長に違いはないから，両案の違いは専ら柱間の数のみにあったといえる。浅野が妻3間を提案した意図は記されていないが，その理由としては，法隆寺金堂上層を念頭に，妻2間よりも3間のほうが小屋組が合理的になるということや[17]，妻面を3間とすることで細長い平面形を持つこの建物の奥行きが浅く見える印象を少しでも軽減しようという意図があったのだろう[18]。ただし梁間3間の場合，桁行と梁行の隅の間を同寸とすると（そうしないと隅組物の小屋組内の納まりが難しくなる），奥行きの浅いこの建物では隅の間が狭小になって桁行の柱割り付けが難しくなってしまう。浅野による第8案では桁行6間がすべてほぼ等間隔で並ぶが，第12案では桁行・梁行隅の間を揃えつつ，上記の理由から，隅から中央に向かって次第に広がるように柱の配列を変更している。

この点，大岡も「二重目の奥行は比較的狭く，形をとるのに苦心があった」（大岡1975，6頁）というように，浅野と同じ点に苦心していた。それでもなお，彼が妻2

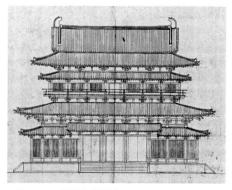

図4-12　薬師寺金堂第7案（出典：松浦資料）

間を主張したのは，斗栱と斗栱の間にゆったりとした間隔をとることを重視したためであったと思われる。このことに関して大岡は，「奈良時代の金堂は雄大な屋蓋を，ゆったりと堂身が支え落つきある端正な美しさ」を示すと述べている（大岡 1962，341 頁）。また，浅野は桁行 7 間の可能性も考えて（浅野 1971），その案も大岡實建築

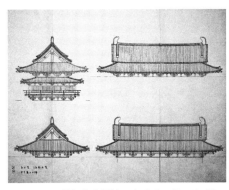

図 4-13　薬師寺金堂第 7 案（下）・第 8 案（上，浅野案）（出典：松浦資料）

研究所で作成されたが，その図面には「七ツ割（斗栱セマシ）」というおそらく大岡による書き込みがある。

　第二の点は，第 6 案において内陣天井高を低くしたことと，それに関連して外陣天井高，裳階の高さに関する設計変更があったことである。そこには，奈良時代の金堂は「堂内部全体がドーミカルな空間構成になっている。（中略）中央から次第に周囲に低くなる造形的形態は内部空間の一つの基本構成である」（大岡 1962，343 頁）という大岡の古建築の見方がよく示されている。もちろん穹窿状の空間構成自体は奈良時代の建築には限ったものではないが，大岡は，奈良時代金堂について「驚嘆するのは内部の空間構成である。（中略）ドーミカルな構成は完璧といってよい」（大岡 1972）と，その造形的な「完璧」さを特筆していた。

　『薬師寺縁起』の「柱高一丈九尺五寸」という記述の解釈は，この復元設計の重要な点の一つであったが，設計の初期段階では大岡はこの記述に重きを置かず（大岡 1975，7〜8 頁），設計に反映させていない。第 1 案の断面図を見ると側柱と入側柱が同高で，柱高は明らかに 19.5 尺よりも低い。しかし，第 5 案（図 4-14）では初層を唐招提寺金堂と同じ架構形式，すなわち入側柱を側柱よりも高くし，側柱上組物二段目に繫虹梁を架け渡し，梁上の板蟇股を介して外陣天井を支えるという形式に変更されており，台輪を含めて側柱高を 19.5 尺としている。既述のように第 5 案は，第 1〜4 案に関する委員会の協議内容を反映させたものであったから，この柱の高さも委員会で決定されたのかもし

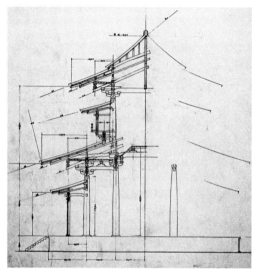
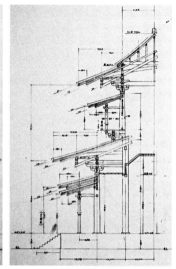

図4-14　薬師寺金堂第5案（出典：松浦資料）　　図4-15　同・第6案（出典：松浦資料）

れない。

　次の第6案において（図4-15），内陣天井高と薬師三尊像の高さの関係を検討した結果[19]，天井高を29.5尺から26.5尺に修正する必要が生じた。そうすると内陣（身舎）と外陣（庇）の天井高はほぼ同じになってしまうので，大岡は「ドーミカルな空間」を実現するため，外陣天井高を1.7尺程度下げたと考えられる。その反面，側柱高は上記のように19.5尺で固定されているので，外陣天井を斗栱の下に設置せざるをえなくなり，その結果，外陣から斗栱が見えなくなった。その際，斗栱が現れない内部空間の天井形式は薬師寺東塔初重のそれを参照しながら再設計したものと思われる[20]。それと同時に，側柱高を台輪を含めずに19.5尺にすることで，外陣天井高が低くなりすぎないように調整しつつ，組入天井を台輪に架けるように変更したものと推察される。

　裳階の高さに注目すると，第5案に「もこしが低すぎる」という書き込みがあるように，立面各部の比例を勘案すれば，大岡は裳階をこれ以上低くしたくなかったと思われる。しかし，逆に，第6案では裳階柱が5寸程度低くされている。これも上述の一連の変更と無関係とは考えられず，「ドーミカルな空間」

の実現を立面比例よりも優先させた大岡の意図がうかがえる。

第三の点は，屋根の造形に関するものである。大岡は，回廊内に独立して建つ奈良時代金堂は「立体性が要求される」から寄棟造ではなく入母屋造であると考えていた（大岡1975，8〜9頁）。大岡は，急勾配の切妻と緩勾配の寄棟を組み合わせた錣葺はとりわけ「屹立性」を有するという点から造形的にも優れているとして，薬師寺金堂の復元でそれを採用することを主張していた。反面，彼は建物の高さを極力抑えようとしていたが（大岡1975，8頁），第9・10案では建物の総高を72.5尺から75.2尺に大幅に増加している（表4-2）。これは同案の書き込みに「斗栱を約1割大きくし，妻を小さくしたもの」とあるように，主として斗栱を大きくしたことによるもので，切妻屋根の茅負外角を上層柱芯から1.25尺内側に移動して妻を小さくしても，なお2.7尺増加したわけである。このため続く「9月1日」「9月6日」の改訂案では，上層柱高を16.3尺から14.8尺へと大幅に低くしたが，同時に妻の大きさを元に戻し，切妻勾配は0.9から0.92へと逆に急にしている[21]。こうした一連の変更からは，大岡が，彼のいう「屹立性」を有する屋根を優先的に再現しようとしていたことがうかがえる。

おわりに

本章で述べた大岡の復元建築を見れば理解されるように，「復元建築」とは，その復元案（復元原案）がどんなに高度な学術的考察にもとづくものであっても，「建設」という現代的行為に含まれるさまざまな制約の中で生み出された「現代の建築」である。それゆえ復元設計者は，古建築に対する主体的な解釈を行い，再現すべき価値が相対的に高いと考えられるものを，その解釈にもとづいて優先的に再現しようとする。大岡が重視していた創建時代の「造形感覚」なるものは，むろん古建築に対する大岡の解釈の所産にほかならないし，いずれも鉄筋コンクリート造を用いて，建物当初の木構造を再現しなかったかわりに，その「造形感覚」を優先的に再現したのも，「防火」優先という大岡の苦渋の決断の結果であった。

しかし，ここで付言しておきたいことは，客観的であるべき復元建築の，こ

うした復元設計者の主観的な側面に力点を置くことが，決して復元建築の持つ社会的意義を損なわせるものではないということである。むしろ，逆に，それは「復元」の本質の一端を明るみに出し，その社会的意義の大きさを再認識させてくれる。

　古建築の復元建設においては，その当事者の解釈行為によって，失われた古建築の中から「伝統的なもの」（＝現代人によって再現すべき価値を見出された歴史的事象）が発見される。そして，その発見にもとづく新たな価値を身に纏った古建築が，現代社会の中に実物の建物として新築される。図面やイメージによる復元再現と較べて，復元建築は圧倒的な存在感を持つから，このことによって，もしも多くの人々の共感を得ることができれば，そこで再現された「伝統的なもの」が社会の中にさまざまな形で再生されていくことになるだろう。もとよりこれは復元建築の一側面のみを見た極論ではあるが，復元建築は上述の点から社会の中で「伝統」を創造的に継承するための一つの契機ともなりうるのではないかと筆者は考えている。

　昭和初年代の若き日の大岡が，創建当初の薬師寺の復元像を夢想しつつ，「奈良本期の伽藍の宏大な均整美のイメージが私の頭の中に出来上がったとき，何とかこれを再現して，社会に奈良時代芸術のすばらしさを視覚に訴えて，把握してもらいたいという夢が生れた」（前掲）と述懐していたことを，ここで想起してもらいたい。この言葉には，「復元」の本来的意義――学術研究の枠を越えて社会全体にも及ぶ意義――の存在が示唆されているように思われる。

注
1)　拙著『建築史家・大岡實の建築―鉄筋コンクリート造による伝統表現の試み』（川崎市立日本民家園，2013 年）。
2)　本章においては「復元建設」という語を，かつて実在した建物をすべて新材を用いて再建することという意味で用い，「復元」はより広い意味，すなわち創建時の状態が失われたものを学術的な知見にもとづいて再現（作図を含む）することという意味で用いる。また，「復元案」という語は，「復元原案」と「復元実施案」に分けられるが，本章では必要に応じて「復元案（復元原案）」などと表記することとする。
3)　「特集　平城遷都 1300 年考」（『建築雑誌』1611，2010 年），「特集　検証・三菱一号館再現」（『建築雑誌』1598，2010 年），「記念シンポジウム　復元（再建）を考える」

162　第Ⅱ部　考証学と復元学

（『建築史学』45，2005 年）など。

4) 本章での考察対象には，復元模型の類は含めず，また建物の一部または多くを古材を再利用して再建したもの（興福寺菩提院大御堂や法隆寺羅漢堂など）も含めていない。なお，この他に高島城冠木門・角櫓も大岡の設計であるが，これらは学術的な復元案にもとづくものではないらしく（今井広亀『諏訪高島城』諏訪市教育委員会 1970 年，359・361 頁），また松前城の搦手門も同じ点が不明なので考察対象から除外した。

5) 1974 年 9 月に作成された復元工事見積書が残されている（大岡資料 6-3-2-141）。

6) 大岡實建築研究所は，1950 年設立の「大岡實建築研究室」を前身とするもので（1970 年頃に現在名に改称），長年所員を務めた松浦弘二氏のご子息松浦隆氏によって現在まで引き継がれている。

7) 食堂・細殿の間の雨落溝の発見により両堂は元来別棟であったことが判明したが，大岡は「奈良時代には（中略）連結して内部を一堂として使用する形式の建物が相当に行われ」たことから，床面積確保のためにも両堂を繋ぐこととしたと述べている（大岡 1959a，7 頁）。この点この建物の「復元（復原）」として正確性を欠くものの，同じ時代の同じ建築種で用いられた平面拡張の手法がここで再現されている。

8) 「松前城再建工事経過報告書」（松浦資料）によれば，文部省・真田氏が作成したものとされる（6 頁）。大岡資料（6-3-2-58）にその図が残されている。

9) 今井広亀『諏訪高島城』諏訪市教育委員会，1978 年，354 頁。

10) 藤岡通夫は初期天守の最上階に廻縁高欄を持つものが多いと指摘している（藤岡 1960，127〜132 頁）。大岡資料（6-3-2-127）にある藤岡 1944 の抜き刷りを見ると，立面図に縁が鉛筆で加筆されていることから，これが大岡の意向によるものだったことがうかがえる。

11) 拙稿「国宝保存法時代の建造物修理に示された保存の概念」（『日本建築学会計画系論文集』2007 年，239 頁）を参照されたい。

12) 「座談会 金堂再建に至るまで」『薬師寺』1976 年 4 月号，28 頁。

13) このあたりの事情については，池田建設の石川博光氏のご教示によるところも大きい。

14) また，上層柱高を次第に低くするという変更が見られる「9 月 1 日」「9 月 6 日」の各案は第 9・10 案の改訂案であったと推測される。

15) 太田博太郎は，「まず最初に，大岡さんのところで図面をかいていただいて，それをもとにして，だいたい東京中心で何回か集まって，基本設計を固めていったわけです」と述べている（「座談会 金堂再建に至るまで」『薬師寺』前掲，23 頁）。

16) 4 案とは下記のものである。「奈良市（薬師寺）金堂スケッチ［試案］」（大岡資料 2-2-3-2 ⑪），大岡 1962（第 10 図），大岡 1965（52 頁），大岡 1967（60〜61 頁）。

17) 西岡常一は「真中一つよりも，柱二本にしたほうが木を組むうえではぐあいがいい，内部の木の組み方が」と述べている（西岡・青山 1977，141 頁）。法隆寺金堂上層の小屋組は，平の力肘木尻上，隅においては平と妻の力肘木尻が交差する点において桁

行方向2筋の力肘木押えを架け，その上に繋ぎ梁を渡す構造になっているが，妻を2間とするとこれと同じ形式は成立しない。

18） 浅野は，この建物の全体形について「側面の奥行が浅くなるが，それだけこの金堂は正面観が重視されている建物だったのである」（浅野1971，12頁）と記している。

19） 第6案断面詳細図に「仏壇56.8 cm 台座153.3 cm 仏像（光背共）380.5 5960.5」という書き込みがあるので，同案における変更点は，薬師三尊像との高さ関係を再検討したことによるものと判断される。

20） こうした天井形式の金堂は異例だが，薬師寺東塔初重の天井は斗栱下に設けられており，支輪も直線的で唐招提寺金堂等のように弧状にならず，法隆寺金堂よりもその傾斜が緩いという点など，薬師寺金堂の復元案（復元実施案）との共通点を指摘できる。

21） 錣葺案は委員会で容認されず，通常の入母屋造で実施されたが，大岡は「普通の入母屋でも最初は屹立性のために勾配を強くしておいたが，前述のように高さが高すぎるのを押えるために六寸程度の勾配に変えた」と述べている（大岡1975，9頁）。

参考文献

浅野清「薬師寺金堂の沿革とその原形」『薬師寺』9，1971年

浅野清「薬師寺の復元」『月刊文化財』210，1981年

大岡實「興福寺収蔵庫の建築について」『興福寺収蔵庫竣工記念』興福寺，1959年a

大岡實「附　食堂の復原と遺跡の保存」『興福寺食堂発掘調査報告』奈良国立文化財研究所，1959年b

大岡實「南都における奈良時代金堂の建築様式について」『法隆寺夏季大学記念論文集』法隆寺，1962年

大岡實『日本の美術7　奈良の寺』平凡社，1965年

大岡實『南都七大寺の研究』中央公論美術出版，1966年

大岡實『日本の建築』中央公論美術出版，1967年

大岡實「まえがき―復興にいたる経過―」『興福寺菩提院大御堂復興工事報告書』興福寺，1970年

大岡實「奈良時代の寺院建築」『月刊文化財』105，1972年

大岡實「薬師寺金堂の再興」『とみのおがわ』1975年4月号

西岡常一・青山茂『斑鳩の匠　宮大工三代』徳間書店，1977年

藤岡通夫「信州高島城天守復原考」『建築学会論文集』31，1944年

藤岡通夫『日本の城』至文堂，1960年

〔付記〕

　本章は，拙稿「大岡實の『復元』建築」（『日本建築学会計画系論文集』692，2013年，2199～2205頁）を改題のうえ，本書の主旨に合わせて加筆・修正したものである。

第5章　歴史的な庭園の復元
──森蘊の「復原的研究」を通して──

マレス・エマニュエル

はじめに

　近年，日本では庭園の復元・整備事業が増えつつある。この現象は，戦災に
よって失われた広島市の縮景園（国指定名勝）の復興に始まり，それから高度
経済成長期に発掘された多くの庭園遺構の発見とともに展開した。特に，昭和
40年代に奈良市で発掘された東院庭園と平城京左京三条二坊宮跡庭園は画期
的な整備事業となった。いずれも奈良時代の庭園遺構で，特別史跡と特別名勝
の二重指定を受けた特殊な事例であるともいえるが，最近では岐阜県の江馬氏
館跡公園（国指定史跡名勝）などが公開され，また名古屋城二之丸庭園（国指定
名勝）や大分市の大友遺跡などの発掘と整備も進行中である。こうして，地下
に埋もれていた庭園が蘇り，現代を生きる我々の目の前に再び姿を表すと同時
に，これまでの日本庭園史を再考するきっかけを与えてくれる（奈良文化財研
究所1998。史跡等整備の在り方に関する調査研究会2004，29頁）。

　しかし，増加傾向にあるとはいえ，発掘された庭園の復元はあくまでも異例
である。日本各地に見られるほとんどの庭園は埋もれることなく，時代ととも
に移り変わってきた。実際に，古代から近代に至るまで，多くの歴史的な庭園
が現存すること自体が，日本庭園の特徴といえるのではないだろうか。苔寺の
通称で知られる京都の西芳寺庭園はその最も象徴的な事例である（大山2005，
青木2011）。

　起源は明らかではないが，暦応2年（1339）に名僧であり，また作庭の名手
でもあった夢窓疎石が西方寺と穢土寺という浄土宗の寺院を統一させ，西芳寺
という禅寺として再興したことはよく知られている。池の周辺に荘厳な禅堂や
立派な楼閣などを配置し，白砂のなかに石を組み，赤松などを植えたという。

このような豪華絢爛な庭園がその後の金閣寺庭園や銀閣寺庭園のモデルになるほど，当時の最高峰をなすものとして賞賛された。しかし，応仁の乱（1467〜77）ですべての伽藍が焼失し，また江戸時代に幾度も浸水され，荒廃した。かつての輝かしさを失った代わりに，現在は100種類以上の苔に覆われた幽邃の森のような姿こそが絶賛の的である。当初の作庭意図とはまるで違う庭になったが，昔も今も名園であることに変わりはない。つまり，時代とともに変容するのは庭園の運命である。

　このような庭園の特徴を明確に記したのは，1982年にイコモスおよびイフラによって作成された「フィレンツェ歴史的庭園憲章」である。そこで歴史的庭園を下記のように定義している[1]。

　　第2条：歴史的庭園は，主として植物という，つまり消滅しかつ再生可能なものという意味で生きた材料からなる建築的複合物である。このようにこの側は季節，自然の成長と衰退の周期的運動と，現状態を永続させようとする芸術と人工の意志，これらの際限のない均衡として現れるものである。

　　第3条：記念物としての歴史的庭園は，ヴェニス憲章の精神に則して保護されなければならない。しかしながら，「生きている記念物」としてその保護は本憲章の目的である特殊な規則の範疇に入る。

　この条例によって定義づけられているように，庭園は生き物であり，常に変化している。春の芽吹き，夏の深緑，秋の紅葉，冬の雪景色などと，四季折々に庭園の様相が一変する。それは周期的な状態変化で，約束事のように毎年繰り返される。それとは別に，庭園のなかには経年変化という，2度と戻ってこない時間も流れている。最も目につきやすいのは植物の成長と枯死であろう。歴史が長ければ長いほど，草木の移動と変異が多い。不屈と思われる石組みでも緩んでくるものである。水や土なども例外ではなく，庭園の骨格をなすすべての構成要素は自然にうつろいゆくものである。

　自然的な変化に加えて，人為的な変化も忘れてはならない。所有者，管理者，利用者などとさまざまな立場から，人間は日に日に手を加えながら庭園の姿に大きな影響を与える。さらに，都市部における高層ビルの開発や，自然環境の変質などと，外部の変容にまで視野を広げると目が眩むほどである。とにかく，

庭園は凝固することがない。自然と人間の合作として常に生成される過程にあり，竣工する時点がない。庭園には完成形がないともいえる。しかし，そこまで思いを巡らすと疑問が湧いてくる。完成形がないというのであれば，庭園の「復元」という「元の形態に戻す」ことは本当に可能なのだろうか。一つの例にすぎないが，先ほど描写した西芳寺の苔むした庭を造営当初のきらびやかな姿に戻したいという人はおそらくいないだろう。

　この状況をふまえて，発掘調査によって新たに発見された庭園遺構，いわゆる発掘庭園の「復元」と，長い年月を超えて今に伝わる歴史的な庭園の「復原」とは，本質的に異なる行為であり，区別して考えるべきであろう。発掘庭園は埋没する時点で植栽や水流などを失い，自然的や人為的などの変化を受けることがほとんどない。時間が固定してしまうような，特別な状態である。このような庭園遺構が発掘調査によって露わにされた場合，保存状況や周辺環境などの条件さえ揃えば，埋没前の状態に戻す，いわば「復元」することがある。それに対して，歴史的な庭園は「生きている記念物」であるだけに，改修や改造，修理や修景，増築や減築などがあっても「復元」という巻き戻しのような行為はきわめて稀である。

　日本庭園史の分野において「ふくげん」という言葉は，「文化財」という概念とほぼ同時に導入された新しい考え方と思われるが，理論より実験が先立ったようである。実際に，事例研究が年々増えても，総合的な議論がほとんど行われていないのも現状である。いっぽうで，日本建築史の分野では早くから「復元」と「復原」を明確に使い分けた。「復元」は一度失われて消えてしまったものを新たに作ることを指すのに対して，「復原」は始めの姿が改造されたり，変化してしまった現存の建物を元の形態に戻すことを指す。この定義に従えば，発掘庭園の整備（埋没によって一度失われて消えてしまった姿に戻す行為）は「復元」，歴史的庭園の整備（時間とともに変容した姿を直す行為）は「復原」と綴るべきであろうが，規則は未だに定まっていない。「フィレンツェ歴史的庭園憲章」では，庭園における「修復」と「復元」の作業を区別する。

　　第15条：歴史的庭園のあらゆる修復作業，とりわけ復元作業は，発掘から関連庭園に関する全資料の収集に至る徹底した先行調査の後でしか実行してはならない。

歴史的庭園における「修復」と「復元」は慎重に行わなければならないと明記するが，それぞれの言葉の定義をしていない。「修復」と「復元」とは，具体的にどのような作業であり，どう異なるのかについては言及しない。そもそも，この憲章の目的は歴史的庭園という，特殊な文化財の保護のための基盤を築き，基本方針や施策などを定めることであり，庭園における「修復」や「復元」という概念に関して議論を深めるものではない。当時はまず枠組みを決めるべく，緊急に進められたのであろう。その後，造園学者の尼﨑博正は次のように補足した。

　　長い年月の間に人為的・自然的要因によって変容してきた骨格を，もとあった姿に直すのが修理であり，できるだけ作庭当初に近い状態に戻す作業を復元という（尼﨑 2003）。

　ここでは「修復」ではなく，「修理」という言葉が利用されているが，「フィレンツェ歴史的庭園憲章」も尼﨑も「復原」と「復元」の区別をしないところに注目したい。いずれも「復元」という表記を使う。「復元」の場合，庭園の「もとの姿はどうであったのか，また，いつの時点へ，どのように戻すのか」と尼﨑は問いかけているが，「ふくげん」の概念についてはこれ以上掘り下げずに，保存管理の技術に焦点を当てる。こうして，これまでの研究は歴史的な庭園の保護と，それに伴う修理・修復・復元などの実行という，現場の実際問題が最優先されてきた。確かに，庭園は周辺環境と景観と密接な関係にあり，地域性・場所性・固有性が強いだけに，総括するのは非常に難しいが，やはり理論より実験が先立った感がある。

　「フィレンツェ歴史的庭園憲章」と尼﨑博正による「文化財庭園における保存管理技術」を読む限り，庭園学界では「復原」という表記が利用されていないように思われるが，これまでの報告書や論文などに目を通せば，「復原」「復原整備」などという言葉を見かけることも少なくない。実は，日本庭園史の分野において「復元」「復原」「復原整備」「環境整備」「復元的改修」「保存修理」「改修」「修復」「修理」などとさまざまな表現が混同し，明確に定義されていないのが現状である。学界では「保存修理」や「復原整備」の出現回数が多いようであるが，複数の言葉が存在すること自体が，庭園において「ふくげん」という行為がいかに難しいことかをよく物語っているのではないだろうか。

1 現代の日本庭園史学の父，森蘊

　日本庭園の歴史家であり，また作庭家でもあった，森 蘊（1905〜88）が20
世紀後半に「復原的研究」という方法論を確立させ，新たな切り口で日本庭園
史学を再考しようとした（森1960）[2]。

　　　庭園というものは変わり方が早く，うつろいやすいものであるから，これ
　　　を復元的に考察鑑賞しないと，作られた時代の精神や，作者の意図が全く
　　　伝わってこないのである。（中略）現在の庭園の姿は，単に観光資源の一
　　　種であると同時に，日本の伝統文化の学術資料であってほしい（中略）。
　　　それゆえに庭園はなるべく昔のままの姿に，永久に保存する方途が講じら
　　　れることが望ましいのである（森1973，131頁）。

　森は自分の目の前に映る庭園や遺構の姿よりも，そこに隠された過去の面影，
造営当時の地形や地物の形状，作者やその作庭意図，庭園の実態や実用などを
研究対象とした。「生きている記念物」という表現は利用していないが，庭園
は生き物であり，変化し続けるものであるからこそ原点を探る必要があると，
つまり「復原的研究」を進めることが歴史家の役割であると説いた。

　庭園は「うつろいやすい」ものであると認めながらも，日本文化史の貴重な
資料として「昔のままの姿に，永久に保存」したいという願望を記している。
一見して矛盾している態度なのではないだろうか。時を止めることが不可能で
あると同じように，庭園の変化も止められない。庭園は「昔のままの姿に」に
戻すこともできなければ，「永久に」凝固することもできないというのは，森
が一番よく知っていたはずである。しかし，虚しい野心であっても，森は歴史
の研究を通して，庭園の過去の姿を可視化できるように尽力した。それも，研
究対象と距離をおいて「考察鑑賞」をするような評論家だけではなく，実際に
多くの古庭園の発掘・復元・整備の事業を指導するような立場にも立った。つ
まり，当事者として文化財庭園の整備に直接関わったことが，森の研究の特異
性であったといえよう。

　　　森蘊は奈良国立文化財研究所に長く勤め，国立大学を含むいくつかの大学
　　　でも日本庭園史を講じた。造園の研究では学界の大御所である（白幡1994，

第5章　歴史的な庭園の復元（マレス）　*169*

12 頁)。

　白幡洋三郎が簡潔に要約したように，森は現代の日本庭園史学の基盤を築いた人物である。実際に，彼が残した多くの通史や研究書はいまだに重要な参考文献としてよく利用されている。従来の日本庭園史は学問として厳密な論証に欠けていることと，古代庭園に関する研究が乏しいということから，森は文献史料の分析に加えて，最先端の技術で全国に残る多くの庭園遺構を精密に実測し，また歴史的な庭園の発掘・復元・整備を指導することによって，日本庭園史に新風を吹き込んだ。その展開について，森は下記の 3 段階を区別した。

　　私の研究は大きく分けて三つの段階があったと思う。第一は文献などの資
　　料を中心にした古代庭園の始まり，次に実測を主とした中古・中世庭園史，
　　第三は最近数ヶ月間に，私自身手がけた発掘調査と復元整備したものを含
　　めたものである（森 1981, 27 頁）。

　第 1 の段階というのは，森が東京に生まれた 1905 年から奈良に引っ越すまでの 46 年間であり，ここでは「東京時代」と名付けることにする。第 2 の段階は 1952 年に奈良国立文化財研究所（以下，奈文研と記載）に着任してから退官するまでの 15 年間であり，ここでは「奈文研時代」と命名する。最後の段階は 1967 年に退官してから晩年に至るまでの 21 年間である。村岡正と一緒に京都で開いた事務所の名前を借りて，ここでは「庭園文化研究所時代」とする。

　森の研究の 3 段階は東京，奈良，京都と地理的に区別することができるが，それよりも，研究対象と研究方法がそれぞれ異なっていることが注目に値する。「東京時代」には，文献史料の収集と分析を通して，寝殿造庭園や浄土式庭園という古代の庭園に焦点を当てた。「奈文研時代」になると，今度は現地調査と精密な測量に力を注ぎ，中世から近世までの庭園研究に没頭した。最後の「庭園文化研究所時代」になると，ようやく理論を実践に移すことができた。具体的には，奈良の円成寺庭園，京都の法金剛院庭園や浄瑠璃寺庭園，和歌山の紅葉渓庭園，平泉の観自在王院庭園や毛越寺庭園など，今日は国の特別史跡や特別名勝，世界遺産にもなっている各地の文化財の保護に尽力した。こうして，歴史的な庭園の発掘・復元・整備を指導することによって，現在我々が見ている多くの歴史的な庭園の姿に大きな影響を与えたのである。

　生涯を通じて，森は庭園の「ふくげん」に深く関わった人物であるのに，言

葉の綴り方については特に強いこだわりがなかったようである。「復元」や「復原」などと書籍や出版社によって表記が異なっており，また指導した整備事業についても「環境整備」「発掘・復元・整備工事」「復元的改修」「復原整備」などとさまざまな熟語を利用した。森は「ふくげん」という言葉や概念について特に論じたことがないので断言することはできないが，固定観念にとらわれずに，時と場合に応じて言葉を選択したと思われる。

2 東京時代—「復原的考察」の萌芽—

　森は1905年8月8日に東京府立川村（現・東京都立川市）に生まれた。父は東京高等師範学校長（現・筑波大学）などを歴任し，兄たちも科学者，実業家，外交官，弁護士などと社会の要職に就いた。このような環境で生まれ育った森がなぜ日本庭園史学を志したのかは不明であるが，1928年に東京帝国大学（現・東京大学）に入学し，農学部を選択した。

　東京帝国大学で森は農学部農学科の担当教授丹羽鼎三（1891〜1967）による園芸学と庭園学の講義に限らず，林学部の田村剛（1890〜1979）による造園学，建築学科の藤島亥治郎（1899〜2002）による建築史，美術学部の滝清一（1873〜1945）による美術史などと幅広く受講して，さまざまな分野の基礎知識を身につけた。しかし，卒業論文のテーマを選ぶ時に森は指導教官に進められた「路傍公園」という街路樹論ではなく，日本庭園に焦点を当てることにした。その時点で，森は時勢に逆らっても日本庭園史の研究に一生を捧げる決心をしたともいえる（森1973，14〜15頁）。

（1）　「未解決のまま放置され」た日本庭園史学

　当時の大学では，園芸学や造園学の一環として庭園を論じることがあったとしても，日本庭園史はきわめてマイナーであり，学問としてもまだ確立していなかった。たとえば，学会の創立年代を比較すれば明確である。建築学会（当時は「造家学会」）は1886年に創立したのに対して，日本造園学会はその約40年後の1925年に樹立し，さらに日本庭園学会が誕生するのは森が亡くなった後の1992年になる。つまり，彼が東京帝国大学の農学部に入学した頃には，

日本造園学会はまだ新しい専門機関であり，ほとんど普及もしていなかった。実際に，森は「日本庭園史の研究をやりたいというのを聞いて（足立康）先生は「俺は塔の研究をやっている。お前は水溜りの研究か。」と哄笑された」ことが強く印象に残ったという（森 1981，17 頁）。足立康（1898〜1941）は法隆寺や薬師寺などの研究で知られる建築史学者であるが，戦前に日本庭園史はまだ学問として認められていなかったことを物語るエピソードである。しかし，森は落胆するどころか，逆に勇気付けられたかのようで，いっそう日本庭園史という新しい分野を切り開くために努力を重ねた。

　卒業論文の中で，森は当時ほとんど研究対象にされていなかった庭園遺構，鎌倉の瑞泉寺と永福寺の庭園跡に焦点を当てた。もちろん，森はまだ学生であったので精密な実測測量や本格的な発掘調査などはできなかったが，ポケットコンパスで現地調査を行い，また考古学者の赤星直忠（1901〜91）が指導していた発掘調査に参加しながら，当初の庭園の姿，その作者と作庭意図を明らかにしようとした（森 1973，14 頁。同 1981，16〜17 頁）[3]。つまり，森は最初から現場の人であった。文献研究が主流であった時代に，森はあえて現地調査を重要視し，新たな観点から日本庭園史を論じようとした。方法論としてまだ確立していなかったが，その後に展開した森の「復原的考察」や「復原的研究」はこの卒業論文の中にすでに萌芽として含まれていたといえる。

　1932 年に森は大学院に進学するが，33 年 5 月より田村剛の推挙で内務省の衛生局事務取扱に勤務することになった。1938 年 1 月より厚生省体力局施設課事務取扱，同 3 月には厚生省技師となり国立公園の調査に携わった。1941 年 9 月に東京市技手となり市民局公園課に勤務，44 年 1 月に東京都井之頭恩賜公園自然文化園園長に就任した。そして，1945 年には海軍技師となり，ボルネオ民政部員として南ボルネオ地方の原始住居や農業園芸などの調査にあたった。

　大学を卒業してから十数年の間，森の職場は転々と変わった。いずれも日本庭園史とは直接関係がなかったが，1931 年に国立公園法が施行した直後で森はその区域指定と計画を定めるために，植物分布，地形や景観の変化，土地所有権，産業や交通宿泊施設などと多岐にわたる調査に携わり，広範囲の実測図を作成することになった。いい換えれば，大学では，座学によって園芸学，造

園学，建築学，美術学などの教養を積み，内務省では実習をすることになったのである。全国の国立公園を訪問し，気候学，地理学，地質学，地方の文化史などを通して，日本独特の風土について学び，また現場の調査方法と測量の基本を覚えた。さらに，東京市の官吏としても，都市公園に携わるなかで植物学や生態学などを深めることができた。そこで養った自然の見方や考え方，実測のノウハウは，その後の庭園史研究に大きな影響を与えたと，森自身が認めている（森1973，16〜17頁）。実際に，第2段階の奈文研時代と第3段階の庭園文化研究所時代に展開した庭園の研究はすべて現地調査にもとづいている。

東京時代という，森の庭園研究の第1段階は戦前・戦中・戦後にまたがっており，とにかく混乱の時代であった。庭園史の研究が優先されるような時勢ではなかったが，森は自ら定めた庭園史研究の目標を見失わなず，内務省の官吏という立場を利用して，宮内庁の書陵部所蔵資料をはじめ，庭園史関係の多くの文献史料の収集と分析を進めた結果，1944年に『日本庭園の伝統』，45年に『平安時代庭園の研究』を発刊した（森1944・1945）。

『日本庭園の伝統』はいわゆる庭園の通史であり，「日本庭園の発達」という各時代の特徴と名園の解説に加え，「造庭技術」「技術家」「造庭法秘伝書」を紹介する本である。伝統的な意匠と技術を知ることによって，「常に美しく永久に新しい日本庭園」を守り，そして作り続けるという願いを込めた本であったという（森1944，258頁）。温故知新の精神というか，森にとって歴史の研究はただ単に過去を知るためにあっただけではなく，未来の日本庭園を生み出すための資料収集でもあったと読み取ることができる。

この本は森が初めてまとめた通史であるが，戦後に出版したものを開いても，時代ごとの庭園の変遷，意匠と技術，作者と作風，過去の造園書の解説などという章立てはほとんど同じであることに驚く。戦後になると「伝統」や「発達」の代わりに「歴史」や「変遷」という言葉を使用するようになったが，晩年までほぼ同じような構成で庭園史を語ったわけである。その後に展開した研究と異なる点はただ1つ。『日本庭園の伝統』の中で，森は「復原」についてほとんど言及していないことである。「復原」はその直後に発表した先駆的な研究書『平安時代庭園の研究』の中心思想となった。「自序」の中で，森はその動機と目的を示す。

第5章　歴史的な庭園の復元（マレス）　*173*

（前略）従来の庭園史学は研究方法に於て幾分か科学性を欠除せる弱点が
ないとはいへず，且又室町時代以降に就いて比較的詳細なる研鑽が累積さ
れたのに対して，（中略）平安乃至鎌倉時代，更に遡って飛鳥，奈良時代
の庭園に関しては史料も乏しく，且難解として敬遠せられ，（中略）未解
決のままに放置されて居た諸問題が決して尠くなかった。（中略）公卿僧
侶等の日記の内容を通じ，或は写実的なる初期絵巻物の照合により，当時
の各種庭園の地割や細部の構成に関して復原的な解明が齎される様になっ
た（森 1945，自序）。

　森はまず，従来の庭園史研究に「幾分か科学性を欠除せる弱点」があったと
指摘している。その第一の理由は，「引用している文献が（中略）当時，手近
にあって読みやすかった活字本が多く，なかには信憑性に乏しい編纂物の類が
大手を振ってまかり通っているという大きな欠陥があった」（森 1981，4～5頁）
という。つまり，戦前における古代の庭園研究は主に後世に作成された二次資
料にもとづいており，推論には正確性と厳密さが欠けていた。このような状況
のなかで，初めて原典に当たろうとしたのは森の『平安時代庭園の研究』より
2年前に発行された『源氏物語の自然描写と庭園』という研究書であった（外
山 1943）。戦前の庭園史家，外山英策の長年の研究成果をまとめ，初めて平安
時代に特化した画期的な書籍であったと森が高く評価している（森 1981，5頁）。
外山は平安時代こそが日本庭園の起源であり，また頂点でもあったと強調しな
がら，その研究を深める余地がまだまだ十分にあるということから，森は大い
に勇気付けられた。

　外山は『源氏物語』をはじめ，平安時代の文学作品にもとづいて新たな庭園
論を試みたのに対して，森はさらに参考文献を厳選して，当時の公家の生活空
間と風習を精密に描写している日記と，建物や庭園などの様子と使い方を写実
的に描いた絵巻物と，『作庭記』や『山水并野形図』などの造園書にもとづき
ながら平安時代庭園の実像に近づこうとした。まだ研究の初期段階であり，現
地調査がほとんどできない時代でもあったが，森は最初から原点に立ち返って，
当初の作者とその姿を明らかにすることを目的としていた。理想化された文学
的な表現よりも，具体的なイメージを浮き彫りにできるように研究を進めた。

(2) 「東三條殿庭園の復原的考察」

　文献史料と図像史料の分析を照らし合わせた結果，森は「復原的な解明」が
あったと自序に書いたが，その詳細は最終章「東三條殿庭園の復原的考察」で
述べている（森1945，461～480頁）。東三条殿（東三条院跡）というのは，平安
時代の公卿藤原兼家（929～990）の邸宅であり，当時の日記や絵巻など，多く
の史料に描写されていることから建築史学において早くから研究の対象になっ
たが，森は建造物の南面に広がる庭園に焦点を当てて「復原的考察」を試みた。
　東三条殿は現在の京都御所と二条城の間という，京都市の中心に位置するこ
とから，都市の発展拡大に合わせて，早い段階で土に埋もれてしまった。近年
になって，ようやく周辺の発掘調査を部分的に始めているが，昭和20年代に
は発掘どころか，遺構を確認する方法もなく，地形の測量も不可能であった。
したがって，森は東三条殿の住人，庭園の依頼者であり，また作者でもあった
藤原頼長（1120～56）の日記『台記』（保延2年～久寿2年＝1136～55までの19
年間の記録）と，その空間を色鮮やかに描写している『年中行事絵巻』（原本は，
保元2～治承3年＝1157～79頃の成立と推定される）にもとづいて「復原図」を
提示した。
　寝殿を中心として，東西の2方にそれぞれ対屋を設置するような典型的な寝
殿造の平面配置と異なり，東三条殿の東方には対屋と中東門廊があるのに対し
て西方には西透廊が設けられる，いわば非対称構成であることは建築史学界に
おいてはすでに注目されていた。だから，建造物の間取りや詳細に関して，森
は建築史学者の太田静六（1911～2009）による先行研究で示された図面を再利
用した（太田1941）。それ以外の「建築の構造外観，樹立，石組の姿勢其他に
ついては之を年中行事絵巻を参考に」（480頁）して庭園の「復原図」を作った
という（178頁の図5-1）（森1981，474頁）。
　森は3つの異なった視点から東三条殿庭園の「復原図」を描いた。いずれも
敷地の中心に建つ寝殿とその南側に広がる池庭に焦点を当てているが，建築史
学でもよく利用される平面図に加え，立体図も提示されていることは興味深い。
こうして森は平面で表現しきれないものを描こうとしたのではないか。平面か
ら全体像は把握しやすいが，前景のものと背景のものとの重なり具合や，実際

の視野の広さなどを表現することができない。結局，森は庭園の実態（平面）だけではなく，見方や利用の仕方（立体）にまで細心の注意を払って，精密かつ具体的な表現にこだわったともいえる。

上段の平面図は北を上とし，主要な構成要素となる建造物の柱の位置と，水路（遣水と池泉）の輪郭が描かれている。邸宅と庭園の規模と地割をより具体的に想像できるように，敷地の東西幅（40丈），西透渡廊と東中門廊との間隔（22間），寝殿と池泉との間隔（8丈）も明記した。このような寸法を掲載することによって，庭園の主な構成要素の配置や間隔を正確に表示することができた。

東三条殿庭園に関しては先行研究がなく，曖昧な様相も多かったが，単なる空想上の図面ではないことを証明するために，森は平面図に1から19までの番号をふって，細部の復元を詳しく説明している。たとえば，寝殿の南東柱の近くに松があり，その付近に前栽が配置されていたこと。湧水は敷地内に存在していたこと。植栽はすべて庭園を作るに当たって新しく植えられたのではなく，一部は自生の雑木を生かしたことなど，庭園の細部の復元はすべて公家の日記に見られる記述や『年中行事絵巻』の写実的な描写という一次資料を厳密に分析した結果である。

中段の透視図は，寝殿の中から見た庭園の立体的なイメージ図，庭園の正面図である。南の庇が形成する細長い枠を通して庭園を眺めるような，絵画的な構図である。南庇からの眺望が東三条殿庭園の重要な鑑賞位置であるという，『台記』に書かれた一句「法皇御寝殿南廂眺臨山水」を手がかりに森が作製したものであるという。

視野が限られているとはいえ，この透視図から当時の庭園の見方を想像することができる。前景には高欄と御簾と柱が幾何学的な枠を作る。中景には明るい空間を設けて，背景には池と中島がうかがえる。また左手には，蛇行する遣水と松の木の一部も見える。この図から，中央に配置された反橋が東三条殿庭園の主景であったと推測できる。平面図では表現できない様相であるが，森は『年中行事絵巻』を参考にしながら反橋の曲線を描いたという。逆に，南側で島を繋ぐ3つの平橋は，寝殿からほとんど見えていなかったということがわかる。とにかく，平面図から得られる情報と，アイレベルで知覚できる情報との

間には大きな開きがあることを明確に示す図である。

　上段の平面図と異なって，下段の鳥瞰図は南を上にしている。平安時代の寝殿造，特に京都に造られた御所や宮殿などはほとんど南北の軸を中心としており，図面や模型などに表現する時は北を上にすることが多いが，森はあえて逆転させることによって，上の2図とまた異なった視点を提供する。そこには上空から斜めに見おろすような角度から，建物の屋根伏と，庭園の全体像を立体的に表現する。

　しかし，公家の日記や『年中行事絵巻』の分析だけでは，東三条殿庭園の重要な構成要素であったと思われる反橋の具体的な位置を明らかにすることができなかった。その位置，形状，角度などの復元について森は下記のように説明している。

　　当時の寝殿造に於いては寝殿の正面より中島に向かって反橋を架ける事になって居るが，東三條殿庭園に於けるその位置は明瞭でない。然し乍ら前栽秘抄の内容に拠れば，（中略）庭園を主として寝殿より鑑賞する意味に於いて南北線に一致せしめるよりは，なる可く寝殿より斜側面を見せる様に架けられる事が必要で（中略），最も美しく見ゆる角度は大体二〇度乃至三〇度であって，今その中間の二五度を採用した（森 1981，476 頁）。

　日記や絵巻物の分析から情報が得られなかった場合，森は日本最古の造園書『前栽秘抄』（『作庭記』）を参考にしたという。その中で，反橋の配置については次のように書かれている。「（前略）島から橋を渡すことは正しく階隠の中心に当ててはならぬ。すじ違いに橋の東の柱を階隠の西の柱に当てるべきである」（森 1986，45 頁）。階隠というのは，寝殿の正面中央に突出している庇のことであることから，反橋は寝殿の真っ正面に配置されても，南北の中心軸より少し斜めにずらした方が望ましいとされていた。

　さらに，反橋を斜交いに設置にした場合，25 度が最も「美しく見ゆる」角度であると森が書いている。何を「美しい」とするのかは客観的に断言するのは難しいが，ここでは「今」という言葉の使い方に焦点を当てたい。今回の図面のために，森はいくつかの選択肢の中でも中間を採用したという。つまり，ここで紹介している東三条殿の平面図・見取り図・透視図はあくまでも「今」という，ある時点に提案された一つの解釈であって，決定的な「復原図」では

第5章　歴史的な庭園の復元（マレス）　　*177*

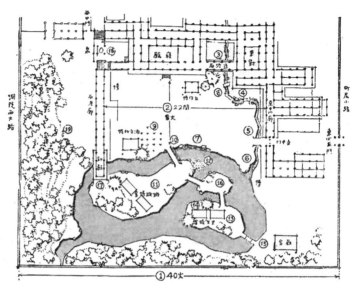

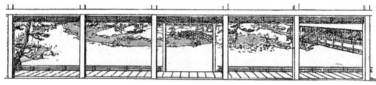

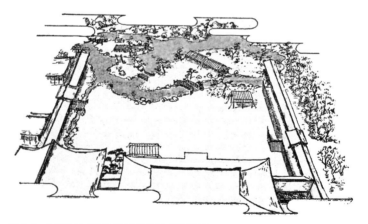

図 5-1　森蘊による東三条殿庭園の「復原図」
　　　（出典：森 1945, 474 頁）

178　第Ⅱ部　考証学と復元学

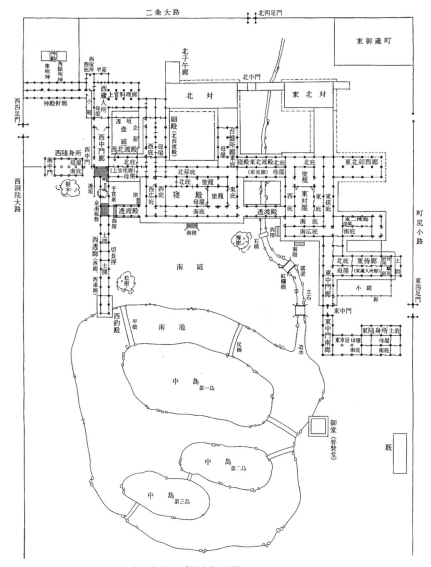

図 5-2 太田静六による東三条殿の「推定復原図」
(出典：太田 1987, 350 頁)

第 5 章 歴史的な庭園の復元（マレス）　179

ない。「復原的考察」を行った結果ではあるが，あらゆる可能性の中から提示した一つの案にすぎない。一時的な試みである。新たな資料などが発見されたら，修正される可能性もあると認めている。結局，東三条殿という，失われた平安時代の庭園を可視化することが，森の第一の目的であったといえよう。

『平安時代庭園の研究』が発刊された42年後，森が亡くなる1年前の1987年に太田静六は長年の研究の集大成『寝殿造の研究』をまとめた際に，東三条殿庭園の新たな「復原図」を発表した（太田1987，350頁）（図5-2）。森の「復原図」と比較した時，まず目を引くのは島の配置と形態である。数は変わらないが，森は西に大きな島を1つ，東に小さな島を2つ配置したのに対して，太田は手前に広大な島を1つ，その後ろに少しずらしながら小さな島を2つ配置する。それによって，橋の位置と角度も異なる。先述したように，森は寝殿の正面に反橋を設置した。その他に，それぞれの島と池の南西護岸を繋げるように3橋を架けて，合計4橋を描いた。太田は中心軸を外して，北東に流れる遣水の近くに反橋を設置し，また，西釣り殿の近くに平橋を配置するなど，合計6橋を描く。

このような差異はどこから生じたのか。実は，新たな資料や発掘の発見による結果ではない。両者は同じ文献史料の異なった解釈を紹介しているだけである。それは庭園史学と建築史学の観点の違いともいえるが，研究の積み重ねの成果でもあろう。太田は1941年に発表した論文「東三条殿の研究」の中で，建造物の配置と間取りの「復原図」を初めて紹介した。それにもとづいて，森は1945年に寝殿の前に広がる庭園の「復原図」を試みた。それから，1987年に太田が旧稿を補訂し，寝殿とその南に広がる庭園の「復原図」を追加した。

太田の建築の「復原図」があったからこそ，森は庭園の「復原図」を作製することができ，また森の庭園の「復原図」があったからこそ，太田は後に庭園の新たな「復原図」を試みた。お互いの研究成果を参考にすることによって「復原的考察」を深めることができたともいえる。しかし，それぞれの「復原図」は新たな発見にもとづいているのではなく，同じ文献史料の異なった解釈の結果であるということを忘れてはならない。こうして考えると，森が使用した「今」という言葉がいかに重要であるかは明確であろう。「復原的考察」で作られた「復原図」は一時的な試みで，試行錯誤の繰り返しである。

東京時代に森は現地調査や発掘調査がほとんどできなかったが，一次資料の収集と分析という科学的な論拠にもとづくことによって，寝殿造庭園の実態をあぶり出すと同時に，日本庭園史学は単なる「水溜りの研究」ではなく，建築史学に劣らない学問であることを証明した。森は目の前に広がる庭園遺構の姿にとらわれず，「復元的考察」を通して，失われた平安時代の庭園の作庭当初の姿から，その見方と利用の仕方にまで関心を寄せて，日本庭園の原点に立ち返ろうとした。

3　奈文研時代—「復原的考察」から「復原的研究」へ—

　戦後の 1946 年 5 月に森は復員し，同年 8 月から国立博物館保存修理課（のちの文化財保護委員会，現在の文化庁文化財部）の調査官として文化財保護に携わる。1949 年 6 月に文部技官となるが，50 年の文化財保護法成立により文化財保護委員会が設立され，修理課は同委員会の建造物課となった。そして，1952 年 4 月に奈文研が新設されると，森は建造物研究室の初代室長に任務された。これは，森の人生の中で大きな転換期となる。近畿に拠点を置きながら，長年の念願であった庭園史研究にようやく没頭することができる。

　奈文研に入所してから，森は『寝殿造系庭園の立地的考察』『中世庭園文化史』『桂離宮』『小堀遠州の作事』『修学院離宮の復原的研究』などと多くの論文や研究書を書き上げると同時に，現存する庭園や遺跡などの実測に力を注いだ。原熙（1868〜1934），吉永義信（1895〜1985），重森三玲（1896〜1975）などのように，戦前から現存する庭園の測量にもとづいて研究を進めた歴史家もいたが，廃絶した古庭園の遺存地形に着眼したのは，森が初めてであった。それに，最先端の技術を利用することによって，それまでにない精密な実測図を作製することができた。標高という平均海面を基準とした土地の高さと，高低差を示す等高線を取り入れたこと，また周囲建物の配置と間取りを厳密に描いたことも特徴として取り上げられる。樹木などのように変化しやすい植物はあえて省略し，地形と建造物と庭石の表現に重点を置いた。このような図面の作製を通して，森は庭園の作庭年代と，作庭当初の姿と，作者の意図を読み取ることが目的であった（森 1960，5〜6 頁）。こうして，東京時代における文献研究

にもとづいた「復原的考察」を重ねてから，現地調査にもとづいた「復原的研究」という第2段階に突入した。

『平安時代庭園の研究』の中で，森は平面図・透視図・鳥瞰図と，3つの異なった視点からの復原図を提示することによって，庭園の地割を明確に示すことができたが，地形の表現はなかった。いずれを見ても，ほとんど平坦地である。文献史料の分析だけでは，地形を再現するほどの情報が得られなかったということであろう。しかし，奈文研時代になると森は庭園の現地調査を実施し，平板測量やトランシット測量を導入することによって，庭園の地形も地物など，それまでに得られなかった情報を1枚の平面図に盛り込むことができるようになった。透視図や鳥瞰図などを作る必要がなくなるほど，完成度の高い図面であった。

(1) 桂離宮と修学院離宮の研究

1953年9月発行の『建造物研究室研究計画及び昭和27・8年度研究経過書』（以下，『研究計画及び経過書』と記載）という謄写版で刷られた内部資料の中で，森は奈文研時代の研究対象と方針を示している（森1953）。「京都御所・離宮の研究」という題名の次に，3項目を取り上げている。「其の一　京都御所の復原的研究」「其の二　桂離宮の復原的研究」「其の三　修学院離宮の復原的研究」と，天皇家や公家ゆかりの建築と庭園に焦点を当てることになった。一見して，研究の対象が突然平安時代から近世の庭園に転換したように思われるが，時代が変わっても，宮殿や公家住宅の庭園というテーマに変わりはない。実は，江戸初期の御所と離宮の研究は，平安時代の建築と庭園を再考するきっかけである，と森は最初から明確に述べている。

> 慶長以降の皇居，仙洞，女院御所の沿革の委組が判明すると同時に，遡って平安時代盛期の京都御所建築の意匠構造をも復原することが可能であると考えられる。

生涯を通じて，森は平安時代に限らず，日本庭園の歴史全般について多くの論文を書き残したが，どの観点，どの切り口からスタートしても，最終的には古代の王朝趣味の庭園を解明することが目的であった。また，どの時代，どの庭園を取り上げても「復原」という方法論も終始一貫している。

森は関西に移り住むことを待たずに，戦後直後，東京で国立博物館保存修理課に勤めていた頃から京都御所と離宮の研究を始めた。文部省の科学研究費の補助金を受け，宮内庁書陵部に保管されていた古文書や古絵図などの史料を渉猟し，現地調査も始めた。その研究成果は1951年に発行された2冊の本『桂離宮』と『桂離宮と修学院離宮』にまとめた（森1951ab）。しかし，奈文研に所属すると，森は文献の収集と分析を進めると同時に，現存遺構と庭園の精密な測量に一層力を入れて研究を進めることになった。

　『研究計画及び経過書』を提出した後，森は『昭和28年度　奈良文化財研究所中間報告』（以下，『中間報告』と記載）として「桂離宮の復原的考察」と「修学院離宮の復原的研究（内容梗概）」という冊子を2冊まとめ，研究の進捗状況を報告している（森1954ab）。

　その冊子は所内の業務報告であり，外部に公開される資料ではなかったと思われるが，いずれも後に増補してから森が本にまとめた内容の一部である。しかし，ここではそれぞれの報告書の内容の分析よりも，森が「復原的考察」と「復原的研究」という表現を使い分けていることに注目したい。先述したように，1945年発行の『平安時代庭園の研究』で森は「復原的考察」という表現を使用した。1953年9月発行の『研究計画及び経過書』ではすべて「復原的研究」に変わっていた。そして，同年の『中間報告』では「復原的考察」と「復原的研究」を区別した。このような言葉の選び方は思想の変遷を示しているのだろうか。まず「考察」と「研究」の違いは何だろうか。なぜあえて使い分けるのか。なぜ途中から桂離宮は「復原的考察」で，修学院離宮は「復原的研究」になったのか。森の研究方法論を理解するうえでは重要な問題と思われるが，残念ながら，本人はそのニュアンスについて特に言及していない。

　『広辞苑』では，研究は「よく調べ考えて真理をきわめること」であり，考察は「物事を明らかにするためによく調べて考えること」であると定義されている[4]。つまり「よく調べて考えること」という意味ではほぼ同義語であるともいえる。ただ，「研究」は「真理をきわめること」，結論に至るまでのプロセスであるのに対して，「考察」は「物事を明らかにするため」の思索や熟考であり，必ずしも結論を必要としない。そう考えると，東三条殿の場合，森は「復原的研究」ではなく，「復原的考察」という表現を利用したのは偶然ではな

第5章　歴史的な庭園の復元（マレス）　　*183*

い。庭園遺構が現存せず，発掘調査も不可能であったため，森は文字と絵画的史料を照合しながら，理論上の「復原図」を試みた。先に述べたように，決定的な図面ではなかったということは，森自身が一番よくわかっていた。しかし，現存ずる桂離宮と修学院離宮の場合，森はなぜ「復原的考察」と「復原的研究」という異なった表現とアプローチを利用したのであろうか。

1953 年に森は『桂離宮の研究』という学位論文を東京工業大学に提出し，工学博士を取得した。2 年後に加筆修正し，東京文化出版から同じ題名で発刊した。さらに，1956 年には『新版桂離宮』と題して，東京創元社から改訂版を発表するなど，晩年まで桂離宮について多くの書籍を執筆したが，結局「桂離宮の復原的考察」や「桂離宮の復原的研究」といった題名は利用しなかった。

森が桂離宮をテーマにまとめた書籍を一覧すると，初期は建築と庭園の構想と意匠の他に，造営当初の姿に関する記述が見られるが，次第に作者論の取り分が大きくなっており，小堀遠州が本当に桂離宮の作者であるか否かを論じることが主題になることがわかる（マレス 2014，11〜21 頁。同 2017，54〜70 頁）。実際に，森の著作目録の中で，桂離宮の次に最も多いのは小堀遠州に関する論文や研究書である（「故 森蘊先生著作作品目録（稿）」1989）。

いっぽうで，修学院離宮に関する業績は比較的に少ないが，『中間報告』の1 年後の 1954 年に森は『修学院離宮の復原的研究』という奈文研学報を発表した。桂離宮に関する学位論文をまとめた際に森は「復原」という言葉を採用しなかったのに対して，修学院離宮の場合は明確に「復原的研究」と名付けている。諸言の中でその必要性を説明している。

　（前略）修学院離宮は美術史学（建築史，庭園史を含む）の専門家達にとっても，桂離宮程高く評価されていないようである。（中略）桂離宮は昔もよかったが，今も決して悪くない。或意味では昔よりよくなった部分さえもある。それに較べると，修学院離宮の方は，昔は或意味では桂離宮に負けない程のよさがあったのに，大事な点が失われ，更に夾雑物が闖入しているので，今日ではたいへん損をしている。（中略）修学院離宮の日本文化史上の位置を評価するには，どうしても，現状をもっと精密に測定し，且従来以上に詳しく歴史的変遷を知り，出来るならば，なるべく的確に，創始の頃の姿を思い浮かべなければならぬと考えた。そこで，今回の研究

では，特に根本資料による歴史的変遷の再検討と，地形地物に対する詳細
な現地調査，特に実測製図に重点を置いて見たのである（森1954b，諸言
13〜14頁）。

　森にとって，桂離宮は時代が経つにつれて洗練されてきたという。逆に，修
学院離宮の方は「全盛時代から衰亡の一途をたどり，建築も，庭園も次第に改
悪されてしまい，創始の頃とはかなり違ったものになっている」と嘆いている
（同上，13頁）。いい換えれば，桂離宮と修学院離宮は正反対の道を歩んできた。
前者は時代とともに改善され，後者は衰退していったという。

　この日本庭園観は，デザイン性を重視した昭和期の庭園史・建築史の世界に
おける「価値観」と「位置づけ」をよく反映しているのではなかろうか。近代
以降「桂離宮は，美術の世界において神格化されている」と井上章一が的確に
指摘したが，森もその思考法に感化されていたと思われる（井上1997，序）。
ただ，知名度が低くても修学院離宮は「改変されている現在でも猶桂離宮と共
に近世建築・庭園史の双璧として推称されるに足るもので」あり，その本来の
価値を理解するためには創始の姿を再発見する，つまり「復原的研究」が必要
であると強調した（森1954b，90頁）。

　森はまず徹底的な文献研究を行った。その際，京都の東山御文庫と，東京の
宮内庁書陵部に保管されている古文書や古絵図を参考にしたという。平安時代
の東三条殿庭園は絵巻物という芸術的な描写を通してしか知ることができな
かったが，江戸初期の修学院離宮に関しては創建直後や修理の際などに描かれ
た古絵図が多く残っており，より具体的にイメージすることができた（森
1954b，63頁）。

　しかし，『修学院離宮の復原的研究』の真新しさはなんといっても精密な現
地調査と実測図の作製にあった。修学院離宮庭園は作庭されてから幾度も改造
されたとはいえ，現存する庭園遺構の保存状況もよく，そこから得られる情報
も多かったようである。森は1937年に宮内庁庭園係による平面図を参考にし
ながら，トランシットと測距アリダート使用の平板測量という最先端の技術で
新たな図面を描いたという。それは森の研究歴の中で一線を画す方法である。
東京時代，森は文献史料にもとづいて研究を進めたが，奈文研に入所してから
は，文献調査と現地調査の結果を照合することになった。それ以降，現存する

庭園遺構の測量は森の研究の基本となった。

　　今回の現地調査に当たって最も力を入れたのは，地形地物の測量であった。建物についていえば旧建物の礎石や基壇（中略）石垣や井戸，（中略）飛石道や手水鉢や，燈籠，或は全ての建物を計画し得る可能性のある平坦地の発見などである。一方庭園について言えば旧地形地物と，現況との比較のための詳細な方位角，傾斜角，等高線，樹石の大いさを示す寸法などの測定である（森 1954b，64 頁）。
^{（ママ）}

　『修学院離宮の復原的研究』の中で，森は庭園の全体の配置図以外に，下御茶屋，中御茶屋，上御茶屋と各部の詳細な「現況実測図」を作製し，またそれぞれの「推定復原図」も提示している。森はまず，建造物の「推定復原図」に力を注いだ。創建当初の建物は現存していないか，後に改造や増築されたものがほとんどであるが，残された多くの絵図をもとに，森はそれらの配置と間取り，また庭園との相互関係を明確に表示できるように努めた。

　修学院離宮の発掘はできなかったため，庭園の「復原的研究」に限界があったが，森は高低測量の結果にもとづいて上御茶屋の中島と西浜（堰堤）の断面図を作製した（図 5-3・4）。

　これらの断面図のために，森は建造物や庭石などよりも，地形の表現や水面との関係を最重視した。樹木の配置と樹種は省略か，記号的に表現した。その結果，「従来はすべて人工で土を盛り，池中に築きあげられたものであると考えられていた」が，「島上の高所に現れている岩石は，ほとんど全部が岩盤の露出であることが判った」と述べた（森 1954b，84 頁）。また，「大堰堤に使用された土壌は多所から運搬されたのではなく，元尾根であった所を大きく切り取って窮邃亭の建つ中島と万松塢とを残した際に出た，大量の土壌がそれに当てられた」という，新たな見解を打ち出した。こうして，森は修学院離宮の作庭当初の姿のみならず，築造工事の過程と技法についても考察を深めた（森 1954b，86〜97 頁）。

　建築と庭園とが統合された平面図，また地形の変化を明確に表現する断面図というのは庭園史学界においても，建築史学界においても全く新しい手法であり，広く注目された。特に，建築家西澤文隆の実測図（平面図・断面図）に大きな影響を与えたことはよく知られている（西沢 1997。田中 2015，9〜40 頁）。

186　　第Ⅱ部　考証学と復元学

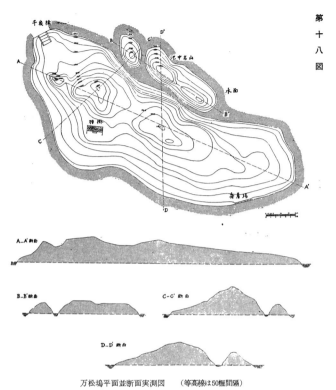

図 5-3　万松塢平面並断面実測図（出典：森 1954b, 85 頁）

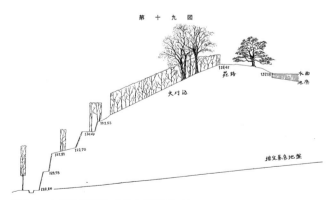

図 5-4　上御茶屋西浜（堰堤）断面図（実測図）（出典：森 1954b, 87 頁）

(2) 旧大乗院庭園の研究

　京都御所と離宮の研究が一段落すると，森は興福寺の門跡であった旧大乗院庭園に焦点を当てることになった。そこでも，徹底的な文献研究と精密な地形測量の照合という「復原的研究」の方法を応用して，1959年に『中世庭園文化史』という奈文研の学報にまとめた。

　　大乗院の建築や庭園についての記録や指図は，前述のように沢山ある。これらの資料を組み合わせて配置図を作れば，それだけでも一応の復元的考察として通るかも知れない。しかしそれだけでは物足りない。それが果たして現地の寸法とどう合うか。現在の敷地にどうおさまるか。（中略）更に現地でこの地点にどんな建物がどのように配置されていたかということが指摘されるならば，将来機会を得て，その地点を発掘する場合に大へんに役に立つであろうし，その発掘の結果如何によって，この復原図の適否が判定されるであろう（森1959, 19頁）。

　ここで，森は「復原的研究」の展開を告げている。旧大乗院庭園に関する史料の分析と土層観察にもとづいて「推定復原図」を提示しているが，結論を下すためには全面的な発掘調査を待たなければならないと強調している。つまり，「復原図」や「推定復原図」を描くことは「復原的研究」の中間的な段階であり，最終的な目的は庭園遺構の発掘と整備にあるという。だから，森が奈文研で進めた修学院離宮や旧大乗院庭園の研究は予備的なものであったともいえる。いつか行われるであろう発掘調査に役立つように，森は精密な「実測図」と「変遷段階図（推定復原図）」の作製に専念した（図5-5・6）。

　旧大乗院庭園の場合，森は1枚の平面図に色を分けながら「鎌倉時代」「室町時代初期」「室町時代中期」「江戸時代」の状況を示した。各時代の建造物の配置と間取りに合わせて変化した池や島などの汀線を描いている。これは森の「復原的研究」の中でも新たな表現方法である。それまでの「復原図」は造営当初の姿，いわゆる原点に戻るためのイメージであった。しかし，旧大乗院庭園の場合は造営当初だけではなく，その後の変遷にまで細心の注意を払っている。その建築と庭園に関する史料が多く残されているからこそ，このような「変遷段階図」ができるわけであるが，森が強調したように庭園は「変わり方

図 5-5　旧大乗院庭園遺跡地形実測図
（出典：森 1959, 4 頁）

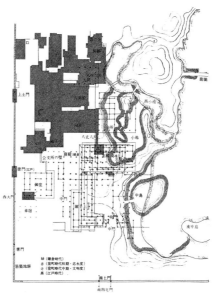
図 5-6　旧大乗院変遷段階図（推定復原図）
（出典：森 1959, 35 頁）

が早く，うつろいやすいもの」であることをよく表現している図面でもあるといえる。こうして，森は同じ「復原的研究」にもとづいても，研究対象に合わせて新たな表現方法を求め，試作を続けたことも注目に値する。

「東三條殿庭園の復原的考察」の際は文献史料の分析にもとづいて「平面図」「透視図」「鳥瞰図」という3つの「復原図」を紹介した。『修学院離宮の復原的研究』の際は精密な測量によって「実測図」（平面図と断面図）を作製し，また文献研究の結果と照合しながら「推定復原図」を試みた。そして『中世庭園文化史』の際は現況を示した「実測図」に加えて「変遷段階図（推定復原図）」を提示した。それぞれの庭園の特徴を表現するのに最もふさわしい方法は何かと，森は常に考えながら研究を進めた。こうして，奈文研時代の「復原的研究」では現地調査と地形測量という新たなインプットが増えたが，アウトプットはいつも図面上の復元案であった。

『中世庭園文化史』が発行される1年前の1958年に，旧大乗院庭園が国の名勝に指定された。1973年に観光資源保護財団（現・公益財団法人日本ナショナ

ルトラスト）の調査事業により，森と庭園文化研究所の村岡正が『旧大乗院庭園調査報告書』をまとめた（森蘊 1973a）。その中で，庭園の保護対策など，その後の保存と維持管理上の緊急な課題を取り上げた。庭園に関しては「発掘により，かつての池の跡をさぐることも不可能ではない」と指摘し，また現存する庭園建築に関しては「反橋だけは架け替えたい」と強調した。結局，老朽化した朱塗勾欄付反橋は森の指導により 1 年後の 1974 年に「復元架橋」されたが，発掘事業は森が亡くなった 2 年後の 1990 年から始まったので，森が直接関わることはなかった（日本ナショナルトラスト 1993，23 頁）[5]。

　『中世庭園文化史』という学報は旧大乗院庭園だけに集中しているわけではない。第 4 章で，森は旧大乗院庭園の特色を理解するために室町時代の著名な庭園を取り上げ，また第 5 章ではその原型を探るために興福寺末寺であった浄瑠璃寺，円成寺，永久寺の実測図を紹介しながら，旧大乗院庭園との比較を検討している（森 1959，46〜89 頁）。当時はまったく想像できなかったことであろうが，森は『中世庭園文化史』を発行した 16 年後に浄瑠璃寺と円成寺の「環境整備事業」という，発掘・復元・整備の事業を指導することになった。それは「復原的研究」の最終段階である。

4　庭園文化研究所時代—「復原的研究」から「復原整備事業」へ—

　1967 年 3 月，森は奈文研を退官し，京都大学農学部の講師であった村岡正と共に「庭園文化研究所」を設立した。それ以降は独立した立場から歴史的な庭園の実測調査に加えて発掘・復元・整備の事業を指導することになった。

　高度経済成長期に合わせて急激に進んだ都市化と同時に，庭園，とりわけ歴史的な庭園は観光資源として，または緑地として再評価された。その状況で文化財に指定される庭園の保護をはかるため，学術的なアプローチによる発掘・復元・整備の必要性が認められた。しかし，それはまったく新しい事業であった。最初にも触れたように，庭園は生き物であり，常に変化していることから，日常的な維持管理や手入れのなかで必要な「修理」や「改造」を済ませることが多くても，庭園の復元はきわめて稀なことであった。

　これまで分析してきた森の「復原的研究」の成果物は図面の作製に留まり，

実際に現地に手を加えることはほとんどなかった。森は歴史的な庭園の当初の姿やその後の変遷などに関する「復原的考察」を蓄積したが，具体的に庭園，すなわち現地をどう復元整備すれば良いかという方法は特に作り上げていなかった。図面上で復元する場合は複数の案を提示することができる。新しい発見があればいくらでも修正し，更新することも可能という，流動的な方法である。しかし，現地で整備をすると，一つの形でしか表現できない。何を基準にするのか，また学術的にどう証明するのかが重要な課題となる。

　決定的な証拠を摑むため，森は発掘調査を実施することになった。文献研究や地形の測量だけではどうしても解明できない部分，庭園の構成とその技法，作庭からどのような変遷を辿ってきたのかという履歴と実態などは発掘調査によって初めて明らかになった。その成果にもとづいて，森は初めて具体的に庭園を「元の形態に戻す」という復元整備をすることになった。森が試行錯誤を重ねて作りあげた方法は現在，史跡や名勝などの整備の常識になったが，当時は前例がほとんどなかったので，苦悩や疑問も少なくなかったと思われる。そういう意味で，森は文化財庭園の発掘・復元・整備の先駆者と呼んでも過言ではなかろう（尼﨑 2014，29～36 頁）。

　庭園文化研究所の所長として，森は奈良の円成寺庭園，京都の法金剛院庭園や浄瑠璃寺庭園，大阪の南宗寺庭園，和歌山の紅葉渓庭園，平泉の観自在王院庭園や毛越寺庭園など，日本各地で数多くの整備事業を指導することになったが，本章ではすべてを取り上げることができないので象徴的な事例だけに絞り込んで考察を深めることにする（マレス 2017，29～36 頁）。

(1)　円成寺庭園と浄瑠璃寺庭園の「環境整備事業」

　円成寺と浄瑠璃寺の両庭園は共通点が多い。まずは同じ平安末期に築造された浄土式の池庭であること。次に，県境で京都府と奈良県に分けられているが，地理的には近く，同じ文化圏に含まれること。そして，1975 年から 77 年にかけてほとんど同時並行的に森によって発掘・復元・整備されたことを取り上げることができる。

　先述したように，森は『中世庭園文化史』を作成するに当たり，1955 年頃からすでに両庭園の実測と文献調査を行い，その成果をまとめた。このような

図 5-7 『名勝円成寺庭園—環境整備事業報告書—』(1977) の表紙

図 5-8 『名勝浄瑠璃寺庭園—環境整備事業報告書—』(1977) の表紙

土台があったからこそ,20年後に復元整備の事業が可能となったともいえるが,ここで強調したいのは,森が文献調査,実測調査,発掘調査,復元,整備,そして報告書の作成まで,すべての段階を担当・指導したことである。つまり,円成寺と浄瑠璃寺の両庭園はまったく同じ指導者により,同じ過程と方法によって整備された(庭園文化研究所1977ab)。

それまで,森は大阪の南宗寺庭園,京都の法金剛院庭園,和歌山の紅葉渓庭園などの復元整備を担当した経験があったが,公式の報告書をまとめたのは史跡に指定されていた紅葉渓庭園の場合のみであった(森1973b)[6]。

浄瑠璃寺庭園は1965年,円成寺庭園は73年に国指定名勝となり,その整備事業は文化庁と教育委員会が庭園文化研究所に依頼して行われた。いい換えれば,これは森が初めて整備した国指定名勝の庭園であった。名勝の保護制度は1919年に施行された史蹟名勝天然紀念物保存法に始まり,50年制定の文化財保護法第109条第1項に引き継がれたので,当時でもすでに50年以上の歴史を有する制度ではあったが,庭園の具体的な維持管理,修理,復元,整備など

に関する方針や手引きなどがなく，森がすべて手探り状態で事業を進めることになった（史跡等整備の在り方に関する調査研究会 2004，文化庁文化財部記念物課 2017）。

　事業の内容を分析する前に，まずは両報告書の副題「環境整備事業報告書」が気になる。庭園の「復原的考察」「復原的研究」という方法論を確立させた森はなぜ「復原」という言葉を使用しなかったのか。残念ながら，その言葉の選び方に関してはどこにも言及されていないが，森は文中に「環境整備」という表現を一度も採用せず，第1章「はじめに」の中で「徹底的な復元整備」を行ったと強調することから，このタイトルは本人の意志ではなく，むしろ当時の文化庁や教育委員会の方針を反映していると推測される（庭園文化研究所 1977a，7頁）。事実上，狭義の庭園のみならず，両寺院の境内全域にわたって樹木を伐採や剪定，または移植をしながら環境を整えたが，森にとってそれは二次的な作業であった。「出来るだけ古い時代の姿に復元」することが第一の目的であった（庭園文化研究所 1977a，22頁。同 1977b，28頁）。

　現在は専門化と分業化によって，一人の学者が最初から最後まですべてを担当することは考えられないが，当時は一人の監修者に任せた方が事業の一貫性が保てると思われたのであろうか。ただ，その場合は偏りも欠陥もやむをえない。実際に，両報告書の第3章「発掘調査」の冒頭で森は次のように弁明している。「この調査は純粋の学術的調査ではなく，あくまで復元整備工事に便宜を与える目的であった」（庭園文化研究所 1977a，10頁。同 1977b，17頁）。発掘調査が不十分であったことは自覚していたが，第一の目標は庭園の「復元整備工事」であったと明確に述べている。もちろん，現在の文化財保護の基準からすれば容認しがたい方法であろうが，先述したように，整備事業の基本方針と方法がまだ決定していなかった時代に，森が調査の目標と，整備の方法と過程を記録に残したことは評価されるべきなのではないだろうか。

　浄瑠璃寺庭園と円成寺庭園の両報告書は同じ年に発行され，同じ判型と構成で作られた。「I はじめに」「II 歴史的考察」「III 発掘調査」「IV 整備工事」「V むすび」と，5章立てで文献研究，発掘調査，そして整備工事の成果を紹介している。

　歴史的考察の中で，寺伝と古絵図などの史料を照らし合わせることによって

庭園の創始期の姿とその作者，またその後の変遷を辿ろうとした。つまり，ここでは「復原的考察」で練り上げた研究方法を活かしている。

　両庭園の発掘調査に関しては「変化の比較的多かったと思われる」場所を選び，10個のトレンチを入れたという（同上）。円成寺の場合は北岸，中島，南岸1ヵ所などを掘った。浄瑠璃寺の場合は西岸，中島，東岸の出島などを掘った。当初，両中島に東西南北で2つずつのトレンチを入れる予定であったが，整備のために全容を把握する必要があるということで，最終的には全面発掘をした。その結果，両庭園の「創始期の一部が検出された」というが，結局「発掘区域や方法も充分とはいえず，池辺，地中などの解明は浚渫に頼らねばならなかった」（庭園文化研究所 1977a，22頁。同 1977b，28頁）。

　整備の作業は次のように分けて紹介している。円成寺の場合は「1　浚渫作業」「2　汀線の造成」「3　中島の整備」「4　北側道路の造成と排水」「5　園地の給水設備」「6　植栽工事等」とある。浄瑠璃寺の場合は「1　浚渫作業」「2　汀線の造成」「3　中島の復元」「4　枯山水石組の復元」「5　給水設備及び排水路」「6　伐採及び植栽等」とある。その順番はおそらく，実際の作業の流れに合わせて書かれていると思われる。まずは池の水を抜いて泥を掻き出してから，池の汀線，中島や出島の州浜，また石組の整備をした。最後に，排水の修理と樹木の管理を行った。

　このように整備された浄瑠璃寺と円成寺について，森は次のように結論をつけている。「細部的には著しく当時の最高級造庭法秘伝書である『作庭記』流の系統をひく」（庭園文化研究所 1977a，28頁）手法が見られることと，岩手県平泉に現存する毛越寺庭園と観自在王院庭園と「類似点が感ぜられ」（同上）ることから，平安末期に流行した「浄土形式寺院の典型的な堂前池」（庭園文化研究所 1977b，38頁）である。さらに，浄瑠璃寺庭園についてこう付け加える。「この庭園の最大の特色は池庭のほとんど全域が古い時代の姿を止めるばかりでなく，平安時代後期の作例としては最高の価値を有する」（同上）という。

　結論だけを読めば，この両庭園は平安末期，造営当初の姿に復元されたかと思われるが，「Ⅳ 整備工事」を精読すれば，現実がもう少し複雑であることに気がつく。たとえば，円成寺庭園の細部について，森は次のように説明している。

194　　第Ⅱ部　考証学と復元学

以上池辺や中島の地形や景石についての整備状況を示したものである。そのうち平安時代創始期のままと思われるのは，中央中島の周辺と，北橋橋挟石付近の立石と，州浜状池汀だけである。そのほか楼門下の岩島と対岸東寄りの2箇所の離石，中央中島の地中立石は中世期と見られる，北岸と南岸もほぼその頃の姿に近かろう。ただ西中島は石組とともに江戸時代前期ごろの造成かと思われる（庭園文化研究所1977b，25頁）。

　円成寺庭園は典型的な浄土式庭園でありながらも，そこには「平安時代創始期」「中世期」「江戸時代前期ごろ」などの遺構が共存しているということがわかる。実は，浄瑠璃寺庭園についても同じことがいえる。境内3ヵ所に見られる大きな石組は，「おそらく鎌倉時代の枯山水的石組であろう」（庭園文化研究所1977b，34頁）。中島の「中央部の弁天祠は室町時代以降のものである」（庭園文化研究所1977b，31頁）。さらに，中島の南に発見された石橋は「様式手法から見て江戸時代前期頃のもの」と推測する。つまり，浄瑠璃寺庭園も典型的な浄土式庭園でありながらも，そこには「平安時代後期」「鎌倉時代」「室町時代」「江戸時代前期頃」などの遺構が混同しているという。

　円成寺庭園と浄瑠璃寺庭園の整備において，森は時代とともに変化してきた庭園をどのように復元するべきかという問題に直面した。「推測復原図」を描くなら，後世に行われた修理や改造などのような変遷を排除すれば，作庭当初の姿を示すことはできるかもしれない。または，大乗院庭園の「変遷段階図」のように，歴史の層を表現することもできる。しかし，現地の整備をする時は，何を残して，何を復元すれば良いのかという難しい選択肢がある。

　そこが奈文研時代の「復原的研究」と，庭園文化研究所時代の「復原的研究」の大きな違いなのではないだろうか。奈文研時代までは，アウトプットはいつも理論上の「復原図」や「推定復原図」であったが，庭園文化研究所時代になると，現地を発掘したうえで整備を行うので，その場所の持つ歴史の積み重ねに加えて，現在の使い方などという現実を考慮に入れながら新たな姿を作り出さなければならない。しかし，その姿は絶対的ではないということを最もよく理解していたのは森であった。「復元工事にミスでもあった場合に，もう一度着工前の姿に」戻せるように，整備前と整備後の精密な実測図を残した（森1973，148頁）。

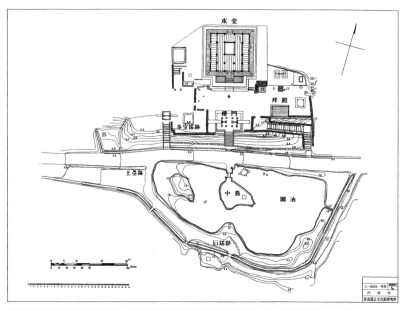

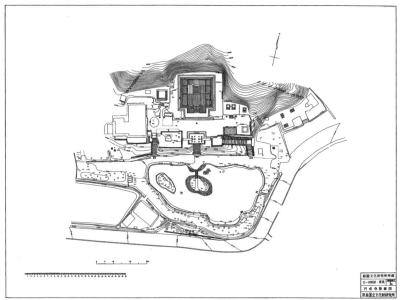

図5-9　円成寺寺庭園整備前（上）と整備後（下）の実測図
　　　（出典：庭園文化研究所 1977a）

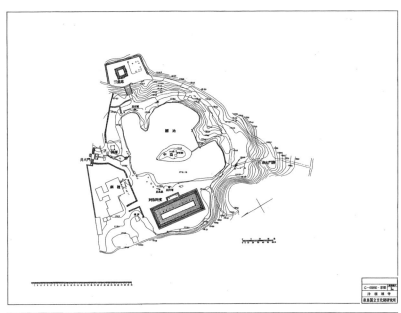
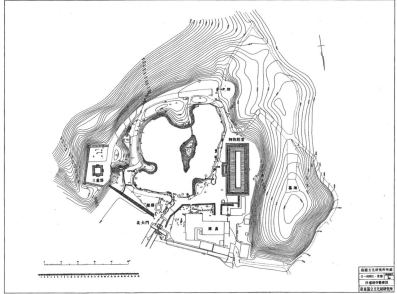

図 5-10　浄瑠璃寺庭園整備前（上）と整備後（下）の実測図
　　（出典：庭園文化研究所 1977b）

こうして，新しく整備された庭園は必ずしも好評を博するわけではない。特に，浄瑠璃寺庭園の整備工事に対して批判の声もあったようだ。報告書の最後に，当時の京都府文化財保護課技師加藤允彦が寄せた文章「整備事業を終えて」の行間を読めば具体的にはどういう批判があったのか想像がつくであろう。

> 今回の整備事業は（中略），浄瑠璃寺庭園の特徴であり良さでもあった自然のうちに溶け込んだ言いしれぬ魅力を取り去り，その代わりに藤原時代の庭園の近い状態を再現し，庭園としての鑑賞価値を取りもどそうとすることであった（庭園文化研究所 1977b，42 頁）。

森の整備工事によって，浄瑠璃寺は深山幽邃の趣という「魅力を取り去」ったが，新たな「鑑賞価値」を付け加えたという。つまり，整備後の煌びやかな州浜石や池中立石より，整備前の睡蓮に覆われた池の方が良かったという拝観者も少なくなかったと思われる。確かに，身近な環境やものが一変に変わってしまうと違和感を覚えるのも当然であろう。しかし，8 年後の 1985 年には浄瑠璃寺の整備が高く評価され，国指定名勝から特別名勝に格上げされた。

> 昭和五十・五十一年度に行われた庭園の発掘調査及びそれにもとづく修復工事により中島の玉石敷州浜，立石が復原され護岸も整えられ旧規の庭園が具現化した。阿弥陀堂及び三重塔の当代建築もよく保存され，浄土庭園として特に優れているので特別名勝に指定して，その保存を図ろうとするものである（文化庁文化財部 1984）。

ここで，森の復原整備事業は浄瑠璃寺庭園の本質的価値を浮き彫りにしたと認めている。実際に，浄瑠璃寺庭園と円成寺庭園はその後に行われた多くの文化財庭園の復原・整備事業の基盤となり，一種のモデルになったのである。

（2） 毛越寺庭園の遣水の復元・整備

最後に，森が晩年まで指導した特別名勝毛越寺庭園の遣水の復元・整備工事を紹介したい。先に取り上げた円成寺庭園と浄瑠璃寺庭園は森の初期の整備事業であったのに対して，毛越寺の遣水は最後の事業となった。その間に歴史的な庭園の整備事業はどう発展したのか。共通点，もしくは相違点があるのか。事業の詳細を分析する前に，森が平泉の研究を始めた経緯を簡単に述べよう。

毛越寺庭園は森の最後の整備事業となったが，実は初めて発表した論文のテ

ーマでもあった。森が平泉の庭園遺構の存在を初めて知ったのは1931年，当時の東京帝国大学工学部建築学科の助教授藤島亥治郎による日本建築史の講義を受けた時であった。藤島亥治郎は岩手県出身の建築史家で，平泉研究の第一人者であった。戦後から晩年まで平泉の遺跡を調査し，発掘・復元・整備に携わった。森はその時の衝撃を下記のように語っている。

　　この時期に，私の一生の方針は半ば決したと言ってよい。こんな素晴らし
　　い遺跡が平泉にあるのなら，在来の日本庭園史で全然取り扱われていない
　　これらを含めて，平安時代を中心とした本格的な日本庭園史を自分の手で
　　組み立ててみたいと思うようになった（森1981，74頁）。

　平泉の庭園遺構を見て森は深い感銘を受けたどころか，その後の進路を決めるほどの衝撃であったという。いい換えれば，毛越寺庭園は森の「復原的研究」の出発点でもある。その翌年から早速に毛越寺とその周辺に残る庭園遺構をポケットコンパスで測量し，その成果を論文「毛越寺に於ける藤原時代造園遺跡の研究」にまとめて発表した（森1933）。こうして，庭園史の研究者としての第一歩を踏み出したわけである。

　森は藤島の講義を受けただけではなく，「いろいろな面で先生のご指導を受けてきた」（森1973，28頁）と述べている。たとえばまだ大学院生だった頃に，藤島の個人宅の庭造りに携わったという。その時に「庭木も私が選び，運び，そして植えることの手伝いをした」（森1967）。これはもちろん学術的な仕事ではないが，2人の間の信頼関係を築くうえでの重要な経験になったと思われる。

　1953年に藤島は東京大学の歴史家と考古学者と一緒に平泉遺跡調査会を設立し，その研究成果を『平泉・毛越寺と観自在王院の研究』（藤島1961）にまとめたが，森はその企画に参加しなかった。初めて歴史的な研究を一緒にしたのは，森が奈文研を退官した1967年のことである。平泉文化史館に毛越寺を復元した全景の模型を展示するということで，藤島は建築を，森は庭園を担当した。

　それ以降，1970年代から晩年まで，森は藤島と一緒に平泉の復元整備に尽力した。1972年から78年にかけては，特別史跡観自在王院跡の整備を行った。その際に整備専門委員会長を務めたのは藤島亥治郎，発掘調査は考古学者の荒木伸介（1936〜2016），そして復元整備は森が指導した（平泉町教育委員会

第5章　歴史的な庭園の復元（マレス）　　*199*

1979)。

　特別史跡毛越寺境内特別名勝毛越寺庭園の発掘調査は1980年から始まった。第1次はきわめて小規模なものであった。調査委員は森1人と造園技士2人（山中功・徳村盛市）だけで，期間も11月27日から12月5日までのわずか9日間であった（平泉町教育委員会1981）。最初の目的は大泉池の汀線の保存修理であったが，調査した結果，庭園の遺構が比較的に良好な状態で残っていることが明らかになったため，調査範囲を庭園全体に広げ，そのうえで復元・整備も行う必要があることが確認された。もちろん，毛越寺はそれよりも前に，藤島の指導によって発掘されたことがあったが，当時の主な目的は建造物跡の位置と範囲を明らかにすることであったので，1981年からは庭園遺構に集中して大規模の発掘調査をすることになった。

　第2次以降は，庭園の本格的な発掘調査を開始するということで新たな体制が整えられた。調査委員は荒木伸介をはじめ7名，調査指導協力として奈文研の田中哲雄と京都府文化財保護課の加藤允彦が加わった（平泉町教育委員会1981）。加藤允彦は，浄瑠璃寺の報告書のあとがき「整備事業を終えて」を書いた人物である。結局，毛越寺庭園の発掘調査は1991年の第13次まで続くことになり，整備も同時進行で進められた。森は荒木に発掘を任せ，1981年から88年12月に亡くなるまで復元整備の指導に専念した。先に描写した円成寺庭園と浄瑠璃寺庭園の復元整備事業と大きな違いは2つあるといえる。期間と体制である。円成寺庭園と浄瑠璃寺庭園の場合は3年間という，比較的に短い期間であったが，毛越寺庭園の場合，整備事業は10年以上続いた。また，最初は同じ体制で森が発掘から整備まで担当するような形で取り組んだが，すぐに「発掘班」と「整備班」に分けられ，森は整備を担当することになった。

　先述したように，森が円成寺庭園と浄瑠璃寺庭園で指導した発掘調査は「純粋の学術的調査ではなく，あくまで復元整備工事に便宜を与える目的であ」り，不十分であったことは本人も認めていたので，毛越寺という特別史跡において発掘は考古学者に，整備は庭園史の学者に分担して進めることになったと思われる。その後，このやり方は規則となり，現在実施される整備事業においては「発掘班」と「整備班」を分けることが一般的である。

　毛越寺庭園の整備事業によって新たな発見が多かったが，ここでは大金堂跡

図 5-11　毛越寺庭園の遣水の注ぎ口（発掘前）　　図 5-12　毛越寺庭園の遣水の注ぎ口（発掘中）

の北東に流れる遣水の発掘とその復元・整備の工事に焦点を当てることにする。以下の分析は，1980 年から 91 年までに発表された発掘調査報告書と 2007 年にまとめられた整備報告書のほかに，奈文研に保管されている村岡正執筆の「毛越寺庭園の遣水」という未刊の資料を参考にしている（平泉町教育委員会 1980〜91，同 2007）。村岡正（1926〜90）という人物は，京都大学農学部林学科の庭園史研究者であった。大学時代から森の右腕として各地の庭園調査を進め，実測と図面の作成，原稿の校正などを行った重要人物であり，森に次いで庭園文化研究所の所長になった。日付は記されていないが，文中に「現在（平成元年 11 月）」とあることから，森が亡くなった 1 年後の 1989 年 11 月に書かれたと思われる。原稿用紙には「日本造園修景協会」とあり，またその内容から判断すると，遣水の整備事業終了後に開催された講演の草稿であると思われる。森は毛越寺庭園の遣水の整備事業直後に亡くなり，記録を残すことはできなかったので，村岡のこの原稿と整備中の白黒写真も大変貴重な記録となる。それにもとづいて，遣水の発見から，発掘と整備の過程を振り返ってみたいと思う。

　1983 年（第 4 次）に，遣水の注ぎ口が偶然に発見された。北岸の景石と思われていたところを掘ってみたところ 2 段落ちの滝が露わになったので，江戸後期に植えられた大小 3 本のスギの木を伐採し，上流に向けて発掘調査を進めることになった（図 5-11・12，図 5-11〜18 までの写真はすべて奈良文化財研究所提供）。

　その辺りは近代まで水田として利用されていたので，遣水の遺構は破壊されていると思われていたが，1985 年（第 6 次）の発掘調査の際に「水源を除き，

図 5-13　発掘中の遣水（下流）

図 5-14　発掘中の遣水（中流）

図 5-15　整備中の遣水（中流）

図 5-16　1986 年に再現された曲水の宴

ほぼ完全に当初の姿のまま埋もれていた遣水の全貌を明らかにすることができた」（平泉町教育委員会 1985, 9 頁）という。遣水は全面玉石敷で，長さ約 105 m，溝幅は広いところで約 4 m，狭いところで約 1.5 m，深さは約 20 cm で，細長くて浅い。山の湧き水を水源として，途中に配置されている 2 段の低い落ち石を経て，南にある池へと注ぐことがわかった。それに遺構の保存状況も良好であるということで，露出展示する形で整備された。

これは日本庭園史において画期的な発見となった。この遣水は『作庭記』の「遣水の事」に記されている技法，配置や構成とも一致し，日本に残る数少ない平安時代の遣水としてすぐに脚光を浴びた（図 5-13・14・15・16）。

遣水の整備工事について，村岡の原稿が詳しい。「残存していた庭石は 128 個を数えるが，全てよく据わっていて，整備の際に手を加えたのは池の注ぎ口の斜面にあった 1 石だけである」という。確かに，図 5-13・14 を見ればわかるように，落ち口付近に立っていた景石が真二つに割れていたので，修理が必要であった。「こうして，整備された遣水は池からの循環ポンプで水を流すこ

図5-17　発掘中の滝石組（上流）　　図5-18　整備中の滝石組（上流）

とになり，4月22日に通水式がおこなわれた」と付け加える。

　翌年に開催された藤原秀衡公・源義経公・武蔵坊弁慶八百年御遠忌特別大祭の一環で，整備されたばかりの遺水で「曲水の宴」という古代日本の行事が再現された（図5-16）。

　引き続き，1987年（第9次）に山麓に位置する水源と滝口の発掘調査が行われた。それまでに発掘された平坦部が「ほぼ完全に当初の姿のまま」に残っていたのに対して，滝口のある「斜面部に関しては，玉石と景石がほとんど抜け落ちていた」（平泉町教育委員会1991，73頁）。結局，滝石組は発掘された状態のままで整備するのは難しく，「原位置を保っていない景石については，同規模のものを抜き取り穴に戻した」。また「数個の景石が足りなかったので，補填し」（平泉町教育委員会1991）たと，整備の報告書に記録されている。つまり，ここは下流と中流の露出展示とは異なって，いわゆる「推定復原」によって整備されたともいえる。ただ，報告書ではこれ以上の説明はなく，整備前と整備後の図面や，新しく取り入れた石に刻印などのような目印をしたのかどうかも明記されていない。

　村岡曰く，発掘の際に「予想通り多くの石組（約30個）による滝が現われた」。その整備は同年の「9月に実施され，森蘊氏の直接の指導により」行われたと書くが，それ以上詳しく述べないので，整備の過程と方法は，村岡が整備前と整備後に撮った写真を見て推測するしかない（図5-17・18）。

　遺水の滝口の保存状況が悪く，整備の際に大きく手を加える必要があったということは写真を見て想像できるが，作業の具体的な内容はわからない。森なら，この整備事業をどのように報告したのだろうか。残念ながら，報告書に取

りかかる前に亡くなったので，不明な点が多く残っている。発掘された石はどのように動かされたのか，新しく取り入れられた石は，どこから来て，どの大きさと形質で，どこに据えられたのか。森はなぜか，毛越寺庭園の滝口に限って精密な実測を行わずに，より自由な着想から現場で「直接の指導」をしたという。これは先に描写した円成寺庭園と浄瑠璃寺庭園の整備とは明らかに異なっている方法であるが，実はまったく新しい試みではなかった。

1970 年に森は京都の法金剛院庭園ですでに平安時代にさかのぼる滝と遣水の発掘・復元・整備を行った（森 1971。同 1973，141〜145 頁）。現在の法金剛院庭園は毛越寺庭園より規模が小さいが，山の麓に滝，遣り水，池を配置するなど，全体の構成はよく似ている。滝口付近にトレンチ 3 本を入れた結果，高さ 4 m 以上ある巨大の滝石組と滝壺が出現し，南の池に向かう遣水も確認されたが，遣水の遺構の保存状況が悪く，欠落する景石も多いということで，そこは「推定復原」することになった。その際，森は発掘で露わになった遺構の保存状況と，法金剛院庭園の作者，徳大寺法眼静意と伊勢房林賢ゆかりの仁和寺流造庭法秘伝書「山水并野形図」に描かれた遣水の指図を参考に整備したという。そして，17 年後に実施した毛越寺庭園の滝口を整備する際も，森は発掘調査と文献研究の成果，具体的には遺構の保存状況と『作庭記』「遣水の事」を参考にしたと村岡がいう。だから森にとって，法金剛院庭園の整備工事は，毛越寺庭園の整備の予行演習になったともいえる。

しかし，いずれにしても，「元の形態に戻す」という完全な「復元」ではなく，「推定復原」という部分も多かったという。新しい石を取り入れたり，またその配置と向きを決めたりすることは，「復元」でも「復原」でもなく，「作庭」に近い行為であったのではないだろうか。

最初にも強調したように，庭園は生命のある自然の素材を基に構成されており，常に変化することが前提であるから，どの復元整備事業においても，創作に似たようなところがある。実際に復元と，整備と，作庭との間に明確な境界線を引くことは非常に難しい。そういう曖昧なところに指導者の意図と美的感覚，またその時代の歴史観や庭園観があらわれてくると思われる。

　私の庭園史研究は，歴史のための歴史研究であるより，これからの庭園意匠の在り方を考える参考資料の収集と整理（後略）（森 1967）

204　第Ⅱ部　考証学と復元学

庭園の「復原的研究」の究極の目的は，新しい時代に相応しい，新しい日本
庭園のあり様を考えることであったと森自身が述べている。そう考えると，毛
越寺庭園に見える遣水と滝口は，歴史家としての森の集大成であると同時に，
作庭家としての森の最後の創作でもあったといえる。森はそこに平安時代の庭
園の美を追求し，また自分なりに解釈した平安時代の美意識を表現した。

　このようにして私は机の上の庭園史学者からはい出すことができただけで
　はなく，単なる庭園評論家または理論家の域から脱皮することができ，今
　日のように古庭園の発掘・復元・整備などに躊躇せず立ち向かえる自信を
　植え付けてもらったわけである（森 1973，229 頁）。

庭園の「復原的研究」は新たな庭の作庭に影響し，また作庭の経験は，復元
整備の現場で活かされたと森が語る。こうして，輪を閉じているというか，森
にとって「復原的研究」と作庭は表裏一体，切ろうとしても切れない関係に
あったことがわかる。

おわりに

　以上，森蘊による歴史的な庭園の「復原的研究」を3段階に分けて，事例を
取り上げながらその変遷と展開を分析してきた。第1段階，東京時代は戦前か
ら終戦までで，現地調査がほとんどできない時勢であった。森は文献史料の中
でも，一次資料の徹底的な収集と分析にもとづいて，日本庭園史を学問として
位置づけると同時に「復原的考察」を深め，失われた平安時代の庭園の「復原
図」を提案した。

　第2段階，奈文研時代は戦後から 1967 年まで続いた。その頃から森は歴史
的な庭園や遺構の実測調査を積極的に進めた。それも，レベル測量という科学
的な方法を利用して，海抜と等高線を表現し，精密な実測図の作成にこだわっ
た。実測で明らかになった地形地物の状態と文献研究の成果を照らし合わせた
結果，新たな「推定復原図」や「変遷段階図」などの作成に専念した。こうし
て，より具体的な復元案を提示することができるようになり，「復原的考察」
から「復原的研究」へと移った。しかし，第1段階と第2段階の研究成果はい
つも図面上の復元案であったのに対して，第3段階では実際に現地に手を加え

第5章　歴史的な庭園の復元（マレス）　　205

るようになる。

　庭園文化研究所時代という最後の段階で，森は理論上の「復原図」だけではなく，実際に歴史的な庭園の発掘調査を行い，復元・整備の事業を指導することになった。要約すると，森の研究は文献研究にもとづいた「復原的考察」に始まり，地形測量による「復原的研究」へと展開し，そして歴史的な庭園の「復元整備事業」にたどり着いた。この最終段階で森はさまざまな問題に直面したが，それは日本庭園史研究という分野に大きな変革をもたらすと同時に，現在の庭園整備の基盤を築く経験となった。いい換えれば，森の業績を振り返ることは，現在の日本庭園史の成り立ちを分析することである。

　現在，我々が見ている多くの歴史的な庭園の姿は森の長年の「復原的研究」の成果であるといえる。しかし，森がその整備をしてから 30 年以上経ってきたので，再整備を必要とするところも少なくない。実際に，浄瑠璃寺庭園は2010 年から 17 年まで再発掘，再整備された。近いうちにその報告書も出版されるはずだが，このような事業は今後ますます増えていくであろう。それらの整備事業は森の業績を再評価し，また今後の日本庭園史研究と歴史的な庭園の整備を方向づけるきっかけになると思われる。

注
1)　1982 年にイコモスおよびイフラによって採択された「フィレンツェ歴史的庭園憲章」の全文に関しては次のリンクを参照（http://www.japan-icomos.org/charters/florence.pdf）。以下，日本語訳は五十嵐ジャンヌ氏による。
2)　2019 年 3 月より，奈良文化財研究所のホームページで「森蘊旧蔵資料」の目録が公開されている（https://www.nabunken.go.jp/research/moriosamu.html）。
3)　永福寺跡は 1967 年に国の史跡に指定され，2017 年に「復元整備」の工事が完成した。また，発掘調査の成果をもとに，鎌倉市と湘南工科大学は史跡永福寺跡を CG で復元した。
4)　『広辞苑』第六版，岩波書店，2008 年。
5)　旧大乗院庭園の発掘事業は 1995 年から 2007 年にかけて行われ，整備は 2010 年に完成した。
6)　1985 年 11 月 27 日に「和歌山城西ノ丸庭園（紅葉渓庭園）」という名前で国指定名勝となった。

参考文献

　森蘊による研究書や論文など

森蘊「毛越寺に於ける藤原時代造園遺跡の研究」『造園研究』8，1933 年

森蘊『日本庭園の伝統』一條書房，1944 年

森蘊『平安時代庭園の研究』桑名文星堂，1945 年

森蘊『桂離宮』創元社，1951 年 a

森蘊『桂離宮と修学院離宮』岩波書店，1951 年 b

森蘊「建造物研究室研究計画及び昭和 27・8 年度研究経過書」森蘊旧蔵資料・奈良文化財
　　研究所蔵，1953 年

森蘊『昭和 28 年度　奈良文化財研究所中間報告』「桂離宮の復原的考察」，「修学院離宮の
　　復原的研究（内容梗概）」森蘊旧蔵資料・奈良文化財研究所蔵，1954 年 a

森蘊『修学院離宮の復原的研究』奈良国立文化財研究所学報第 2 冊，養徳社，1954 年 b

森蘊『中世庭園文化史』奈良国立文化財研究所学報第 6 冊，奈良文化財研究所，1959 年

森蘊文／恒成一訓写真『日本の庭―作者・流派・作風』朝日新聞出版社，1960 年

森蘊「設計のための庭園史研究」『体系農業百科事典』第 7 巻，造園農政調査委員会，
　　1967 年

森蘊『法金剛院』清風会，1971 年

森蘊『庭ひとすじ』学生社，1973 年

森蘊『日本庭園史話』NHK ブックス，1981 年

森蘊『「作庭記」の世界　平安朝の庭園美』NHK ブックス，1986 年

　その他

青木達司「うつろいゆくもの，かわらぬもの」『遺跡学研究』8，日本遺跡学会，2011 年

尼﨑博正「文化財庭園における保存管理技術」『文化財庭園の保存管理技術』京都造形芸
　　術大学日本庭園研究センター，2003 年

尼﨑博正「日本庭園の年代観」『歴史考古学』70，2014 年

井上章一『つくられた桂離宮神話』講談社学術文庫，1997 年

太田静六「東三条殿の研究」『建築学会論集』21，1941 年

太田静六『寝殿造の研究』吉川弘文館，1987 年

大山邦興編『日本庭園をゆく 3　京都洛西の名庭 1　西芳寺・天龍寺』小学館，2005 年

白幡洋三郎『江戸の大名庭園　饗宴のための装置』INAX，1994 年，12 頁

田中栄治「住宅における建築と庭園―庭園研究者・造園家　森蘊と建築家　堀口捨己・西
　　澤文隆―」『神戸山手大学紀要』17，2015 年

外山英策『源氏物語の自然描写と庭園』丁子屋書店，1943 年

西沢文隆『建築と庭―西沢文隆「実測図」集』建築資料研究社，1997 年

藤島亥治郎編『平泉・毛越寺と観自在王院の研究』東京大学出版会，1961 年

文化庁文化財部監修『月刊文化財』225，1984 年

エマニュエル・マレス「重森三玲と森蘊の庭園観―小堀遠州の伝記を通して―」『日本庭園学会誌』28，2014 年

エマニュエル・マレス「小堀遠州の庭―歴史と伝説の合間から―」『野村美術館研究紀要』26，2017 年

エマニュエル・マレス「妙蓮寺玉龍院庭園から唐招提寺東室庭園への庭園移転―森蘊による庭園遺構の移転復元―」『日本庭園学会誌』31，2017 年

報告書や辞書など

「故 森蘊先生著作作品目録（稿）」森蘊旧蔵資料・奈良文化財研究所蔵，1989 年

史跡等整備の在り方に関する調査研究会編『史跡等整備のてびき―保存と活用のために―【総説編】』文化庁文化財部記念物課，2004 年

平泉町教育委員会『特別史跡毛越寺跡附鎮守社跡観自在王院跡整備報告書』1979 年

平泉町教育委員会『昭和 55 年度　特別名勝毛越寺庭園発掘調査報告書（第 1 次調査・第 2 次調査）』1981 年

平泉町教育委員会『特別名勝毛越寺庭園発掘調査報告書（第 6 次）』1985 年

平泉町教育委員会『特別史跡特別名勝毛越寺庭園発掘調査報告書　第 1-13 次』1980～91 年

平泉町教育委員会『特別史跡毛越寺境内　特別名勝毛越寺庭園整備報告書』1991 年

平泉町教育委員会『特別史跡毛越寺境内　特別名勝毛越寺庭園整備報告書』2007 年

奈良文化財研究所『発掘庭園資料　奈良文化財研究所史料　第 48 冊』1998 年

文化庁文化財部記念物課『平成 26 年度「記念物・文化的景観」マネジメント支援事業史跡等・重要文化的景観マネジメント支援事業報告書』文化庁文化財部記念物課，2017 年

庭園文化研究所『名勝円成寺庭園―環境整備事業報告書―』円城寺，1977 年 a

庭園文化研究所『名勝浄瑠璃寺庭園―環境整備事業報告書―』浄瑠璃寺，1977 年 b

日本ナショナルトラスト『名勝旧大乗院庭園反橋架替え工事報告書』財団法人日本ナショナルトラスト，1993 年

森蘊編『旧大乗院庭園調査報告書』財団法人観光資源保護財団，1973 年 a

森蘊編『史跡　和歌山城紅葉渓庭園復元整備報告書』和歌山市公園課，1973 年 b

第6章　ポンペイにおける庭園の発掘とその復元

川本　悠紀子

は じ め に

　古代ローマ世界の文物を復元するというと，天井や壁が崩れた古代ローマ建築の復元や，破片になって散らばる壁画や壺を元の状態に戻すことを思い浮かべる人が多いだろう。現在でも，ローマに行くと街のあちらこちらで古代ローマ建築の修復・復元が行われているのを目にするし，紀元後79年のウェスウィウス山（イタリア・カンパニア州）の噴火によって埋まった都市，ポンペイでも目抜き通りの一つであるノーラ通りの修復・復元工事が行われている。このような復元は，目に見える文物の復元として捉えることができるが，本章では，少し変わった復元の事例，すなわち，目に見えない，あるいは根跡をもとに復元を試みた古代ローマの庭園の復元について考えたい。

　歴史的な庭園は，しばしば時とともに失われるため，庭園のデザインが計画された際に作られた図面や，史料の手がかりなしに元の形に戻すのは困難である[1]。2018年の夏の熱波により，欧州では17世紀に作られた庭園意匠や建物の輪郭が突如として芝生の中にあらわれたと報じられたが[2]，このような形で過去の庭園意匠が偶然姿を現すのはきわめて稀である。

　いっぽうで，古代ローマの庭園は，数ある歴史的庭園の研究の中では比較的恵まれているといえよう。なぜなら，ウェスウィウス山の噴火によって埋没したポンペイ，ボスコレアーレ，オプロンティス，スタビアエでは，19世紀末以降，古代ローマ時代の庭園遺構が発見されているからだ。この中には，復元が行われたものも多く，昨今盛んに古代ローマの庭園研究が行われている。

　本章では，何が古代ローマ時代の庭園の発見を可能にしたのかを振り返るとともに，どのように古代ローマ時代の庭園の発掘・復元が行われたのかを見ていく中で，いかなる問題点が庭園の復元には見られるかという点についてポン

209

ペイの庭園事例から考えたい。

1 ウェスウィウス山の噴火と諸都市の罹災・発掘

ウェスウィウス山の噴火状況を語ることなしに古代ローマの庭園の発掘と復元の歴史を語ることはできない。なぜなら，ウェスウィウス山の噴火の罹災状況の特殊性こそ，現在の古代ローマの庭園史研究を可能にしたからである。

紀元後 79 年に発生したウェスウィウス山の噴火は，巨大な噴煙柱とカサマツの形（キノコのような形）の雲を火口から噴出し，山麓の諸都市をのみ込んだ。その様子は，小プリニウスのタキトゥスに宛てた書簡の中で克明に記述されており [3]，後にこの噴火と同様の形式の火山活動は「プリニー式噴火」と呼ばれるようになった。この噴火が起きた際の風向きにより，山の西側の大都市ネアポリス（現・ナポリ市）ではなく，ナポリ湾の東南側に位置するヘルクラネウム，ポンペイといった都市やオプロンティスやスタビアエのヴィラ（別荘）が埋没した。火砕サージ（火山ガスと土砂が混じった噴出物）が諸都市を襲った後，ヘルクラネウムでは溶岩流が，いっぽうのポンペイでは，その後，火砕流が都市を覆った。このようにして，これらの都市は歴史上から姿を消したのであるが，ラテン語史料の中に諸都市の名前は残り続けた [4]。また，後 2 世紀の古代ローマ地図として知られるポイティンガー図の 13 世紀の写本（現・ウィーン国立図書館蔵）でもポンペイ，ヘルクラネウム，スタビアエの名前を確認できることから，これらの諸都市は罹災後も忘れ去られなかったといえよう。

さて，ウェスウィウス山の噴火によって姿を消した諸都市の中で，最初に「発見」されたのはポンペイである。1592 年，ポンペイ近郊を流れるサルノ川の流れを変えようとする計画が持ち上がり，その水路建設のため，当時「La Città」と呼ばれていた現在ポンペイ遺跡がある場所の一部が掘られた。そしてその後，フレスコ画や都市の名前を記した碑文が発見された。ところが，この「La Città」と史料の上でのみ当時知られていた都市ポンペイとがすぐに結びつけられるには至らず，ポンペイ研究が開始されるきっかけにはならなかった。

それから約100年後，フランス貴族のエルブフ公として知られるエマニュエル・モーリス・ド・ギーズ＝ロレーヌがオーストリア大公国の軍事指揮官として赴任してナポリを統治することになり（1707〜34），彼の邸宅がヘルクラネウムの北1kmほどにある場所に建てられることになった。その過程で，エルブフ公は地元民が大理石を地下から発見したとの噂を耳にし，その土地を購入したという。そして，当該地の地下の発掘を進めたところ，彫像が発見された。ヘルクラネウムで発見された状態のよい女性像3体は，エルブフ公の上官であるプリンツ・オイゲンに贈呈され，ウィーンのベルヴェデーレ宮殿に飾られた。そして，プリンツ・オイゲンの死後，これらの彫像はドレスデンの王立コレクションに加えられた。これらの女性像は，ヨハン・ヨアヒム・ヴィンケルマンを筆頭とする美術史家や考古学者によって称賛が送られただけでなく，その後の新古典主義にも影響を与えた（Daehner 2007）。

　さらに1738年には，ブルボン朝カルロス3世（ナポリ・シチリア王，後にスペイン王となる）がポルティチに新しい宮殿を作るのに必要な土地調査・掘削工事を行うよう命じた。この調査・工事の際に掘られたトンネルはヘルクラネウムの劇場やパピルス荘などに行き当たったため，当時この事業に携わっていたスペイン軍の技術者であるロック・ホアキン・デ・アルキュビレ（1702〜80）は王にさらなる発掘の許可を申し出，都市の発掘を進めた。その結果，ヘルクラネウムからは多数の古代の芸術作品が発見され，それらはポルティチに設立された博物館に収蔵・展示された。

　ヘルクラネウムでの発見後の1748年にデ・アルキュベレは，ポンペイを「再発見」し，発掘が開始された。しかし，壁画の魅力的な一部だけを切り取ったり，彫刻や青銅製・大理石製の造形物といったものばかりを探し求めたりする，いわば「宝探し」のような発掘を行うデ・アルキュベレは，考古学資料の扱い方に問題があるとして解任されることとなった[5]。そして，彼と共に発掘に従事していたスイス人建築家・技術者カール・ヤコブ・ヴェーバー（1712〜64）に発掘が任された。

　ヴェーバーは，魅力的な芸術品を求めて早急に発掘することなく，一部屋ずつ地道に発掘し，関連する同時代史料も引き合いに出しながら発掘の記録を残すなど，それまでには見られなかったきめ細かな発掘・報告書の執筆に取り組

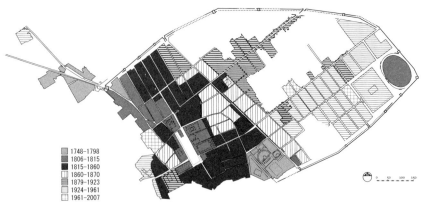

図 6-1 ポンペイの街区が発掘された年代（Berry（2007），p. 41 をもとに筆者作図）

んだ（Parslow 1995）。ヴェーバー亡き後，発掘を引き継いだラ・ヴェガ兄弟（フランチェスコ・ラ・ヴェガ〈1737〜1804〉，ピエトロ・ラ・ヴェガ〈?〜1810年〉）もまた，前任者に倣って発掘を行い，発掘記録を残した（Pagano 1997）。もちろん，現在と比較するとその発掘手法や報告書の緻密さは劣っていたが，彼らの報告書なしに遺跡の研究を行うのは困難といえ，研究者は現在でも彼らの報告書を用いて研究を進めている。

さて，ポンペイとヘルクラネウムの罹災時の状況の違いに話を戻すこととしよう。これらの隣接する2つの都市に関連した研究を見てみると，興味深い点に気が付く。それは，ポンペイで行われている研究と同様の研究がヘルクラネウムでは行われていないことがあり，その逆もまたあるという点だ。たとえば，ヘルクラネウムでは炭化した家具や建具の研究が行われているが，ポンペイではそのような研究はほとんど見られない。他方，ポンペイ，オプロンティス，スタビアエでは古代ローマの庭園に関する研究が行われているにもかかわらず，ヘルクラネウムでは庭園研究が行われていない。実は，このような違いは，噴火時の罹災状況が異なることに起因する。

先にも述べたように，ヘルクラネウムでは火砕サージと溶岩流が襲い，20 m もの厚さの溶岩の中に都市が封じ込められた。その結果，可燃性のものは燃えてしまった。しかし，一部の木製の家具や建具，そしてパピルスは，運よく蒸し焼き状態になって炭化したため，古代ローマ時代の姿を留めたままの

姿で発掘された。そのため，現在でもヘルクラネウムでは炭化した家具や建具を目にすることができる（Mols 1999, De Carolis 2007）。

　いっぽうのポンペイは，火砕サージと火砕流によって都市が埋没した。都市を覆ったのが溶岩ではなく，温度がより低い軽石（ラピリ）や灰であったことから，有機物は燃えずに残り，年月を経て朽ち果て，堆積層には有機物の形をした空洞が残された。

　この空洞に着目した人物こそ，ポンペイの発掘に新たな手法を取り入れたジュゼッペ・フィオレッリ（1823〜96）である。彼は，ポンペイの考古学に新風を吹き込んだ人物として知られる。たとえば彼は，古代ローマの都市を走る道からそれに面して立つ建物の入り口に向かって遺構を掘り進める当時の発掘方法では，発掘の途中で構造物が倒壊してしまう危険性が高く，遺跡の保存の観点から適切ではないと気が付いた。そこで，堆積層の上から下へと徐々に遺構を掘り下げていく現在でも使われている発掘方法に改めたのである。この発掘方法に変えたからこそ，堆積層の中で見つかる空洞の中に入り込んだ火山性の小さな軽石を取り出した後で石膏を流し込み，石膏が乾いた段階で上から少しずつ周りの堆積層を取り除いて噴火によって命を落とした人々の最後の姿を留める手法が確立できたのである。

　石膏を用いて堆積層の中に存在していた有機物の痕跡を残そうとするフィオレッリの手法は，人だけではなく，イヌやウマ，さらには扉や調度品，庭に植えられていた木の根や幹の痕跡を留める際にも応用された[6]。もっとも，後の時代になると漆喰だけではなくコンクリートやシリコンなどが使われるようになるが，現在でもフィオレッリが生み出した手法は使われている。また，ポンペイでの噴火罹災状況はオプロンティスやスタビアエとも似ていたため，これらの遺構でもポンペイと同様の手法を使って扉や調度品，そして木の根の痕跡の石膏・コンクリート型が作られた。フィオレッリによる発掘技術の革新こそ，古代ローマ時代の庭園のどの位置に木々が植えられていたのかを可視化することを可能にしたといえよう。

2 ポンペイの庭園の発掘

(1) 19世紀初頭の庭園の発掘

フィオレッリの登場により，「近代化」されたポンペイの考古学であるが，実は彼以前にも庭園の発掘は行われていたとされている。その事例数は限られてはいるが，英国人外交官にして作図家のウィリアム・ジェル（1777〜1836）ならびにフランス人好古家，フランソワ・マゾワ（1783〜1826）のポンペイに関する書籍の中に見られる図版は，一部のポンペイの住宅ではすでに庭が発掘されていたことを示唆するものであるとされる。なぜなら，1817年にジェルが出版したポンペイに関する詳細なガイドブックには，パンサの家（VI 6）の北側に畑の畝らしきものが図版の中に描かれ（Gell 1817〜18，図6-2），またマゾワが1824年に出版したポンペイ遺跡に関する本の中でも，パンサの家の住宅の北側部分には畑の畝のようなものが描かれているからだ（Mazois 1824，図6-3）。さらにサルストの家に至っては，庭園の植生の復元想像図まで作成されている（Mazois 1824，図6-4）。

これまで多くの古代ローマの庭園史研究者は，両氏の本の中に登場する図版は正確な情報が反映されていると考えきた。しかし，よく見てみるとパンサの家の北側の畑の畝の描写は異なっていることがわかる。

たとえば，ジェルの図では畑の畝が8つあるのに対し，マゾワの図では12の畝が確認できる。また，マゾワの図の北西隅には畝が4本交差しているさまを見てとれるが，ジェルの図では確認できない。これに加えて，この畝については両者ともに遺構の解説の中で取り上げていないのである。そして何より，パンサの家の北東隅の街路に面した直交する壁の内側には，見逃せないほどの長さの逆Z字型の壁があるにもかかわらず，この現存する壁は両者の図版には描かれていない。つまり，この庭園の区画が発掘されているのであれば「本来あるべきもの」が彼らの図には反映されていないのである。

ジェルやマゾワのプランは，古代ローマ考古学者として著名なアウグスト・マウ（1840〜1909）をはじめとする後の研究者によってしばしば使用され，あ

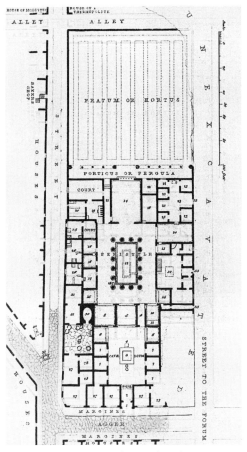

図6-2 ジェルによるパンサの家のプラン
(出典：Gell and Gandy（1817〜18）, Plate 33, Fig. 3.)

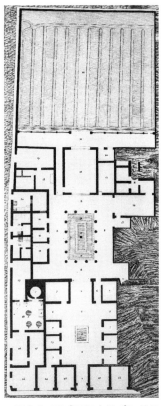

図6-3 マゾワによるパンサの家のプラン
(出典：Mazois（1824）, Plate 42, Fig. 5.)

たかも信頼できるものであるかのように思われてきた。しかし，いくらパンサの家の発掘日誌や報告書が存在しないとはいっても，これらの相違点は，ジェルとマゾワのパンサの家の図版に見られる住宅北側の庭園ないし畑の描写が必ずしも信憑性のあるものではないということを示している（建築空間については信憑性がある）。このことから，両者の住宅プランに見られる庭園描写をポンペイで発掘された庭園に関する最初の言及として認識するのは危険といえよう。

図 6-4　マゾワによるサルストの家の庭園復元図
(出典：Mazois (1824) Plan 36, Fig.1.)

(2)　19世紀末から20世紀初頭の庭園の発掘

『ポンペイ最後の日』(1834年出版)で知られるエドワード・ブルワー＝リットン(1803〜73)は、この本の執筆前にポンペイを訪れ、ジェルによって遺跡を案内されただけでなく、執筆時にジェルの本を使用していた(Moormann 2015)。19世紀中葉以降の人々のポンペイや古代遺跡に対する熱狂には、リットンの本が貢献しており、またその背景にはジェルやマゾワの本が一役買っているが、これらの本や新古典主義の萌芽が古代ローマの庭園の発掘に影響を与えたということはなかった。

さて、ポンペイの庭園が発掘記録や報告書の中に登場するようになるのは、19世紀末以降である。その中でも、ポンペイにおける庭園の発掘や復元の足がかりとなったのは、ウェッティの家(VI 15, 1)の庭園といえよう。

ウェッティの家は、1894年にポンペイ考古学局長官ジュリオ・デ・ペトラ(1841〜1925)によって発掘が開始され、その後アントニオ・ソリアーノ(1854

〜1924）が発掘を引き継いだ。この家は、ポンペイの住宅の中でも、発掘後に大々的な復元が行われた最初期の家として知られており、すでに1895年頃にはこの住宅の庭園の復元が、その後も1930年から35年の間に東側の柱廊の復元とアトリウムの屋根が作られるなど、考古学者たちによって復元と再建が積極的に行われた[7]。

　この住宅の発掘が始まった1894年の発掘記録（*Notizie degli Scavi*）は、本住宅の発掘について初めて言及した刊行物である。しかし、この中に住宅に関する詳細な記述や図版は掲載されていない。なぜなら、この発掘記録は日々の発掘の中であげられた成果や遺物の発見を記録した発掘日誌に依拠して書かれたものであり、新しい発見に対して知見を加える類のものではなかったからだ。

　実は、ウェッティの家について初めて詳細な分析を行ったのは、ポンペイ考古学監督局で働くイタリア人考古学者ではなく、ポンペイ壁画の研究で著名なドイツ人考古学者アウグスト・マウである。彼が1896年に出した論文は住宅の図版などを含まないものであったが、未だ簡便な発掘記録のほかにこの住宅に関する論考を出版していないイタリア人ポンペイ学者たちにとっては大きなプレッシャーとなった。

　マウの論文が発表される前年、イタリアの政府機関はこの古代ローマ住宅の発掘の進捗状況を調べ、記録に残すべく、舞台の背景などを描く画家ルイージ・バッザーニ（1836〜1927）をポンペイに派遣した。ポンペイ考古学者たちは、地元出身ではないバッザーニを歓迎しなかったが、交渉の末バッザーニはウェッティの家の図を描くことを許可され、彼はこの家の水彩画やインク画を多数制作した。その中にはウェッティの家の庭園が復元される前の状況を描写したものもある。すでにこの家が発掘される頃には、写真が普及していたため、復元前のウェッティの家の庭園の写真も存在していたが、当時は白黒写真しかなかったことから、彼が描いた水彩画はこの住宅の庭の状態を示した唯一のカラー図版ということになるだろう。

　さて、ウェッティの家の庭の地表面にいつ考古学者たちが到達したのかは明確ではないが、列柱廊に囲まれた庭に関する記述が1894年に刊行された発掘記録の中に登場するため、庭は住宅の発掘が始まったまさにその年に見つかっていたということになる。いっぽうで、1895年に撮影された庭園の写真や

バッザーニの水彩画では，庭園の地表面に薄っすらと他の土の色とは異なる色土の「筋」や，なだらかな畝を確認できる。このような地表面に残る痕跡は発掘が行われた時に見られ，時と共に次第に失われていくことから，この庭の地表面には 1895 年に到達したと推察できる。

この「筋」は，有機物の堆積状況が他の部分とは違っていたことを示すものとされ，植栽の痕跡と考えられている。ポンペイ考古学監督局が刊行した発掘報告書の中にこの筋のようなものに関する言及は見当たらないが，1896 年に発表した論文の中でマウは，「列柱廊に囲まれたオープンスペースからは，花壇の痕跡が発掘時に確認できた」とし，「考古学監督官の指揮により，植物が植えられ，柱廊が再建された」と述べている（Mau 1896, p43）。

ところで，このポンペイで発見された住宅の庭園に関して興味深いのは，1894 年ないし 95 年に発掘されたばかりの庭園が時を置かずしてすぐに復元された点である。マウの論文に依拠すると，1896 年にはすでに庭園の復元が完

図 6-5　ウェッティの家の庭（1895 年撮影）（出典：Archivi Alinari, Firenze）

218　第 II 部　考証学と復元学

了しているということになるし，パスクアーレ・ダメリオが1899年に発表したポンペイの最新の考古学成果について取り上げた本に従うと，1895年には庭が復元されていたことになる。なぜなら，彼の本には庭が復元された状態のウェッティ家の図が掲載されており，その下に「1895年の発掘状況（scavi 1895）」というキャプションが添えられているからだ（図6-6）。仮にこのキャプションが正しいとするのであれば，ウェッティの家の庭園は発掘されたすぐ後に復元されたということになるだろう。

この住宅の発掘を指揮したソリアーノが1898年に発表した論文によると，この復元された庭園は植物や花が植えられ，小さな彫像，水受け，大理石のテーブルが配置されており，他のポンペイの列柱廊空間には見られない優雅な空間だったという（Sogliano 1898）。この論文の中で，彼は庭園の復元の様子を写した写真を載せており（図6-7），ダメリオの図よりも幾分成長した植栽と，庭園で発見された芸術品が配置されている様子を確認できる。

ところが，この庭園がどの程度の精度で復元されたのかは不明である。なぜなら，ウェッティの家の庭園の地表面について述べているのはマウとソリアーノだけであり，彼らも「花壇の痕跡」が確認できたという以上のことには触れておらず，むしろ発見された彫刻の説明に終始しているからである。そのため，地表面に残された痕跡がどの位置にあり，どのような形状であったのかを知る確実な手がかりは，発掘時に撮影された写真とバッザーニの水彩画しかないということになる。

しかし，これらの写真や水彩画は，その全体像を写しておらず，また「花壇の痕跡」そのものが不

図6-6　ダメリオによるウェッティの家の庭園の図（出典：D'Amelio (1899) Tav. 1.）

図 6-7　ウェッティの家の庭園復元写真（出典：Sogliano (1898), *Mon. Ant.* (8), Tav. 8.）

鮮明であったり，一部の写真では見えていても，他の写真では見えていないこともある。実は，ソリアーノやダメリオ以外の好古家(アンティクアリアン)や研究者も，この住宅とその庭園のプランを 1890 年代後半から 1900 年代にかけて出版しているが，これらの図版に描かれた庭園の描写は一致していない。ウェッティの家の発掘を指揮したソリアーノでさえ，1898 年と 1901 年に発表した論文で異なる庭園の意匠を描いた図版を使っていることを鑑みると，この花壇の痕跡は発掘が行われた当時においてもその判別が簡単ではなかったといえよう。

また，図 6-5 に見られる植物の痕跡と，ソリアーノらによって復元されたウェッティの家の庭園はある程度の関連性を見せるものの，有機物の堆積によって色が変わった土表面の上に植物が植えられていたのか，あるいはその周りに植物が植えられていたのかは明らかではない。そのため，ウェッティの家の庭園の復元が発掘された際に見られた遺跡の状況にもとづいていると断言するのは容易ではない。

　それでは，どのようにしてウェッティの家の庭園は復元されたのだろうか。

20世紀後半にポンペイの庭園の発掘に従事したポンペイ考古学者アンナマリア・チャラッロ（1948～2013）は，19世紀末から20世紀初頭に発掘されたポンペイの庭の多くは復元が行われた当時に流行していたスタイルの影響を多分に受けていたと指摘している（Ciarallo 1994）。確かに，ウェッティの家に見られる左右対称に植物が配置された様子からは，ルネサンス期以降欧州で流行したフォーマル・ガーデンの要素を垣間見ることができる。また，実際には植物の痕跡等が発掘報告書の中で記載されていないにもかかわらず，左右対称の意匠を持つ庭園に復元された例が，ポンペイの他の住宅でも見られる。

　たとえば，ウェッティの家が発掘された後の1903年から1905年の間にソリアーノが発掘に従事した黄金のクピドの家（VI 16, 7）では，1904年には庭の復元が完了しており，ここでも左右対称に植物が植えられている（図6-8）。しかし，ウェッティの家を発掘し，植物の痕跡についても記述したソリアーノが発掘したにもかかわらず，黄金のクピドの家の発掘報告書では庭園の植物の痕跡が一切言及されていない。すなわち，ウェッティの家で確認されたような植栽の痕跡はこの住宅では見つからなかったと理解できる。

　黄金のクピドの家の庭園の植物の痕跡について誰も触れていないのにもかかわらず，なぜこの庭の復元ができたのであろうか。その手がかりは，彫刻の配置にあるといえよう。なぜなら，この住宅の庭園の復元写真が示すように，庭の中心にある噴水を起点とした中心軸の左右に植栽がシンメトリーに植えられており，彫刻が置かれている場所には必ず草木が植えられているからだ（図6-9）。つまり，植栽が植えられている場所は見事に彫刻と対応関係にあるといえる。

　しかし，黄金のクピドの家で復元された庭園の写真をつぶさに見てみると，庭園で発見された彫刻は左右対称に並んでおらず，庭の北側の列柱廊沿い，噴水の南隣，そして庭の南東・南西角に彫刻が多く見られるのがわかる。この住宅の庭園は，彫刻が発見された場所を巧みに使いながら左右対称の庭園に復元しているように見えるが，彫刻の配置に忠実に従って復元するのであればこのような左右対称の庭を作ることは本来できない。古代ローマの庭はフォーマル・ガーデンであったろうという当時の研究者の認識，そして庭園の発掘・復元当時の庭園意匠の流行がポンペイの庭園の復元に影響していたことがこの住

図6-8 黄金のクピドの家の庭園の復元
（出典：P. Grunwald, Neg. D-DAI-Z-83.2037. DAI Rom）

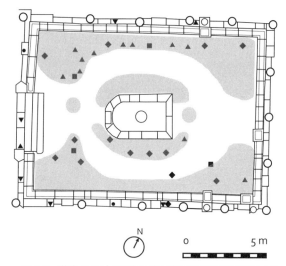

図6-9 黄金のクピドの家の庭園復元時の植栽の位置（グレーの部分）**と彫像**（四角や菱形の黒い点がある場所に彫像が置かれていた）**の関係**
（Seiler（1992）Fig. 529 と庭園復元後の写真をもとに筆者作図）

宅の庭園復元から読み取れるだろう。

　ソリアーノの後，ヴィットーリオ・スピナッツォーラ（1863〜1943），ジュゼッペ・スパーノ（1871〜1963），アメデオ・マイウーリ（1886〜1963）らの考古学者は，ポンペイの庭や畑から見つかる木の痕跡の石膏型をとったうえで，庭園の植栽の配置図を作成している。これらの庭の多くは左右対称性を欠く意匠のものであった。ところが，彼らもまた固定観念を拭いきれなかったのか，ウェッティの家や黄金のクピドの家に見られるようなフォーマル・ガーデンのデザインをポンペイの多くの庭園の復元時に使用している。ポンペイの庭の多くは復元が行われた当時に流行していた庭園のスタイルの影響を受けて復元されたというチャラッロの指摘は 20 世紀半ばになってもなお，改められることはなかったといえよう。

（3）　ヴィレミーナ・ジャシェムスキと古代ローマの庭園

　ポンペイ考古学監督局が主導して進めてきた発掘の現場に，ガーデニング好きの米国人古典学者が姿を現したことが，その後の古代ローマ庭園研究を変えることになるとは誰も予想していなかっただろう。

　1950 年代初頭，メリーランド大学の古代史の教授でローマ法を専門としていたヴィレミーナ・ジャシェムスキ（1910〜2007）は [8)]，1 冊目のモノグラフの執筆を終え，次の研究プロジェクトとして古代ローマの庭園に取り組みはじめた。すでにフランスの古代史研究者ピエール・グリマル（1912〜96）は，当時知られていた古代ローマの庭園に関する史料や庭園壁画に依拠しながら 1 冊の本を著していた（Grimal 1943）。しかし，彼はすでに発見・報告されていたポンペイの庭園遺構について触れてはおらず，さらなる研究の進展が見込まれた。そのため，ジャシェムスキは古代ローマの庭園研究に着手することを決意した。

　彼女は，地中海沿岸地域の古代の遺跡を訪問する一大旅行の後，1957 年にポンペイに再度降り立った。そして，当時のポンペイ考古学監督局局長のアメデオ・マイウーリ，ポンペイ考古学者のタチアナ・ヴァーシャー（1880〜1960）とマッテオ・デッラ・コルテ（1875〜1962）に会い，彼女の研究プロジェクトを打ち明けた。当時のジャシェムスキは，古代ローマ時代のありとあらゆる庭

園について史料と遺構から分析したモノグラフを執筆するという壮大な計画を持っていたが，ヴァーシャーとデッラ・コルテは，彼女の研究に賛意を示すいっぽうで，誰もまだ手を付けていないポンペイの庭園こそ研究するべきであると伝えたという。はじめこそ，ジャシェムスキは彼らの助言に物足りなさを感じたというが，このテーマに取り組むにつれ，2人のポンペイ考古学者の指摘は的を射たものであると気付いたとされる。

　こうしてジャシェムスキは1961年以降，20年あまりにわたりポンペイ（街区 I–III），オプロンティス，ボスコレアーレの庭園の発掘を指揮した。彼女が発掘した庭園の記録・図面と，ジャシェムスキの夫のスタンリーが撮りためた庭園壁画ならびに遺構の写真は特に重要で，それというのは1960年代に残っていた庭園遺構や壁画の多くが経年劣化などの影響で現在失われているからである。これらは，1979年，93年，そして2002年に出版された本の中で使用され，またそれ以外の記録・図面・写真については，ジャシェムスキが教鞭をとったメリーランド大学図書館に収蔵されている。

　ジャシェムスキによる古代ローマの庭園の研究以外の学術貢献として，庭園で見つかった骨，卵の欠片，種子，花粉，木片といった遺物の分析を自然科学者と連携して行った点があげられる（Jashemski and Meyer 2002）。この他分野との連携により，ポンペイの庭園に関する情報は大幅に増えることになった。もちろん，庭園遺構で発見された動物の骨や種子をもとに，その場に特定の動物が飼われていたり，特定の木々が植えられていたと断じることはできない。なぜなら，当時の住人が食べたものが庭に捨てられたために骨や種子が遺構から発見された可能性を拭い去ることができないからである。また，花粉は飛散するため，見つかった花粉の植物が発掘中の庭に生えていたということもできない。しかし，ウェスウィウス山噴火時にこれらの遺物が存在したのは確かであり，古代ローマ時代の食生活や植生を知るうえでは重要な手がかりとなる。いずれにせよ，発掘に際して分野の異なる研究者と連携するのは今でこそ一般的ではあるが，当時としては革新的な試みであった。

　さてジャシェムスキは，庭園の発掘時にフィオレッリが人の石膏型をとる際に用いた手法を木の根の痕跡に応用して石膏やセメントで型をとった。そして，庭園のどの位置にどのような大きさの木があるのかがわかるようにしたうえで，

バルーンを使って上空から庭園全体の撮影を行った。近年は特殊メイクに使われるシリコン（ドラゴンスキン）を使って小さな根の型をとることが可能であるが，当時の技術では小さい根の石膏型をとることはできなかった。そのため，地表面にあらわれる小さな根の痕跡は庭園の発掘時の状況を示した図面上に記載された。

このような新しい試みを庭園発掘に適用する中でジャシェムスキは，これまで考えられてきた古代ローマの庭園の姿や，ポンペイ考古学者が行ってきたポンペイの庭園の復元は誤りではないかと考えるに至った。なぜなら，古代ローマの庭園は左右対称に植物が植えられたフォーマル・ガーデンであったと考えられきたが，そのような庭園遺構はほとんど見つからなかったからである。

たとえば，ユリウス・ポリュビウスの家（IX 13, 1-3）で発掘された列柱廊に囲まれた庭園では，大木の痕跡が饗宴空間の前などから見つかっているほか，小さな植物の痕跡や壁に沿って埋められた植木鉢，さらには梯子の跡のようなものまで発見されている（図6-10）。しかし，この庭園に植えられた植物の痕跡に左右対称性は見られず，む

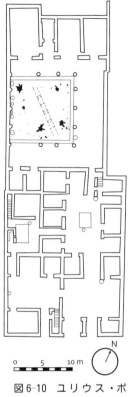

図6-10　ユリウス・ポリュビウスの家
(Jashemski (1993, p249, pl. 94をもとに筆者作図)

しろ植物は列柱廊の柱や壁の付け柱，あるいは周囲の部屋の配置を考慮に入れて植えられている。庭園の発掘を継続的に行ってきたからこそ得られたジャシェムスキのこの知見は，古代ローマ史家よりも，庭園史研究者に驚きを持って迎えられた。

ジャシェムスキによる指摘があったからこそ，彼女がポンペイの庭園発掘に従事しなくなった後に発掘に携わったチャラッロは，ポンペイの庭の多くは復元が行われた当時の庭園意匠の流行に左右されており，これまで行われてきた復元は必ずしも正しくないという認識を持つことができた。

ただし，発見された庭園遺構の痕跡・根の型・発掘記録が充分に残されているからといって，正しい庭園の復元ができるというわけでもない。それというのも，ジャシェムスキはオプロンティスのウィラＡを発掘し，その成果にもとづいて庭園を復元したが，後年，チャラッロはジャシェムスキの庭園復元を取り除き，全く異なる復元を行ったからである。この事例からもわかるように，同じ考古学資料を用いても，その分析には研究者個々人の解釈が色濃く反映されるため，庭園の復元に統一見解を見出すのは容易ではないといえよう。

お わ り に

　本章では，なぜポンペイでは庭園の発掘・復元・研究が行えたのかを概観し，またポンペイの庭園の発掘の歴史を順を追って論じた。ポンペイの発掘が始まった初期の段階では，庭園全体が発掘されていたわけではないのに，あたかも発掘が完了したかに思わせる庭園のプランが使われていたこと，そしてこれらのプランが実際の発掘成果にもとづくものとして根強く信じられてきている点に触れた。また19世紀末のポンペイ考古学者による発掘・復元の記録は充分ではなく，その復元は考古学者の想像力と復元時の流行に左右されていた点を指摘した。いっぽうで，発掘記録が十分にあったとしても，それを紐解く考古学者の読み方はさまざま存在し，複数の復元パターンができてしまうという問題についても言及した。

　このようなポンペイの庭園の復元にまつわる問題点を振り返ってみると，形として残りづらいものに依拠する復元は困難なだけでなく，さまざまな復元の可能性をも生じさせるということがわかる。近年，庭園考古学は自然科学との連携のもと新たな事実が次々に明らかにされている。しかし，分析結果や，庭園遺構の現状や記録にしても，これらを紐解き解釈を与える研究者の理解度，知識，そして先入観の有無次第で復元案は変容する。集めうる限りの文献史料，考古学資料，そして自然科学の分析結果を駆使するのが，「信憑性のある復元」に至る近道であるが，確実性を庭園の復元に求めるのはきわめて困難といえよう。

注

1) Vaux le Vicomte では，のちにヴェルサイユ宮殿の庭園の設計も手がけたアンドレ・ル・ノートルが計画したランドスケープを 20 世紀になって復元した。この復元に際して用いられたのは，ル・ノートルが遺した数々のスケッチや同時代人の手になる史資料である。一度は荒廃したシャトーが世界遺産として登録されたのは，この庭園の復元が鍵となっているのはいうまでもないことである。

2) 最初に報じられたのは，ダービシャーにあるチャッツワース・ハウスの庭園である。2018 年の熱波によって，歴史的庭園の意匠だけではなく。5,000 年前の円環状の構造物などの輪郭も姿を現した。

3) Plin. *Ep.* 6.10; 6.20.

4) ウェスウィウス山の噴火について言及しているものとして，以下のものがある。Dio Cass. *Hist.* 66.24.1, 3-4; Stat. *Silv.* 3.5.72-5; Tac. *Ann.* 4.67.

5) 現在ナポリ考古学博物館に収蔵されている壁画の出所がわからないものが多いのは，発掘の初期の段階で宝探しのような発掘が行われたこと，そして発掘記録の不十分さに起因する。

6) フィオレッリによる石膏を流し込んで有機物の痕跡を残すという試みは，すぐに木の根の痕跡の形を留めるために使われたわけではなかった。実際，木の幹の石膏型が報告書に登場するのは，フィオレッリの後に活躍したポンペイ考古学者ミケーレ・ルッジェロ（1811〜1900）による。

7) 復元が積極に行われたものの，現在，この住宅は一部しか公開されていない。本章で取り上げるウェッティの家の庭園と列柱廊空間は非公開である。

8) ジャシェムスキの名前の呼び方は複数あり，「ヴィレマイナ」と呼ぶ場合と「ヴィレミーナ」と呼ぶ場合がある。また，英語式に「ジャシェムスキ」と呼ぶか，ポーランド語での発音に倣って「ヤシェムスキ」と呼ぶかという問題もあるが，本章では「ヴィレミーナ・ジャシェムスキ」に統一する。

参考文献

Berry, J. (2007) *The Complete Pompeii* (New York).

Caneva, G. (1999) 'Ipotesi sul significato simbolico del giardino dipinto della Villa di Livia (Prima Porta Roma)', in *Bullettino della Commissione Archeologica Comunale di Roma* 100: 61-80.

Caneva, G. (2003) 'Botanic analysis of Livia's villa painted flora Prima Porta, Roma', *Journal of Cultural Heritage* 4: 149-155.

De Carolis, E. (2007) *Il mobile Pompei ed Ercolano: letti tavoli sedie e armadi* (Rome).

Ciarallo, A. (1991〜1992) 'Sistemazione di spazi a verde all'interno dell'area archeologica di Pompei', *Riv. St. Pomp* 5: 204–208.

Ciarallo, A. (1994) 'The Gardens of Pompeii', *Journal of the European Network of Scientific and Technical Cooperation for the Cultural Heritage* (PACT 42), *Garden History: Garden Plants, Species, Forms and Varieties from Pompeii to 1800*: 9–13.

Ciarallo, A. (2004) *Flora Pompeiana* (Rome).

Ciarallo, A. (2012) *Gli spazi verdi dell'antica Pompei* (Rome).

Daehner, H. (ed.) (2007) *The Herculaneum Women: Story, Context, Identities* (Los Angeles).

D'Amelio, P. (1899) *Nuovi scavi di Pompei: Casa dei Vettii, appendice ai dipinti murali* (Naples).

Dobbins, J. J. and P. W. Foss (eds.) (2007) *The World of Pompeii* (London and New York).

Gell, W. (1817~18) *Pompeiana: The Topography, Edifices and Ornaments of Pompeii* (London).

Gleason, K. (ed.) (2013) *A Cultural History of Gardens, volume 1, in Antiquity* (London).

Grimal, P. (1984) *Les jardins romains à la fin de la république et aux deux premiers siècles de l'empire: essai sur le naturalisme romain*, 3rd edn (Paris) (1st edn 1943).

Jashemski, W. F. (1979) *The Gardens of Pompeii: Herculaneum and the Villas Destroyed by Vesuvius*, vol. 1 (New Rochelle).

Jashemski, W. F. (1993) *The Gardens of Pompeii: Herculaneum and the Villas Destroyed by Vesuvius*, volume 2 (New Rochelle).

Jashemski, W. F. (2015) *Discovering the Gardens of Pompeii: Memoirs of a Garden Archaeologist* (Marston Gate).

Jashemski, W. F. and F. G. Meyer (eds.) (2002) *The Natural History of Pompeii* (Cambridge).

Jashemski, W. F., Gleason, K. L., Hartswick, K. J., and Malek, A. -A. (2018) *The Gardens in the Roman Empire* (Cambridge).

Ling, R. (2005) *Pompeii: History, Life and Afterlife* (Stroud).

Mau, A. (1896) 'Scavi di Pompei 1893–94, *RM* 11: 3–97.

Mazois, F. (1812~24) *Les ruines de Pompéi*, 4 vols. (Paris).

Mols, S. T. A. M. (1999) *Wooden Furniture in Herculaneum: Form, Technique and Function* (Amsterdam).

Moormann, E. M. (2015) *Pompeii's Ashes: The Reception of the Cities Buried by Ve-

suvius in Literature, Music, and Drama（Berlin）.

dell'Orto, L. F.（1993）*Ercolano 1738～1988: 250 anni di ricercar archeologica*（Rome）.

Pagano, M.（1997）*I Diari di scavo di Pompei, Ercolano e Stabia di Francesco e Pietro La Vega（1764～1810）*（Rome）.

Parslow, C. C.（1995）*Rediscovering Antiquity: Karl Weber and the Excavation of Herculaneum, Pompeii and Stabiae*（Cambridge）.

Seiler, F.（1992）, *Casa degli Amorini dorati（VI 16,8.38）: Häuser in Pompeji Band 5*（Munich）.

Sogliano, A.（1898）'La casa dei Vettii in Pompei', in *Monumenti Antichi*, col. 8（Milan）: 233–388.

Sogliano, A.（1901）*Pompei: Albo della Casa de'Vettii*（Naples）.

von Stackelberg, K. T.（2009）*The Roman Garden: Space, Sense and Society*（London and New York）.

Wallace-Hadrill, A.（2011）*Herculaneum: Past and Future*（London）.

川本悠紀子「古代ローマの庭園と Wilhelmina F. Jashemski」『地中海学会月報』395, 2016 年，3 頁

〔付記〕

　本章は，King's College London に提出した博士論文 *The Vitruvian Peristyle: A Textual and Archaeological Study*（2015 年）の内容の一部を含むものである（2-1, 2-2）。

第Ⅲ部　復元学の現在と未来

第1章　縄文時代の建物復元事例
─御所野遺跡から─

高　田　和　徳

は じ め に

　史跡御所野遺跡は岩手県北部に位置する縄文時代中期後半の遺跡（4,200BP
〜5,000BP）である。1989年に開発に伴う調査を開始し，概要が明らかになる
につれて保存運動がおこり，最終的に遺跡は保存され，93年に国史跡となっ
た。ほどなく遺跡の活用計画が始まり，1997年から3ヵ年で縄文集落を復元
している。2000年から隣接地に縄文博物館を建設し，02年春に史跡公園とし
てオープンした。2016年8月には，入場者が50万人を超している。

1　遺跡の概要

　岩手県北部の馬淵川沿いの典型的な内陸の遺跡である。河岸段丘を中心とし
て，馬淵川と支流の小河川沿いの沖積地から後背丘陵という景観のなかの段丘
上の平坦面5万5,000 m²，その周縁の丘陵地2万2,000 m²を含む約7万7,000 m²
が指定地となっている。遺跡とその周辺には落葉広葉樹が広く分布しており，
多様な地形とともに縄文景観を彷彿とさせる自然環境のなかに立地している。
　遺跡の時期は縄文中期中葉から末葉で，土器型式をもとにⅠ〜Ⅴ期に時期区
分しているが，最近はⅡ〜Ⅴ期をさらに細分して9時期としている。ここでは
大まかなⅠ〜Ⅴ期の5時期で集落の変遷を説明する。
　Ⅰ期の集落構成はまだ不明であるが，Ⅱ期になると遺跡の西，中央南側，さ
らに東に大型竪穴建物を中心として，中・小型竪穴建物5〜6棟の居住単位が
確認されている[1]。しかもその配置は，前期中葉以降東北地方北部の円筒土器
文化圏に特有な列状配置となっている。

Ⅲ期になるとより南の大木式土器文化圏からの影響を受け，集落構造は大きく変化する。すなわち中央北側を広範囲に削平し，南側に盛土遺構を構築する。削平地は墓域となり，盛土遺構は焼土や炭化物とともに大量の祭祀遺物が出土する。以上の墓域と盛土遺構の周辺には竪穴建物跡が密集し，いわゆる環状（馬蹄形）集落が形成される。このような墓や盛土遺構は，中央以外の東と西では全く確認できないことから，ここがむら全体の中心だったことを示している。大木式土器文化圏からの影響は文化の波及だけではなく，具体的な人の動きも想定されるほど顕著で，大木式土器そのものとともに，その影響を受けて在地でつくられた土器（大木系土器）とともに祭祀遺物である土製品・石製品が一緒に出土することに特徴がある。

中央部の墓域と盛土遺構を中心とした集落構成はⅣ期以降も継続されるが，集落構成は，Ⅱ期と同じく東，中央，西に，それぞれ大型竪穴建物を中心として，中・小型竪穴建物と一体となった遺構群が分布する。

Ⅴ期も中央の墓と盛土遺構周辺を中心とする集落構成は継承されるが，大型竪穴建物の規模が小さくなるとともに，構成される竪穴建物群の数も減少してくる。集団の縮小化とともに，集落が河岸段丘だけでなく，後背丘陵にまで広がるとともに，周辺の田中遺跡群，大平遺跡群など径2kmの範囲に分散する。

これらの遺跡群では，墓は発見されないことから，墓域はそのまま御所野遺跡に継続される。このような集落の分散とともに，配石遺構の構築が始まった可能性がある。すなわち，集落と墓の分離によって生まれたのが御所野遺跡の配石遺構と考えている。

2　整備の経過

整備の計画づくりは1994年に始まった。1994年2月に基本構想，翌年度に基本計画を作成し，97年度から5ヵ年事業として実施している。遺構復元については，基本計画の中で，来訪者に遺跡の当時の様子を理解してもらう最も効果的な方法ということで，遺構の保護措置をきちんとしてから現地に実物大で復元することにしている。復元時期は，東，中央の発掘調査で得られた情報から墓を中心とした集落構成を表現できるということでⅣ期とした[2]。

その後の発掘調査ではIV期の遺構を最優先しているが，1996年から建物復元資料を得るために西側を調査した。竪穴建物は22棟検出しているが，焼失建物が7棟含まれていた。その調査で確認したのが土屋根竪穴建物である。この発見が，その後の御所野遺跡の整備事業全体に大きく影響することになる。

土屋根竪穴建物はそれまでの草葺屋根と異なり，施工例や保存管理の情報もほとんどなかったこともあり，御所野遺跡では，本整備前に試験的に建物を復元してから火災の実験を行った（A）。以上の実験で得られた情報を検討してから詳細な設計図を作成し，整備工事として建物を復元した（B）。復元後3ヵ年は特に問題はなかったが，徐々に雨漏りなどで劣化が始まった。この頃から復元竪穴建物の経過観察を行って傷んだ箇所は部分的に修理している（C）。

A　建築・焼失実験（1996〜2000）

土屋根竪穴建物は，1996年のDE24竪穴建物跡の調査で初めて確認し，調査後想定復元図を作成した[3]。その図をもとにして翌年試験的に建設している（高田1998）。並行してDF22竪穴建物跡を調査しており，炭化材の出土状況から焼失時の崩落過程を想定して屋根に土がのっていたことの根拠を示すとともに，具体的な構造を図にして発表している（高田ほか1998）。いっぽうで試験的に復元した竪穴建物は，2年間竪穴建物内の温湿度を計測し室内環境を調査してから1999年に焼失実験を行っている。

実験は，そのほかにもいくつかある。竪穴内の湿気調整のための床面の構築（叩き土間）や，壁際の調湿材の検討などである。以上の竪穴建物の復元とともに，1999・2000年には東京都立大学考古学研究室と共同で磨製石斧による建築材となる木材の伐採実験を行っている。東京都立大学では，そのほかにも各地の縄文遺跡から出土した建築用と考えられる道具を復元し，その使用実験なども行っている（一戸町教育委員会2004）。このように，土屋根竪穴というあまり例のない建物復元ということもあり，あらかじめいくつかの実験を繰り返してその実体を検討した。

B　本整備での復元（1999〜2003）

実験復元などで得られたデータをもとにして再度建築史の専門家の指導を受けながら詳細な設計図を作成し，1999年度は東，中央，西に大型竪穴建物，中型竪穴建物を2棟ずつ，併せて6棟を工事発注した。その後西側の小型竪穴

建物 1 棟，中央部の中型竪穴建物 1 棟をそれぞれ直営で復元した。

以上のほかに床面で柱穴を確認できない小型の竪穴が 1 棟ずつある。これについては 2003 年度までに復元方針を検討した後に工事発注している。

なお，東では大型竪穴建物に隣接して 4 本柱の掘立柱建物 1 棟を検出しているが，その配置からほぼ同時期の可能性が高いということで，荷台状の高床建物として復元している。

C　経過観察と修理（2000～12）

復元建物はどのように変化するのか，特に土屋根の状態を確認するとともに，それが内部の建築材などにどのような影響を与えるのか，ということなどを中心に経過観察を実施してきた。すると 3 年目以降雨漏りがひどくなり，カビが生えたり，建築材が腐食するのもでてきた。なかでも大型竪穴の傷みが特に激しかったこともあり，屋根にトレンチを設定して，屋根土や小屋組の状況などを調査している。その中で，あらかじめ掘り込まれた竪穴の土量を計算して周堤や屋根の葺土にするべきだということに気づいた。以上から，2009 年（平成 21 年度）以降は最初に竪穴の規模から土量を計算して復元している。

3　整 備 内 容

（1）竪穴建物群の構成

集落遺跡の整備において，復元時期の設定は重要である。御所野遺跡では，可能な限り一時期の集落の全体像を再現するという方針だったこともあり，発掘調査にもとづく情報量が最も多く，しかも縄文集落の特徴を最もよく現している時期ということで，中期後半のⅣ期の遺構群を復元することにした。東と中央はそのように復元しているが，ところが西ではほぼ同時期の可能性の高いⅤ期の焼失建物群が検出された。しかもいずれも焼失住居跡で炭化材が良好に残っており，かなり具体的な復元が可能ということもあり，そのままⅤ期の 4 棟を復元している。したがって，東，中央と西の竪穴建物は時期が若干異なっている。

東と中央部のⅣ期の竪穴建物群は若干説明が必要である。

西側の段丘下に位置する馬場平遺跡は，御所野遺跡に若干先行する遺跡であ

る。国道建設に伴って調査したこともあって，路線内の遺構はすべて完掘している。ここでは大型竪穴建物1棟を核として，中・小型竪穴建物4～6棟で一時期を構成する可能性が高いことを確認している（高田・山田1997）。このような竪穴建物群の構成は，馬場平遺跡と部分的に時期が重なる御所野遺跡でも継続するようで，少なくともⅡ期は大型竪穴建物を中心とした竪穴建物群が分布していた可能性が高い。Ⅲ期は既述のように大木文化圏の影響により集落は中央部に限られるが，Ⅳ期になると墓域を中心として，東西に大型竪穴建物を中心とした建物群が分布するようになる。このような状況から，最も保存状態の良いⅣ期の遺構群を復元することにした[4]。

(2)　土屋根竪穴建物の発見

土屋根竪穴建物は西の焼失した大型・中型竪穴建物の2棟で確認できた。

中型竪穴建物（DE24）

遺構検出の段階で炭化材の分布を確認したため，炭化材を残しながら掘り下げたところ，床面と想定していた面が陥没して調査員の足が下に落ちてしまった。このことから竪穴の床面はさらに下にあることが判明，掘り下げたところ，中から炭化材が大量に出土している。

以上から当初床面と考えていた土が屋根土に相当し，その下の炭化材が小屋組などの建築材だったことが明らかになった。炭化材は径10cm程のものが多く，中央に向かって放射状に延びるものとそれに直行するものとがある。そのほか壁際に直立している板状の材もあった。堰板であろうか。

柱穴状のピットは8個確認している。中央の炉の左右に3基ずつあるのが主柱穴である。127点の炭化材の樹種鑑定をしたところ，98点がクリ材で，そのほかもオニグルミなどの落葉広葉樹がいくつか含まれていた。残存している炭化材は叉首や棟，あるいは身舎などの小屋組の材料と考えられる。

遺物はさほど多くはない。炉の北東の床面に倒置の深鉢，奥壁の西側には花崗岩が置かれている。花崗岩は大型竪穴建物（DF22）にもあることから，周辺は祭祀的な空間の可能性が高い。

大型竪穴建物（DF22，図1-1・2）

中型竪穴建物に引き続き，大型竪穴建物でも土屋根を確認している。遺構検

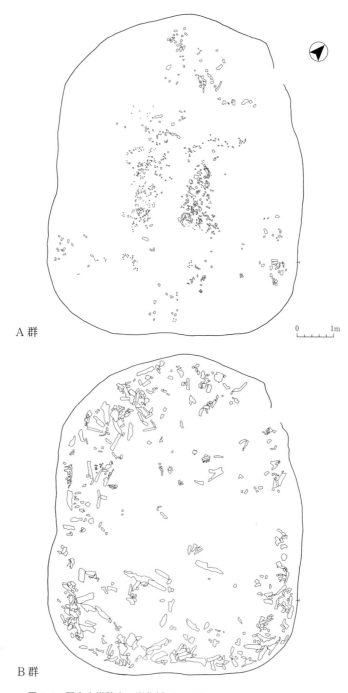

図 1-1　竪穴内堆積土の炭化材（平面図）

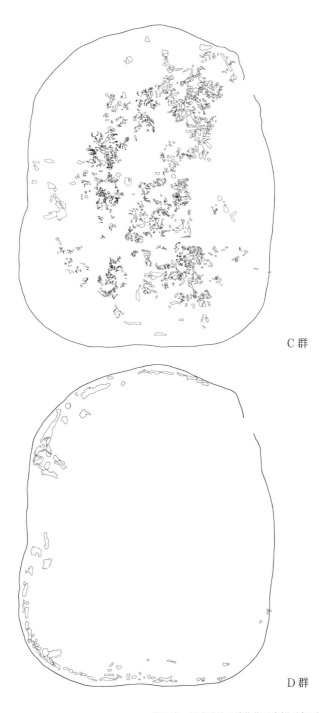

C群

D群

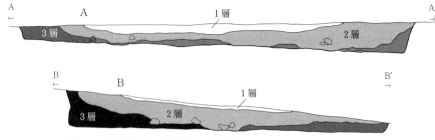

図 1-2　竪穴内堆積土の炭化財（断面図）

出の段階で竪穴の端に炭化材が連続していることから，保存状態がきわめて良好だということは当初から認識していた。竪穴内の堆積土は，掘り込まれた地山起源の2〜3層である。各層を掘り下げるにつれて，各層との関係から炭化材をA群からD群まで4区分できた。A群は3層上面の凹地に集中する小片が多い。B群は比較的大型で比較的壁寄りに多く，壁に近づくにつれレベルが高くなっている。C群は床上に貼りついた状態で出土しているが，かなりの衝撃を受けたのか，割れているものが多い。D群は竪穴建物の南壁から西壁の壁際でやや内向きに連続して直立している。壁を押さえる堰板がそのまま倒れたものであろう，幅20 cm程で厚さは3〜5 cmの割材であった。

　炭化材は505点を樹種同定したが，クリ材が圧倒的に多く，そのほかもオニグルミ，サクラ，トチノキ，コナラなどの広葉樹に限られる。やや太く大きな材はいずれもクリ材であった，御所野の縄文人は建築材としてクリ材を徹底的に利用していたようだ。ヤマウルシが1点含まれているのも興味深い。何に使ったのだろうか？　なお多量に出土した炭化材の中には萱などの草本類は一切含まれていなかった。

　以上の調査結果から，竪穴建物の焼失過程を次のように想定した。

　最初は竪穴中央の主柱穴の内側（内区）上の屋根が燃えて屋根下地とともに床上まで落下し（C群），その後壁際が勢いよく燃えて主柱の外側の屋根とともに周堤が崩落した（B群）。その場合でも柱や桁などの軸組となる構造材はそのまま直立していたと考えられる。柱穴の中で直立した状態で確認された柱痕がそのことを裏付けている。

　以上のように，最初に中型竪穴建物（DE24）の調査で土屋根の可能性を想

定し，その後大型竪穴建物（DF22）で，各層と炭化材や焼土との関係から焼失の過程を検討してから，具体的に屋根に土がのっていたことを明らかにした（高田 2006）。

（3）実験復元

土屋根竪穴建物を検証することと具体的な仕様を把握するために，本整備の前に実験的に土屋根竪穴建物を建設している。対象は西側調査区の中型竪穴建物（DE24）である。

復元竪穴建物（図 1-3）

長軸 4.60×短軸 4.10 m，竪穴深さ 55 cm，周堤高さ 60 cm，主柱の高さ 165 cm，竪穴高さ 270 cm，土の厚さは 10 cm として，柱径 20 cm の柱に径 10〜15 cm の梁・桁を渡している。柱配置は六角形とし，垂木を求心的に配列し，棟木で押さえる構造とした。竪穴の壁には板状の割材を並列させて堰板とした。柱の高さは縄文人の身長にあわせて設定したものである。屋根は垂木の上に横木を渡し，その上にクリの樹皮を縦に敷いて，その上に小枝をのせてから土を被せている。屋根は実験で最も適正な角度と確認していたこともあり 35 度前後とした。

事前準備

建築材は炭化材の樹種同定で確認したクリ材とした。柱と梁・桁材のほか，

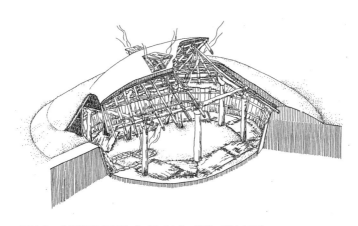

図 1-3　大型竪穴の復元パース（出典：浅川・西山 1998）

図1-4　土屋根竪穴実験復元

叉首や垂木など19本を用意しているが，絶対数が足りないということもあってクリ材以外も使用した。いずれも伐採後，すぐに樹皮を剝いで乾燥させ，復元間近に防虫処理のため表面を焼き込んでいる。樹皮は剝いだ直後は筒形になるため，遺跡下の小川で1週間ほど水漬けした後，日陰干しにしながら平坦にしてから使用した。堰板は大量に必要である。いずれも丸材を半截，あるいは3分割しているが，復元間近で時間的な余裕がなかったこともあり，樹皮は剝がずにそのまま使用している。

　縄は大量に必要である。シナノキとヤナギの2種類を用意し，繊維を取り出してから直前まで水漬けして，直前に引き上げて使用した。いずれも民俗調査の情報から採用しているが，ヤナギは樹種が異なるのか弱く切れやすかった。復元作業は6日間で完成した。作業員は延べ人数で男性が14人，女性34人である。いずれも機械は一切使わずに人力で建設している（図1-4）。

実験の成果と課題

　土屋根竪穴建物の復元実験は，土屋根の検証と竪穴建物内の居住環境の確認のために実施した。屋根に土をのせても安定するし，具体的に葺土や屋根勾配についての情報も得ている。問題は居住環境として適しているかどうかである。湿気は予想以上に強い。1週間ほど竪穴内で火も燃やさず放置したところ，カビが生えてきた。それでも竪穴建物内で，一度火を燃やすと弱火でも一気に湿

図 1-5　土屋根竪穴の焼失実験

度が下がり，カビも消えた。冬期はそのままだと床面に霜柱がたち，ボロボロになるため当然のことながら敷物などが必要である。

　以上のような対策を講ずれば，住居としての機能も十分果たせることを確認している。

　復元した竪穴建物は，その後 2 年間にわたり竪穴建物内部の温湿度を観察してから，発掘調査の出土状態を確認するため焼失実験を行っている。

(4)　焼失実験

　土屋根竪穴建物は土で覆われた密閉空間になることと，内部は湿気も強いことからあらかじめ燃えないことは予想していたが，案の定，点火してもすぐ消えてしまう。それを数回繰り返したが，同じ状態が続くため，今回の実験は意図的に燃やすという前提で，できるだけ燃える状況を作ることにした。天窓の開閉戸や入口の簾などを取り除いて開口部を広げるとともに，炉の近くに薪を積み上げてから，柱に立てかけたり，火棚の上に積んだりして，そのまま屋根に燃え移るような状況を作り出した。

　最初炉の近くに火種をつくり，それぞれ柱のそばの薪に点火，最後に炉の近くの薪に点火した。点火後 5〜6 分で床上のほとんどの薪が本格的に燃えて，10 分で内部全体に火がまわり，15 分で天窓に着火した。やがて火棚が崩落す

るとともに，天窓周辺が勢いよく燃え，20分後に屋根の一部がブロック状に
ひっくり返りながら落下し，それとともに空気が中に入り一層勢いよく燃えた。
その後まわりの屋根が50 cm程度のブロックとなって次々と落下した。小康
状態になったり，勢いを増したり，ということを何度か繰り返し，そのうち酸
欠状態が続くと消えそうになるので，その都度燃えるよう工夫した。あるいは
意図的に燃やさない限り，このような小康状態でも火が消えてしまうのかもし
れない。したがって，竪穴内に炭化材がまんべんなく残っているということは，
「燃や残す」という意識が強かったことを示すのかもしれない。

　火力が増すとともに奥壁寄りの屋根も大きく崩落し，これを契機として左右
の屋根も次々と崩れ，55分後には梁桁の内側（内区）の屋根のすべてが崩落し
た。屋根の崩落により空気のまわりが良くなったのか，その後は各壁の堰板も
勢いよく燃え，なかには内側に倒れ込むものもあった。このようにして点火後
1時間ほどでようやく火は消えたが，その後も時々再燃して最終的に鎮火した
のはおおよそ48時間後であった。最終的に屋根はすべて崩落したが，柱や
梁・桁材はそのままの状態で残存していた。その後，直立したまま残る柱材や
梁・桁材を観察したところ，予想もしないことを確認できた。

　今回の実験では意図的に燃やそうとしたこともあり，当然のことながら軸組
の部材も表面は炭化したが，内部はほとんど生の状態で，しばらくはそのまま
直立していた。ところが季節も変わり，冬になると，柱材などの炭化した表面
の部分が少しずつ剝がれ落ちてきた。この剝落した炭化材が，発掘調査で3層
上面にあった小片の炭化材に相当するのであろう。

　DF22竪穴建物で分類した炭化材は，堰板が直立したまま炭化したD群，中
央部で土とともに逆転しながら落下した屋根の下地をC群，B群は周縁部の
屋根土や周堤とともに次々と焼け落ちた小屋組みの材と考えれば，不規則に
残っていた焼土の状態とともに理解できる。以上のように焼失実験によって発
掘調査で想定した土屋根竪穴建物を具体的に検証することができた[5]。

（5）　竪穴建物の復元

　発掘調査や実験復元などをふまえて東，中央，西にそれぞれ大型竪穴建物1
棟，中型竪穴建物1棟，小型竪穴建物2棟を復元した。小型竪穴建物の中には

柱穴を確認できないものがそれぞれ 1 棟ずつあったが，柱のないものを土屋根建物として復元するのは困難だということで，又首を中央部で組むテント式の建物とし，屋根は樹皮葺とした。ただし柱穴のない焼失竪穴建物跡でも炭化材が部分的に残存する例もあることから，屋根の下端に土を寄せて，樹皮には泥を塗っている[6]。

　以上の復元建物は，原則として発掘調査で確認した遺構の上に保護盛土して同じ位置に構築している。竪穴建物の復元では竪穴の深さが重要である。微地形や土層，さらに縄文時代以降の遺構の保存状態など多方面からの情報などを整理して，可能な限り当時の深さを検証することにしている。そのため調査区ごとに検出面までの土層断面図を作成したり縄文時代以後の土量の変化を想定して，縄文時代の微地形も再現するようにした。たとえば西側調査区の大型竪穴建物（DF22）は，丘陵頂部の平坦面から東側の緩斜面上にあるため，北東部の壁が残存しない箇所もあるが，保護盛土により調整している。隣接している古代の竪穴建物跡は，壁がほとんど残存せず，かろうじて床面だけが残っていた。以上から，竪穴周辺は少なくとも 30 cm 以上削平された可能性が高く，遺構復元にあたっては以上のような情報も考慮して設計図を作成している。竪穴の位置だけでなく，炉や柱穴などの内部施設も同じ場所にこだわっているし，柱痕が確認できる場合は，柱の太さもほぼ調査の所見に準じて復元している。

（6）　整備後の観察

　復元建物は現在までに 12 棟建設している。1999 年（平成 11 年度）に発注したのが 6 棟，直営が 1 棟，12 年度は直営が 1 棟，13 年度は工事発注した 4 棟を建設している。復元した建物は，定期的に観察しながら土屋根竪穴建物の経過観察を記録するとともに，修理内容も報告書に記載している[7]。

復元後の状況

　1999 年に復元した竪穴建物は，2002 年になり少しずつ雨漏りがはじまり，樹皮の腐食も進んで徐々に雨漏りもひどくなってきた。2003 年に東側の大型竪穴建物の屋根に幅 50 cm のトレンチを設定して掘り下げたところ，樹皮はまだ残っていたが，それでもかなり傷んでいるし，上にのせた小枝はほとんど腐食していた。

中央部の大型竪穴建物では，入口の左手で又首が折れてしまった。おそらく腐食箇所が土や雪などの重みに耐えられなかったと思われる。そこは部分的な応急措置をして別材で楾木をしている。2004年になると，さらに雨漏りの箇所が多くなってきた。詳細に観察したところ，屋根の外側の途中に窪みができ，その部分に水が溜まって中に浸透することを確認したため，窪みに土を入れて叩き締めている。当初土屋根のすべてに天窓を設置していたが，雨漏りの原因にもなったため2005年に全部撤去している。

修復と仕様変更

2009年国庫補助事業として主に屋根材を中心に修復している。事前に現状を記録してから解体し，より実証的な復元とするため，経過観察で明らかになったことを踏まえて次のように仕様を変更している。

・屋根土

1999・2001年の復元では屋根土を大型・中型竪穴建物が厚さ30 cm，小型竪穴建物は20 cmとしているが，各竪穴の深さもまちまちであることから，あらかじめ竪穴の土量を計算して，それと同じ量の土を周堤や屋根にのせることにした[8]。東と西の大型竪穴建物では，屋根の全面を覆うには土が不足することが明らかになった。そのため不足部分には樹皮を被せている（図1-6）。

・屋根の下地

当初の復元では又首に身舎をのせて，その上に垂木，桟を組んでから樹皮をのせているが，土屋根ではやや太めの身舎を密に渡し，その上に樹皮を直接，敷いた方が安定し長持ちすることを確認しているので，垂木と桟は省略している。樹皮の上に小枝を束ねてその上に土をのせたが，4年後にトレンチで確認したところ，ほとんど腐食しなくなった。また束ねた小枝は，中に土が入り，必要以上に土量が多くなるため，入れないことにした。

・堰板

復元後の経過観察で土中に埋め込まれた堰板の腐食が激しかったこともあって，修理では土と接する部分をあらかじめ焼きこむことにした。同じく周堤部に差し込む又首尻も焼いている。

・縄

当初は市販の麻縄を使用していたが，民俗調査で，最近までシナノキの樹皮

図1-6　当初復元（土量計算前）

図1-7　修理後復元（土量計算後）

から採取した縄を利用していたことを知ったので，改めて聞き取り調査をしてシナノキを伐採した後，樹皮は半年ほど水漬けにして，その後内皮から繊維を取り出して縄とした[9]。

・屋根土

　クロボク土とローム土の混合土を屋根にのせていたが，クロボク土はモグラや虫などが入り穴だらけになるため水を吸収しやすくなる。したがって修理で

は，掘り込まれた竪穴と同質のローム土を使用することにした。

屋根勾配は，実験結果から土の崩れを防ぐため35度としていたが，徐々に上の崩れた土がたまってフラットになり，そこから中に水が入ることを確認ししたので，修理では若干勾配を急にしている。

以上のように本整備で復元した竪穴建物は，その後の経過観察や屋根の調査で得られた情報などから仕様を若干変更している。そのことでそれまで丸い土饅頭のような外観が，屋根頂部に樹皮をのせたとんがり帽子のように変わっている。ただ竪穴建物内で火を燃やす場合，頂部の樹皮部分から煙が抜けやすくなったこともあって格段に換気が良くなった。

・管理方法の検討

土屋根竪穴建物では，水の浸透による建築材の腐食が確認できたこともあり，建物の仕様を変更するとともに年間を通じた管理方法も検討した。土屋根が最もボロボロとなり，水が浸透し易くなるのは冬期の雪解けの時期である。日中は温度が上昇し屋根の雪は融けるが，夜になり温度が下がることで凍結する。この融雪と凍結を繰り返すことで屋根土は締まりのない土となり，ストレートに水を吸収するようになる。そこで春先には早めに屋根の雪下ろしをして，屋根土が乾燥する間際に土を叩き締めることにした。最近は春先に年中行事として実施しているし，日常的にボランティアが竪穴建物内で火燃やしをしていることもあり，カビが生えたり，あるいは腐食することも少なくなってきた。

おわりに

御所野遺跡の復元について，2棟の焼失竪穴建物を紹介した。発掘調査で得られる遺構復元の情報は限られるが，焼失竪穴建物の情報量は格段に多くなる。

御所野遺跡では，情報量の多い焼失竪穴建物の調査で作成した復元パースをもとに，試験的に建物を復元して内部の温・湿度を計測し，屋根土の変化なども観察して土屋根竪穴建物の復元が可能であることを確認した。次に発掘調査で出土した炭化材の部材検討のために火災実験をしている。その結果，小屋組の材が焼け落ちるのに対して，軸組はそのまま残存するなど，発掘調査で想定した焼失の過程が見事に再現されている。

248　　第Ⅲ部　復元学の現在と未来

最初の整備は設計施工とも業者発注しているが，建築史の専門家から指導を
受けて設計図を作成，施工の段階でも直接現場で指導を受けている。通常の遺
跡整備であれば，復元建物の完成で事業は一段落であるが，竪穴建物は，土中
にある木造建築ということで湿気が強く，数年後にカビが生えたり，部材が腐
食して折れたりする箇所も出てきた。そのこともあって，復元後の経過観察を
続けた4年後に屋根にトレンチを設定してその後の実態を調査している。以上
の経過観察や調査の情報は次の修理に生かしているが，経過観察を続けること
で土屋根竪穴建物の管理の方法も把握できるようになってきた。さらに季節ご
との具体的な対応もできるようになってきた。

　以上の取り組みは発掘調査のデータが基本となるが，それとともに考古学以
外の関連分野の成果も含め，その時点での最新の成果をもとに復元するべきで
ある。特に先史時代のように復元情報が非常に限られている場合，復元の根拠
をきちんと明示することとその後の検証を徹底することが必要である。以上の
経緯そのものの記録が貴重な研究材料になるからである。

　往々にして遺跡整備では時期の異なる個別の遺構を単独で模型的に復元する
場合もあるが，御所野遺跡では時期を定めて遺構群のまとまりとして復元して
いる。それは個別の遺構復元だけではなく，「縄文里山づくり」という縄文人
の活動により形成された景観と一体となった復元をめざしているからである。

注
1)　御所野遺跡は東西に長い段丘面上に立地し，その全容を把握するため遺跡の東側，中
　　央部，西側に調査区を設定しているが，それぞれの調査区で各時期の遺構を検出し遺
　　構を復元している。ここでは調査区と復元した遺構群の位置を説明するため，それぞ
　　れ東，中央，西として説明する。
2)　御所野遺跡では，指定前の調査でも，遺構をできるだけ保存しながら集落全体の構成
　　とその変遷を把握するため，遺構検出面でその分布を記録する調査（①）と遺構を掘
　　り下げてその内容を確認する調査（②）を併用してきた。特に①では周辺で同時期の
　　時期の調査を継続しており，時期ごとの平面形を把握していたこともあり，検出段階
　　で各遺構のおおよその時期は把握できた。そのなかで最も表現しやすい時期としてⅣ
　　期を選定し，その後も優先的に調査してきた。
3)　土屋根竪穴の可能性の確認後，御所野遺跡指導委員で奈良国立文化財研究所の浅川滋
　　男氏に調査を依頼し，同所員の西山和宏氏とともに発掘現場での実測から参加し，想

定復元図を作成していただいた（浅川ほか 1997）。

4) 馬場平遺跡や周辺の田中遺跡群，大平遺跡などの調査から，Ⅱ期（長）方形→Ⅲ期（長）楕円形→Ⅳ期卵形→Ⅴ期円形という変遷を把握している。

5) 屋根が焼け落ちる段階で屋根の下地とともに土が崩れ落ち，その上に小屋組などの材が落ちて燃えることで焼土が形成されるということや，竪穴が崩落した後その上に直立していた軸組表面の炭化材が剥落して堆積することで，発掘調査で確認した炭化材や焼土と各層の関係を実験で具体的に確認できた。

6) 動物の皮を用いたテント式の建物は，北方民族などに類例がある。茅葺屋根も検討したが，御所野遺跡で確認された焼失竪穴建物では茅などは全く出土していないため，樹皮葺として復元した。その場合，炭化材が残存している例もあることから，炭化材が残りやすい状況を作り出すということで樹皮に泥を塗っている。屋根に泥を塗る例は，秋田県北秋田市の胡桃館遺跡の平安時代の屋根を参考にしている。

7) 2006 年までの管理状況については『御所野遺跡環境整備報告書Ⅱ』，2007 年以降については『御所野遺跡環境整備報告書Ⅲ―総括報告書―』で報告している。

8) 土量は竪穴の深さと関連するが，発掘された竪穴は，必ずしも当時のままではない場合が多い。したがって深さは周辺の基本層序から，それ以降の土の移動なども想定して算出した。基本層序のほかには，縄文以後の遺構の状況なども参考にしている。

9) シナノキは伐採後直後に皮を剥いで，そのまま半年ほど水漬けにしてから内皮の繊維を取り出し，水洗い後乾燥してから縄にしている（高田ほか 2016）。シナノキの縄は鳥浜貝塚などから出土しており，縄文時代に広く利用されていた可能性が高い。

参考文献

浅川滋男・西山和宏「縄文時代中期の焼失竪穴住居とその復元」『日本建築学会大会学術講演梗概集』1997 年

浅川滋男・西山和宏「御所野遺跡で出土した縄文時代中期の焼失竪穴住居群」『奈良国立文化財年報』奈良文化財研究所，1997 年

高田和徳「縄文土屋根住居の実験的復原」『人類誌集報』3，東京都立大学考古学研究室，1998 年

高田和徳「縄文集落の復元事例―岩手県御所野遺跡の整備から―」『日本考古学』15，2003 年

高田和徳『縄文のイエとムラの風景』新泉社，2005 年

高田和徳・西山和宏・浅川滋男「縄文時代の土屋根住居の復原（一），（二）―岩手県一戸町御所野遺跡の焼失住居―」『月刊文化財』6・7，1998 年

高田和徳・山田昌久「御所野遺跡の考古学的な集落分析」『人類誌集報』2，東京都立大学考古学研究室，1997 年

中市日女子・高田和徳「シナノキ繊維利用技術の実験誌―御所野縄文公園の例―」『考古

学ジャーナル』683，ニューサイエンス社，2016 年

山田昌久・磯部保衛・小林加奈　2004「縄文時代の道具を使った建物復原」『御所野遺跡
　　環境整備事業報告書Ⅰ』一戸町教育委員会，2004 年

山田昌久・岩田らさ・工藤雄一郎・小林加奈「縄文時代の道具を使った伐採実験」『御所
　　野遺跡環境整備事業報告書Ⅰ』一戸町教育委員会，2004 年

御所野遺跡関係報告書

一戸町教育委員会『御所野遺跡調査報告書Ⅰ─縄文時代中期の大集落跡─』1993 年

一戸町教育委員会『御所野遺跡Ⅱ』2004 年

一戸町教育委員会『御所野遺跡環境整備事業報告書Ⅰ』2004 年

一戸町教育委員会『御所野遺跡Ⅲ』2006 年

一戸町教育委員会『御所野遺跡環境整備事業報告書Ⅱ』2007 年

一戸町教育委員会『御所野遺跡植生復元整備計画書─縄文里山づくり事業』2010 年

一戸町教育委員会『御所野遺跡Ⅳ』2013 年

一戸町教育委員会『史跡御所野遺跡保存管理計画』2014 年

一戸町教育委員会『御所野遺跡環境整備報告書Ⅲ─総括報告書』2017 年

一戸町教育委員会『御所野遺跡Ⅴ』2015 年

〔付記〕

　御所野遺跡の竪穴建物の復元は，以上のことを基本的な方針として実施してきた。ベースとなったのは浅川滋男氏と西山和宏氏による現地での指導である。お二人のご尽力に衷心より感謝します。

第2章　史跡整備の実務に関わる「実験考古学」的手法

田 中 弘 志

は じ め に

　史跡とは広義には神社，仏閣，城郭などの現存する建物や，現存しない旧跡と呼ばれる歴史的な場所を意味するが，狭義ではそうしたもののうち，特に法律により重要文化財に指定され，保護された遺跡を指す[1]。

　史跡整備とは，最も単純にいえば，こうした遺跡を活用するために公園化することである。ただし，発掘調査の成果を厳密に表現し，遺跡の持つ本来的な価値の顕在化を図ることが第一義であり，「だいたいこんな感じ」では許されない。また，遺跡の持つ「真実性」を損なうことなく，活用面での「汎用性」も併せ持たせなければならないという，相反する要請に応えなければならない難しさがある。

　ここでは国指定史跡弥勒寺官衙遺跡群[2]の整備を例に，その過程で発掘調査の成果を実際の規模で表現する際に生じた課題に対して試行錯誤した実例をあげる。

　遺跡群は弥勒寺跡（ムゲツ氏[3]の氏寺）を中心に，その東側の狭小な河岸段丘上にある弥勒寺東遺跡（美濃国武義郡衙跡）と，西側の尾根を越えた谷あいにある弥勒寺西遺跡（祭祀遺跡，未指定），さらに西側の池尻山の支尾根の先端にある池尻大塚古墳（方墳）からなる（図2-1）。これらの遺跡を総称して弥勒寺遺跡群[4]と呼んでいる。このなかから，弥勒寺東遺跡の郡庁院と正倉院，弥勒寺跡の塔と金堂の整備実例について述べる（図2-2）。

　整備の意義を史跡の性格に沿って考えるために，まず概要を述べるが，「1 概要」と「2 整備実例」それぞれの項の数字を同一とした。適宜，前後して参照されたい。

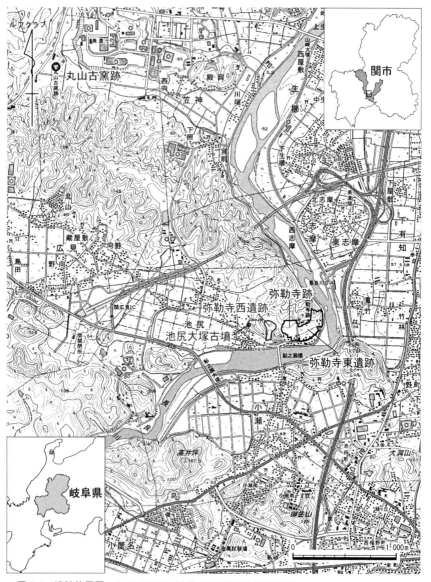

図 2-1　遺跡位置図　S＝1/35,000（出典：関市教育委員会 2012）

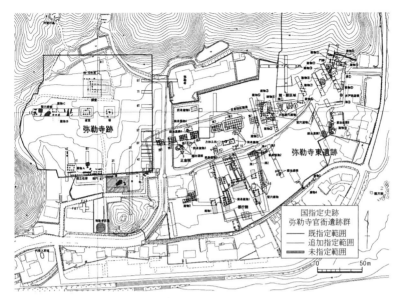

図 2-2　弥勒寺跡・弥勒寺東遺跡　S＝1/4,000（出典：関市教育委員会 2012）

1　弥勒寺東遺跡の概要

　美濃国武義郡衙に比定される弥勒寺東遺跡は，郡衙成立以前の段階で「弥勒寺」が建立されるまでの飛鳥・白鳳時代（7世紀後半〜8世紀初頭）と郡衙が存在した奈良時代初頭から平安時代中頃まで（8世紀初頭〜11世紀前半），さらに中世の遺構が重なり合う複合遺跡でもある。

（1）　郡　庁　院

　郡庁院は，掘立柱塀（東西160尺×南北200尺）[5]によって囲繞された範囲に，正殿と東西両脇殿が「品」字形に整然と配置されている。正殿と東脇殿は，当初の位置を踏襲した2度の建替が確認され，3時期（郡庁Ⅰ〜Ⅲ期）の変遷をたどることができる。またⅠ期においては，それぞれの脇殿に北棟を配置した「H」字形を採ることもわかっている（図2-3）。

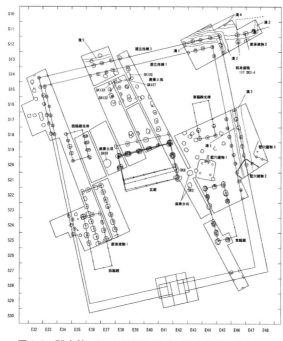

図 2-3　郡庁院　S＝1/1,000（出典：関市教育委員会 2012，目盛 4 m）

正殿

庇を入れると桁行約 14.8 m，梁行約 11.8 m を測り，弥勒寺東遺跡の建物群の中で最大の建物である。柱穴の形状は隅丸長方形ないし楕円形を呈し，身舎（庇を除いた建物部分）についていえば，東西方向の側柱は桁行方向に，妻側の柱穴は梁行方向に長径がくる傾向がある。全形がわかるもので計測すると，長径の最大が 1.7 m，短径で測っても 1 m を下るものはなく，柱穴についても遺跡中で最も大きい。桁行 5 間，梁行 2 間の身舎の南北両面に庇の付いた建物と考えられ，身舎で 2 度の建替（3 時期の変遷）を確認した。庇については，南面が 2 時期，北面の建替は見られない。

東脇殿（南棟）

桁行 6 間，梁行 2 間の側柱建物で，桁行約 14.2 m，梁行約 5.3 m を測る。柱間は，およそ桁行 8 尺等間・梁行 9 尺等間で建てられていると考えられる。正殿と同様に 2 度の建替（3 時期の変遷）を確認した。

西脇殿（南棟）

桁行 4 間以上，梁行 2 間の側柱建物で，梁行約 4.7 m（東脇殿より 2 尺短い）を測る。桁行は東脇殿と同じ 6 間（14.2 m）を想定した。柱間は桁行・梁行共に，およそ 8 尺等間で建てられていると考えられる。

西脇殿北棟

桁行 4 間，梁行 2 間の側柱建物である。桁行約 7.4 m，梁行約 4.5 m を測る。

桁行は25尺，梁行は15尺で設計されたものと考えられる。

東脇殿北棟

桁行2間以上，梁行2間の側柱建物と推定される。梁行は約4.5 mを測り，柱間はおよそ7.5尺等間である。桁行はおよそ8尺と測れることから，西脇殿北棟と同じ4間で復元すると，9.5 mとなり，西脇殿北棟と北妻の柱筋が一致する。

掘立柱塀1・2

正殿，脇殿を囲繞する柱穴列を2列検出した。郡庁院を区画する，掘立柱による塀と考えられる。二重に巡るこの柱列の内側を掘立柱塀1，外側を掘立柱塀2とした。柱穴は一辺90 cm前後で，建物のそれに比べると少し小振りな方形の掘方が特徴であり，柱間は掘立柱塀1でおおむね8尺，掘立柱塀2はおおむね8.5尺である。掘立柱塀1が正殿の中軸線で左右対称になり，さらに正殿身舎の南側柱で前後対称となることから，本来の設計は掘立柱塀1であり，掘立柱塀2は，ある段階で拡張が図られたものと考えられる。また，塀の東辺と北東角で，掘立柱塀1と2の間に幅約60 cmの溝1，掘立柱塀2の外側に幅約1～1.2 mの浅い溝2がある。それぞれの塀の外側か，あるいは塀2の段階に内側と外側を巡る溝が設けられていた可能性がある。

郡庁院の変遷（図2-4）

Ⅰ期には，脇殿に北棟が伴い，「H」字形の郡庁院として成立したと考えた。東西の脇殿北棟の柱穴から出土した遺物に，奈良時代以降の須恵器や土師器の

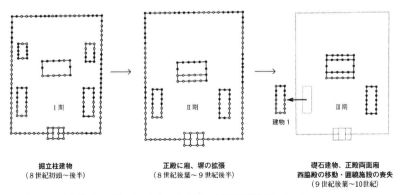

図2-4　郡庁院 変遷案　S=1/1,800（出典：関市教育委員会2014）

混入が認められない点を重視したものである。II期は，弥勒寺西遺跡で明らかになった，最も盛んに祭祀が行われた時期にもあたる。III期には，正殿の身舎や東脇殿が礎石建物となる。ただし，III期における囲繞施設（掘立柱塀2）の存在を積極的に裏付ける証拠はない。III期への建替の時期は，正殿の礎石の根石掘方から出土した灰釉陶器による。

発掘調査から得られなかった情報を厳密に反映させるならば，III期には西脇殿の位置に建物はなく，西側の建物1（西脇殿と同規模の掘立柱建物）へ平行移動した可能性がある。

(2) 正倉院

郡庁院の背後に横たわる1〜1.5m程の段丘崖[6]を境として，その上段に位置している。東西約130m，南北約40mの溝で区画された東西に細長い範囲に，南側の柱筋を一直線上に揃えて建ち並ぶ7棟の正倉が確認された。一部の正倉（西1と西2）は，掘立柱から礎石建へ建替えられている。また，22.8m×12.3mの基壇を持つ桁行8間（約19.2m），梁行3間（約8.1m）の巨大な礎石建の正倉（東2）も見つかった（図2-5）。

9棟の掘立柱倉庫を配置した正倉I期，柱の位置を完璧に踏襲して礎石建倉庫への転換や維持が図られた正倉II期，特別な役割を得たと考えられる巨大な正倉が成立してくる正倉III期という変遷をたどることができる。巨大な礎石建の正倉は「正税帳」に見える「法倉」[7]に相当すると考えられる。

なお，正倉院を中心に炭化米が出土した。炭化米を包含する層の厚さが30cmに達する箇所（正倉東3付近）があり，収納されていた米の多量さをう

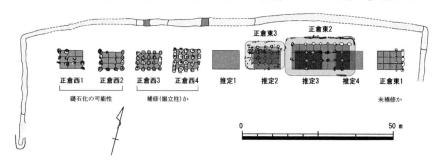

図2-5　正倉院　S＝1/1,200　（出典：関市教育委員会2014）

かがわせる。

（3）弥勒寺跡

弥勒寺跡は，1930年に塔跡が県の史跡指定を受けていた。1952年，当時東京国立博物館の学芸部長であった石田茂作が来関。弥勒寺所蔵の瓦を実見し，また簡易なボーリング調査によって金堂跡を推定して，白鳳寺院の存在を確信するにいたり，翌1953年，初めての学術調査が実施されることになる。この成果は，翌年の『MUSEUM』36〜38号に報告された（石田1954）。1956年には，第2次調査が実施された。「塔，金堂址の心々を結んだ地点より南方200尺」において，南門の礎石の位置を示すと思われる「根石」を発見したことにより，これが寺域の南端とされ史跡指定範囲400尺（121.1 m）[8] 四方の根拠になっている。

塔　跡
一辺約12.1 m（41尺）の正方形，高さ約90 cm（3尺）の石積基壇上に，塔心礎と方3間で一辺約6.2 m（21尺，7尺等間）の側柱のうち，4基の礎石が残存する。

金堂跡
東西約14.8 m（50尺），南北約12.4 m（42尺），高さ約75 cm（2.5尺）の石積基壇上に，桁行3間，梁行2間の身舎の四面に廂が付く建物で，廂の出も含めて桁行5間（約11.1 m＝37.5尺，7.5尺等間），梁行4間（約8.3 m＝28尺，7尺等間）の礎石のうち，身舎の6基，廂の2基の礎石が残存する。

整備に先立ち2016年に行った確認調査では，金堂の基壇の下半部は地山が削り出されており，上半部は盛土で，塔は金堂の基壇を削り出した地面と同じ高さになるまで盛土による整地を施した後，基壇は版築工法で築き上げられていることがわかった。大規模な不陸調整を行って水平が確保されており，その範囲は伽藍全体に及ぶものと推測される。

講堂跡
1997・98年に実施された西半部の調査では，桁行5間（約15 m），梁行2間（約6 m），10尺等間の身舎の四面に，約2.4 m（8尺）の廂が付き，廂の出を含めると約19.8 m×10.8 mの建物が推定されているが，検出された雨落溝は，

塔と金堂の棟方向と比べ，北で1度30分ほど東に振れている（むしろ，塔や金堂に比べて真北に近い）。この溝は，講堂の礎石をそのまま利用した中世における建物に伴うものである可能性があり，古代における本来の講堂の最終的な主軸方向や規模の確定は，東側半分の調査を待たなければならない。

その他の遺構

これら伽藍を構成する主要な堂宇のほかに，伽藍主軸に斜交した南門と掘立柱塀や掘立柱建物，竪穴建物等が見つかっているが，その他の遺構（回廊，経蔵，鐘楼など）は検出されておらず，全容の解明は依然として課題である。

2 整備実例

発掘調査で遺跡の謎がすべて解明されるわけではないが，とりあえず調査した部分から報告書を編む。記録保存する遺跡（残念ながら開発で破壊されてしまう遺跡）であれば，ほとんどの場合，行政として行う仕事はここで終わりである。いっぽう，保存して活用する「史跡」は，次に用地の取得と整備計画の立案（基本計画策定）が担当者に重くのしかかってくる。史跡整備の顛末としては，財政的な課題も含め，この部分が最も時間と労力を要し，かつその後の流れを左右する重要な局面であるが，そこは割愛して，幸いにしてすべての条件が整った場合に行われる整備の実例について話を進めたい。

弥勒寺遺跡群の場合，古墳時代から飛鳥時代，奈良時代，平安時代と変遷する過程のどの時代を切り取って地面に表現するのか，一番はじめに選択を迫られる難題である。その選択は同時に諦めでもある。遺跡のその他の可能性や多面性を見えなくしてしまうことにもなるからだ。

関市は，2005年に旧武儀郡のすべてが合併した[9]。現在の市域は「V」字形を呈するが，もともとの武義郡は，斉衡2年（855）に4郷を分けて群上郡（現在の郡上市）が分立されるまでは，13郷を擁する上郡[10]であり，現在の中濃・北濃[11]と呼ばれる美濃では最も広い領域を有していた。そこで，合併した新しい関市の統合の象徴として，武義郡の中心として成立した当初の姿を再現する案が検討され，「古代武義郡発祥の地」が選択の「理屈」となった。

(1) 郡庁院

　成立した当初の姿を表示する案が正式に決まる1年前の2013年度に，校区の小学6年生と郡庁院の仮整備を行った。丸太で柱を表現し，郡庁院を再現してみようという体験学習でもある（図2-6）。発掘調査の成果にもとづいて，建物の範囲を側柱の柱通りから50cm外側まで10cmほど凹ませておいた地面に予め柱位置に印を付けておき，径30cm〜50cmほどの間伐材で太い丸太は正殿に，細い丸太は脇殿北棟に，その中間の丸太は脇殿（南棟）に割り振り，児童と一緒に丸太を立てていった。この後，建物跡を浮き立たせるために，凹み全休に砕石を敷き，仮の整備とした。

図2-6　郡庁院仮整備（瀬尻小学校の児童たち）

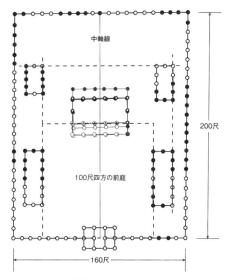

図2-7　郡庁院の建物配置　S=1/1,000
（出典：関市教育委員会2012）

　発掘調査の報告書では，郡庁院の建物群は高度な配置計画にもとづいていると結論づけていた。掘立柱塀で遮蔽された空間の中心に正殿の正面出入り口が来るように配置され，さらに正殿と脇殿で囲むことによって，100尺四方の前庭が用意されているとする

考えである（図2-7）。

　仮整備のもとになった図は建物ごとに柱間構成を検討したうえで集成した前掲の全体図（図2-3）である。この図は検出したすべての遺構が示された図であり，Ⅰ期にしか存在しなかったと考えられる脇殿北棟とⅡ期の脇殿（南棟）が一緒に描かれている（Ⅰ期の柱穴はⅡ期に踏襲されており，Ⅰ期の柱痕跡は平面図には現れないため，脇殿はⅡ期の柱通りの線が描かれている）。つまりⅠ期とⅡ期が混在していた。これをもとに実際の大きさで表現された東脇殿の北棟と南棟は著しく方向が異なり，いかにも違和感があったのである。省察するに，仮整備の気楽さから「どの時代を切り取るか」という考えが深められていなかったことと，報告書作成段階で考察した配置原理のとおりであれば，実大で表現しても誤差の範囲に収まると安易に考えていたのである。しかし，実際はそうではなかった。何分の1かに縮小された図面上では線の太さのなかに収まる差でも，実際にmm単位の座標を与えて実大で表現した場合の差は，「誤差の範囲」ではないという教訓である。個々の建物についての検討に加えて，建物間の相互の配置の規則性に着目した全体の見直しが重要であることを思い知ることになった。

　整備工事の基本設計では，郡庁院全体の不陸整正を行ったうえで，現在の間伐材による表示を擬木に変更することになっていたが，実施設計段階で東脇殿Ⅰ期の建物配置の再検討を試みた。前述のとおりⅡ期の柱穴によってすべて切り取られているため，柱痕跡は平面図には表現されていない。しかし，東脇殿の南西角とその東側（南妻側の中心）の柱掘方のⅠ期とⅡ期の重なり方を見ると，Ⅰ期の柱掘方はⅡ期の柱掘方から西側にはみ出している。つまり，これらのⅠ期の柱位置はⅡ期より，少し西に偏した位置にあったことが推測できる。さらに，東脇殿は検出された11基の柱穴のうち，5基の柱穴について断面観察しており，そのうちの北東角の柱穴については，Ⅰ期の柱痕跡がとらえられていた。これを見ると，Ⅰ期の柱痕跡は，柱穴の東壁に沿って（柱穴の東端ギリギリに）立てられていたことがわかる（Ⅱ期の柱痕跡もほぼ同位置）。これにより，東脇殿Ⅰ期の建物全体の方向は，Ⅱ期の柱痕跡をもとに描いた方向より，北東角の柱を中心に，南をやや西へ回転させた向きに描くことが妥当であるという結論にいたる。この南北線を北に延長して北棟との関係を再検討した結果，

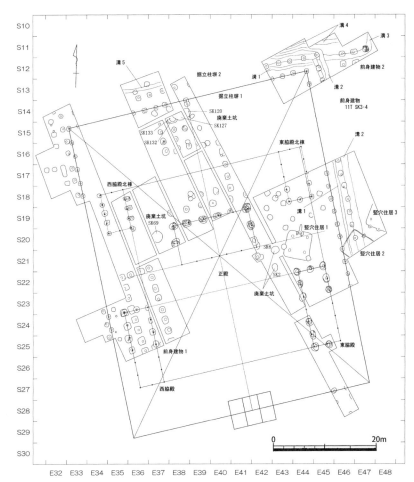

図 2-8　郡庁院修正案　S＝1/700（出典：関市教育委員会 2012, 図 2-3 を修正・加筆）

東辺は一致せず，南棟より 30 cm ほど東に出る配置となる。そのほか，掘立柱塀や正殿の位置等に微調整を加えた結果，想定される八脚門の位置も微妙に修正することになった（図 2-8）。自身で編んだ報告書をこれほど熱心に読み返したのは初めてである。郡庁院の整備工事は，2018 年度に実施した。

(2) 正　倉　院

Ｉ期の正倉院には，南側の柱筋（正面）を揃えて 9 棟の正倉が整然と建ち並

んでいたと考えられる[12]。実際に検出した正倉は，西から正倉西1〜4，東から正倉東1〜3と呼んでいる7棟だが，正倉東2と東3はⅢ期に属する基壇を持つ礎石建の正倉である[13]。つまり，これらの下層にあるⅠ期の正倉は，発掘調査では未だ確かめられていない。

　正倉西1と西2，正倉西3と西4との間には明らかな違いが読み取れる。正倉西1と西2は桁行3間，梁行3間であるのに対し，正倉西3と西4は桁行4間，梁行3間である。前者は校倉，後者は板倉と考えられる[14]。建物正面の幅（桁行）は正倉西1は22.5尺，正倉西2は24尺であるのに対し，正倉西3と西4は共に26尺である。また，正倉西1と西2の棟間は20尺，正倉西3と西4は正倉西2と西3からそれぞれ16尺離している。正倉西1と西2が造営された後，平面形式を桁行3間，梁行3間から桁行4間，梁行3間へ（すなわち校倉から板倉へ）の変更と配置計画（棟間）の変更があり，桁行・棟間を同じくする正倉西3と西4が造営されたと考えられる。このことから，正倉西4と正倉東1との間には，桁行4間，梁行3間で桁行26尺の正倉が4棟建っていたと推定できる（図2-5）。

　正倉院の整備は，この想定をもとに，擬木による平面表示を2016年度に実施した[15]。

　工事がなかばを過ぎた頃，現場を訪れてみると愕然とした。正倉の1棟1棟が，「てんでばらばら」の方向を向いた表示になっているではないか。整備の意図とは異なることを説明し，直ちに工事を止めた。南の柱筋を揃えて建てられていたはずなのに，身体を一番端の柱に置き見通すと，現場では10cm〜20cm内外の狂いが出ている。工事は柱通りの交点にmm単位で国土座標が与えられ，厳密に測り出された位置に施工されており，施工の誤りではない。では，なぜこのようなことが起こったのか，設計を担当した業者と再度打合せた結果，我々が提示した図面に問題があった。今考えると至極当然のことであるが，個々の建物について考察した結果できあがった提供図面が我々にとっては最も精度が高い図であったはずである。しかし，建物配置を考える場合，大きな縮尺の図面に鉛筆で線を引き，「みごとに南の柱筋が揃っている」などと説明しながら悦に入っていたのである[16]。

　もう一度，発掘調査報告書に戻って検討することになる。今度は，パソコン

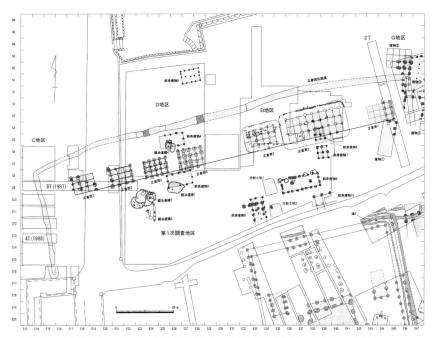

図 2-9　正倉院修正過程　S＝1/1,300（出典：関市教育委員会 2014，補助線を加筆）

上で正倉西1から東1の柱を結ぶ理論上太さを持たない「補助線」を引き，そのうえに個々の正倉について柱間構成を考察した建物の線を，形はそのままで，その線を基準にオフセットして，改めて工事のための座標を割り出そうとしたのである（図2-9）。この時点では，調査の成果と整備の出来形が多少異なっても，遺跡の見え方や配置原理を理解していただくためには，「真実性」が失われることも，ある程度しかたのないことなのか，あるいは，やはり「真実」の整備をするべきなのか迷いがあった。そのどちらを選択するかを検討するための作業（実験的試み）でもあった。

その結果，「南の柱筋を揃える」という「可能性としての配置計画」にしたがって再考し，できあがった図の方がむしろ柱痕跡をバランス良くとらえる線となったのである。大縮尺の図面（図2-9）では読み取ることができないため，正倉西2を例として100分の1の図で見てみよう（図2-10）。図面の下方を横切る線が「補助線」である。報告書作成段階で正倉西2を単体で考えた建物の線と，その形を補助線に沿わせて置き直した線との両方を示した。かくして，

第2章　史跡整備の実務に関わる「実験考古学」的手法（田中）　　265

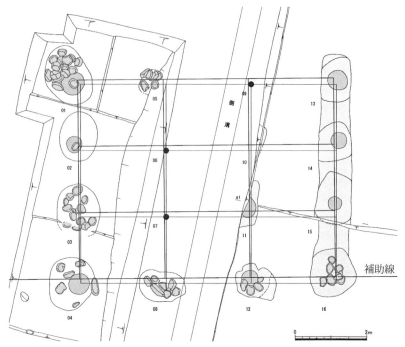

図 2-10　正倉西 2 修正案　S＝1/100（出典：関市教育委員会 2014，加筆）

図 2-11　正倉院の整備

この修正案をもとに柱位置に改めて座標を与え，整然と建ち並ぶ様子が印象的な整備となった（図 2-11）。

このように 1 分の 1 で表現しようとしたとき初めて意識できたことであり，それをもう一度発掘調査の成果にフィードバックして，より良い結果が得られた例である。「高度な配置計画と測量技術」などという小難しい話ではなく，考えてみれば現場に長いロープが 1 本あればよい，ということでもある。古代の技術者と心がリンクした瞬間であった。

(3) 弥勒寺跡の失われた塔と金堂基壇の復元

弥勒寺跡には円空[17]が中興したと伝えられる天台宗龍華山弥勒寺がその法灯を伝えていたが、塔と金堂の基壇の南端を切り崩して、これらを背にして本堂と庫裡が建てられていた。史跡整備のため、1995年に現在の場所に移転し、古い建物は取り壊されたが、失われた塔と金堂の基壇は剥き出しの状態であった。

弥勒寺跡の整備は、2017年度に実施した。公園としては弥勒寺東遺跡（官衙エリア）方面からと、寺院の南門から伽藍にいたる園路整備と伽藍南側に芝生広場を整備したが、史跡整備のメインは、塔と金堂の基壇表示である。これに先立ち、2016年度に発掘調査を実施し、この成果を同時に行った実施設計に即反映させて、翌年の整備となった（図2-12）。

基壇を復元するにあたって当時の地面を知ることが先決である。現在の地形は緩やかな南垂れの傾斜地で、1960年代までは塔と金堂のすぐ北側に2段の水田があった。塔と金堂の間は緩やかな坂となっている。1953年の調査では、「北登りの地勢の関係で、礎石面の水平は同じでも、講堂の基壇は金堂より更

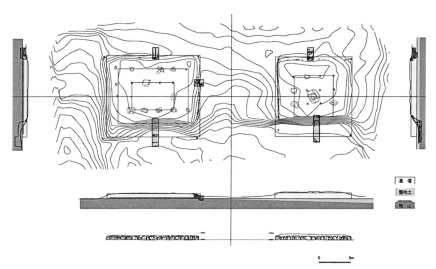

図2-12　弥勒寺跡塔・金堂基壇調査（上）と基壇の復元　S＝1/600
（出典：関市文化財保護センター 2016）

図 2-13　弥勒寺跡金堂（左）と塔（右）

に低いものであったのではないか」とされ（石田 1954），基壇は山側が低く，谷川が高くなっていることが想定されていたが，今回の調査では，標高 59.6 m で金堂は削り出されており，塔はその高さまで盛土により整地されていることが確かめられた（図 2-12）。その精度は数 cm 以内で，この整地は伽藍全体に及んでいたと推測される。創建当時の伽藍の高さを復元するとなると，大規模な土木工事となるうえ，削る範囲は発掘調査が必須となることから現実的ではない。そこで，削平された塔と金堂の南側において，当時の地面である標高 59.6 m を再現したうえで，失われた基壇を復元表示することとした。

　基壇の立ち上がりには壇正積[18]の羽目石のような大きな自然石が用いられていたことが確かめられたので，基底に大きな石を一段並べて本来の基壇の規模を表示する設計とした。作業を始めてみると，石と石がもたれ合う据え方をすると現代的な野面積みに見えてしまい，一つ一つの石を単体で安定させると「遺跡らしく」見えることに気がついた。また，使用する石の大きさや形がまちまちであるため，天端を揃えて据えた後に，下端を 59.6 m の高さまで埋める手順を採った。石材は現場調達（買上げた用地に残された硬質砂岩を用いた現代の工作物の再利用）で賄うことができる計画であったが，「見え方」にこだわった結果，用いることができた石材は半分にとどまり，金堂は新たに入手した似た雰囲気の石材を用いた（図 2-13）。塔は力強く，金堂はスマートな異なる印象の基壇表示となった（図 2-14）。

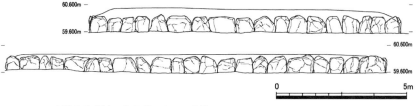

図 2-14　弥勒寺跡基壇の復元塔（上）と金堂（下）S＝1/140（出典：整備出来形）

おわりに

　天武天皇元年（672）の壬申の乱では，大海人皇子の舎人（側近）であった身毛君広が，村国男依，和珥部臣君手ら美濃出身の舎人らと共に「美濃師三千」（美濃の兵士 3,000 人）[19]を動員し，「不破之道」（後に不破関が置かれる）の確保に成功した。彼らのこの働きが吉野方を勝利へと導いたのである。ムゲツ氏らは，壬申の功臣として，後々まで厚く遇されることになる。「弥勒寺」は，身毛君広に対する論功行賞の結果として，中央からの技術的援助により建立された寺院であると考えられてきた（八賀 1973）。しかし身毛君広は，壬申の乱以降，史料から忽然と姿を消し，その没年すら不詳である。それは，地方にあってその地歩を固めることに専念した氏族であり，乱の後，中央政界へ進出する村国氏とは対照的な在地性，土着性の強い豪族であったと説明されてきた（野村 1967）。弥勒寺東遺跡の郡庁院，正倉院の建物群が整然と建ち並ぶ姿から，ムゲツ氏が中央集権国家を目指した都の政権と密接な関わりを持ち，その理想をこの地にあって実現することを強く意識した氏族であったことがうかがえる。壬申の乱を乗り越えた彼らは，郡領としての地位を確固たるものにし，中央との結びつきを背景に寺院を建立し，自らの拠点を郡衙に変え，国家権力を民衆に誇示する視覚的効果を備えた荘厳な建物を次々と建立していった。すなわち東国支配の最前線として，国府政庁に匹敵する整然とした郡衙政庁を成立させ，律令制を人々の「目に見える形」にしたのである。武義郡衙は成立当初，国府に求められた働きと同様の機能を持っていたか，あるいは期待されていたと考えられる。

　このような律令制を体現する遺跡群として，整然とした建物配置を可視化す

図 2-15　郡庁院の整備

ることによって，それを伝えようとした試みを述べた。「実大で表現してみる（仮整備や整備工事中に得られた反省をもとに考え直す）」という行為が，結果として「実験考古学」的な手法となったといえよう。

　なお，郡庁院の整備工事は，諸般の事情により西脇殿及び八脚門推定位置を含む南西角部分を除いて，脱稿後の 2019 年 3 月に完了した。したがって，現在本整備と仮整備のままの西脇殿が現場で比較できる状態にある（この部分の整備は，2020 年度予定）。

注
1) 文化財保護行政の担当者が特に「史跡」と注釈を付けずにいう場合「国指定」を省略している場合が多く，「史跡」＝「整備して活用すべき遺跡」という少し重たい意味を持つ。
2) 関市池尻字弥勒寺に所在する弥勒寺跡，弥勒寺東遺跡，池尻大塚古墳と美濃市大矢田に所在する丸山古窯跡を合わせた国指定史跡としての名称。
3) 『古事記』や『日本書紀』，『延喜式』などに記事があり，「牟義都」「身毛」などさまざまに表記される。
4) 国指定史跡　弥勒寺官衙遺跡群のうち，特に関市に所在する遺跡と未指定の弥勒寺西遺跡を指す（この場合の「弥勒寺」は地名）。
5) 検出された北辺の両角の柱痕跡の心々距離は 47.4 m。これから割り出される 1 尺の長さは 29.63 cm。弥勒寺東遺跡のすべての建物は，この数値（尺度）をあてはめて検討している。
6) 遺構の検出状況から，当時は段丘崖はなく，緩やかな南垂れの斜面なりに正倉院及び郡庁院が建てられていたと考えられる。
7) 支配権力を民衆に誇示するために，特に大きく立派に造られた正倉。この前の空間（広場）で，出挙に関わる儀礼が行われたと考えられる。
8) ただし，このとき用いられた尺度は，曲尺（1 尺＝30.3 cm）。
9) 旧武儀郡の武芸川町，武儀町，洞戸村，上之保村，板取村の 2 町 3 村が関市に吸収合併された。これに美濃市，郡上市を加えた範囲が，ほぼ成立当初の「武義」郡の範囲。

10) 統治する里の数によって大郡（20〜16 里）・上郡（15〜12 里）・中郡（11〜8 里）・下郡（7〜4 里）・小郡（3〜2 里）の 5 等級に分けられ，勤務する役人の位階，員数が細かく規定されていた。

11) 美濃地方の平野部は，一般に，西濃・中濃・東濃という区分で認識され，中濃の北部に位置する山間部は特に北濃と呼ばれる。

12) これに対して，柱間構成が各々異なるため，北側の柱筋は揃わない。

13) 特に正倉東 2 は，基壇と礎石の一部が残る巨大な倉であり，また「法倉」と考えられることから，郡衙の変遷やその背景など，歴史的には考察の材料を多く与えてくれる。I 期を表現するという方針のもと，この遺構は地中に保存したため，残念ながら見ることができない。

14) 海野聡の教示による。

15) 正倉西 1 と西 2 の一部は道路上に舗装の骨材の色を分けて表現し，正倉西 2 の一部と西 4 までと正倉東 1 を擬木表示，その間の推定 4 棟は砂利敷のみで表現した。

16) たとえば，1,000 分の 1 の図面上での 0.1 mm は，実物大では 10 cm である。

17) 「円空仏」で知られる遊行僧（1632〜95）。弥勒寺の長良川畔に入定したと伝えられる。

18) 切石による基壇外装で束石を備えたもの。

19) 正倉院文書「大宝二年御野国戸籍」の「加毛郡半布里」（現在の岐阜県加茂郡富加町羽生付近）の戸籍に，郡司クラスの官人が帯びる「正八位上」，「従七位下」という高い位を帯びた農民が見せる。年齢は 58〜60 歳，大宝 2 年（702）からさかのぼること 30 年の壬申の年，彼らは屈強な若者であった。おそらく乱において目覚ましい活躍をした者である。美濃には壬申の乱の論功行賞の結果，帯位者となった農民が相当数居たことが推し量られる。

参考文献

石田茂作「美濃弥勒寺の発掘」『MUSEUM』36〜38，東京国立博物館，1954 年

篠原英政・田中弘志「弥勒寺跡・弥勒寺東遺跡—美濃国武義郡衙と寺院—」『古代』110，特集「古代における寺の空間構成」早稲田大学考古学会，2001 年

関市『国指定史跡 弥勒寺官衙遺跡群 保存管理計画書』2010 年

関市『古代武義郡発祥の地 弥勒寺史跡公園整備基本計画—国指定史跡 弥勒寺官衙遺跡群—』2015 年

関市教育委員会『史跡 弥勒寺跡 附丸山古窯跡 保存管理計画書』1980 年

関市教育委員会『弥勒寺跡—範囲確認調査報告書—』I 〜 III，1988〜90 年

関市教育委員会『国指定史跡 弥勒寺跡』1996 年

関市教育委員会『弥勒寺遺跡群 弥勒寺西遺跡—関市円空館建設に伴う発掘調査—』2007 年

関市教育委員会『国指定史跡 弥勒寺官衙遺跡群 弥勒寺跡 講堂跡発掘調査 平成 9・10 年度』2009 年

関市教育委員会『国指定史跡 弥勒寺官衙遺跡群 弥勒寺東遺跡Ⅰ―郡庁区域―』2012 年

関市教育委員会『国指定史跡 弥勒寺官衙遺跡群 弥勒寺東遺跡Ⅱ―正倉区域―』2014 年

関市教育委員会『国指定史跡 弥勒寺官衙遺跡群 弥勒寺東遺跡Ⅲ―第 1 部 館・厨区域ほか／第 2 部 池尻大塚古墳―』2015 年

関市文化財保護センター「弥勒寺遺跡群 発掘ニュース№ 37 弥勒寺跡 塔・金堂発掘調査〈現地説明会版〉」2016 年

田中弘志『律令体制を支えた地方官衙―弥勒寺遺跡群―』新泉社，2008 年

田中弘志「弥勒寺官衙遺跡群の整備」『遺跡学研究』14，特集「点在する史跡」2017 年

楢崎彰一「美濃市大矢田丸山古窯址群の調査」『日本考古学協会 第 20 回総会研究発表要旨』1957 年

野村忠夫「村国連氏と身毛君氏―壬申の乱後における地方豪族の中央貴族化―」『律令官人制の研究』吉川弘文館，1967 年

八賀晋「地方寺院の成立と歴史的背景―美濃の川原寺式瓦の分布―」『考古学研究』21-1，1973 年

八賀晋 史跡指定記念講演会「大王家と身毛氏―弥勒寺官衙遺跡群の成立と背景―」冊子『国指定史跡 弥勒寺官衙遺跡群』関市教育委員会，2007 年

第3章 「バルセロナパビリオン」と
「夏の家」にみる復元

前 川 歩

は じ め に

　復元[1]とは，かつて存在し，すでに失われた建物の姿を再び造り出す行為
である。その志向を支えるのは，価値の再現にほかならない。失われた建物に
対して，歴史的，意匠的，もしくは非常に個人的な想いから，価値が見出され，
その価値を表出する意思に復元の志向は生まれる。よって，価値が見出された
かつてのある時点の姿を忠実に造りあげることができたならば，復元はその目
的を達成したといえよう。しかし，これを達成することが容易でないことはい
うまでもない。

　この困難さの要因を端的に示せば，次の2点になるだろう。

　①往時と復元する現在という時間差が存在すること

　②往時の作者と復元の実施者が異なること

　時間的な差異は，その間隔が大きくなればなるほど，復元の拠り所となる遺
構，遺物，文字史料もしくは絵画資料の絶対量は減少し，復元の困難さは増し
ていく。また，すでに失われた建物の作者と復元の実施者が異なることは決し
て埋めることのできない事象であり，復元の実施者は自身を取り巻く環境や時
代精神を批判的に捉えることが要求される。

　復元を困難にさせるこれらの要因は取り除くことのできないものであるが，
その差異を限りなく微少にすることが可能な場合もまた考えうる。すなわち，
往時と復元の間隔が非常に短い場合，往時の作者が復元を担う，もしくはまだ
存命である場合などである。こうしたケースにおいて，復元はさほどの困難さ
もなく進められるであろうか。もしくは，新たな課題が生じるのであろうか。

　本章では，復元を困難にさせるこの2つの要因を可能な限り微少にした場合

においても，なお現れる問題を確認したい。そこで現れる諸問題は，先史住居や古代建築といった遠い過去の建築復元では見えにくい，もしくは認識すらされない課題，すなわち解像度が全く異なる課題であるはずであり，こうした課題から復元に関わる新たな可能性が見てとれると考えたためである。

　具体的には，限りなく時間差が少ない近代建築の復元，オリジナルの作者が存命している場合の復元を検討する。その事例として，ミース・ファン・デル・ローエによって 1929 年に建てられ，86 年に復元されたバルセロナパビリオンと，アントニン・レーモンドによって 36 年に造られた夏の家を用いる。

1　ミース・ファン・デル・ローエ「バルセロナパビリオン」の復元

（1）　バルセロナパビリオンとは

　バルセロナパビリオン（図 3-1）は 1929 年にバルセロナ万国博覧会のドイツ館として建てられた建築である。設計はミース・ファン・デル・ローエ。モダニズム建築における金字塔として，特に戦後その評価が高まり，ミースのヨーロッパ時代における一つの到達点とされる。まずは，バルセロナパビリオンの建築的な価値がどのようなものであるのか確認したい。

　ミースはバルセロナパビリオンについて，そのエスキース途中に「新しい原理」を発見したと述懐している。

　　ある晩遅くまで私はこの建物を設計していて，柱から独立した壁をスケッチしていた。そして突然ショックを受けた。これは建築の新しい原理なのだと気がついたからだ（高山 2006）。

　ミースが発見した「新しい原理」とは，壁体の構造からの独立，自立する壁＝フリースタンディングウォールの発見であった。それまで西欧の建築は組積造が主流であったため，壁は屋根を支える主要な構造体であり，空間を自由に作り出すためだけに配置することができなかった。ミースは，屋根を鉄骨の柱だけで支えることで壁を構造機能から開放し，純粋に空間を規定することのみに使えることを発見したのである。この新しい原理にもとづきバルセロナパ

274　第Ⅲ部　復元学の現在と未来

図3-1　バルセロナパビリオン全景（1929年時）（出典：Ignasi de Sola-Morales ほか 1993）

ビリオンは計画され，規則的に並べられた8本の十字型の柱が屋根を支え，その下にオニックス，緑大理石，トラバーチンで構成された石壁とガラススクリーンを配置し，それまでにない流動的な空間を作り出すことに成功した。バルセロナパビリオンの後の評価は，パラダイムシフトともいうべき，この自立する壁によって作られた自由な平面に集中する[2]。

　バルセロナパビリオンは，ミースにとって非常に重要なものであったが，その設計および施工期間は十分なものであったとはいえず，工事は突貫に近いかたちで行われた。ミースへの設計の打診は1928年6月であったらしいが，当初は敷地も決まらず，敷地が決まって本格的に設計が開始されたのは9月であった[3]。1929年2月には経済的な理由でプロジェクト自体が数週間ストップするが，2月末には一応図面が揃う。万国博覧会の開幕は5月9日，スペイン国王アルフォンソVIII世とエウヘーニア・ビクトリア王女を迎えての開館式が5月26日であったから，設計と施工は同時進行で行われ，わずか3ヵ月足らずの工期であった。しかもこの時にすべては完成していなかったようで，

別棟の管理事務棟も含めてすべて完成したのは8月になってからであった。また，わずか110m²ほどの面積に総工費は33万8,000RMといわれる。これは当時ミースが設計していた住宅の坪単価の14倍の価格にあたり，破格の工事費であったことがわかる。こうした莫大な工事費を下げるために，壁面の石張り部分を縮小するなどの設計変更が行われた。短い工期と厳しい工事費という2つの問題を抱え，バルセロナパビリオンは造られたのである。

　万国博覧会は1930年1月に閉幕となり，バルセロナパビリオンは直後に解体された。鉄骨はその場で売られ，大理石などは再利用を目的として回収され，ドイツへ送り返された。パビリオンは完成からわずか8ヵ月でその姿を消したのである。

(2)　復元までの動き

　バルセロナパビリオンは1986年に当初の場所に復元されるが，復元への動きはその30年近く前から始まっていた。最終的に復元が決定されるまでの動きを見てみたい。

　復元への萌芽は1959年にあった。建築家であり，のちにバルセロナ市都市計画局長となるウリオール・ボイーガスが復元への模索を始め，ミース自身に復元の意思を直接確認する。ミースの回答は「同地での再建」であった。この回答をもとに市に復元の働きかけを行うが，工費が莫大になるため支持を得ることはできなかった。しかし，ミースが存命の時点でミース自身に復元の意思を確認できたことは，その後の復元の動きにおいて非常に重要であった。

　1964年には建築家ジョアン・バッセゴーダ・ノネルが復元計画を策定，模型を製作し，バルセロナ市長へ提案を行ったが，提案は却下される。また，1978年には，バルセロナパビリオン建設から50周年に合わせて，建築家のイグナシィ・デ・ソラ・モラーレスが中心になって復元の可能性を模索するも，実施には至らなかった。

　復元が実現に向けて大きく動きだすのは，先出のボイーガスがバルセロナ市都市計画局長に就任した1981年まで待たねばならない。ボイーガスの先導のもと，1983年にミース・ドイツ館財団が創設され，再建実行委員会（以下，実行委員会とする）が発足する。実行委員には先出のソラ・モラーレスのほか，

276　第Ⅲ部　復元学の現在と未来

建築家のクリスチアン・シリッチとフェルナンド・ラモースが就任し、本格的に復元への検討が行われることとなる。

（3） 復元計画の内容

モラーレスら実行委員が復元検討を開始し、最初に課題となったのは、ミースが残した図面と研究者がのちに発表していた計画との間に、寸法やディテール等の相違があったことである。これは、最終的な竣工図が存在しないことに起因する問題であった。

バルセロナパビリオンは先述したように極端に短い工期と厳しい予算状況の中で施工され、それに加えて当時のバルセロナの職人が有する施工技術もミースが求める水準には達していなかった。工期、予算、技術がパビリオンの施工において課題となるなか、当初の設計を施工中に変更する必要が生じていた。このことにより、バルセロナパビリオンには最終的な図面がないばかりか、さまざまなフェーズの図面が残されることになったのである。

実行委員会は、MoMA の Mies Van der Rohe Archive、ベルリンの Stiftung Preussischer Kulturbesitz、バルセロナの Institut Municipal d'Història de Barcelona が所蔵する図面およびドキュメントの分析を行い、計画プロセス全体の再構築を試みた。ドキュメントの分析のほか、ボイーガスやバッセゴーダなどのミースの研究者、ジョゼ・ルイス・セルト、ジョアン・バプティスタ・スミラナなど 1929 年当時のバルセロナパビリオンを実見している建築家などへのヒアリングも行っている。こうした分析により、計画プロセスのトレースに成功し、実行委員会は最終的には復元が可能との結論にいたった。

復元計画の基本方針について、実行委員会は次のように述べている。

オリジナルプロジェクトのコンセプトを改訂するようなことに、いかなる考えもなかった。

再建のコンセプトが、1929 年のパビリオンの思想やマテリアルの形状を可能な限り忠実に解釈するということにあることは、議論の余地のないことであった。（中略）ミース・ファン・デル・ローエのアイデアへの忠実さは無意味でも投機的でも決してなく、オリジナルの建物に採用されて

いる具体的な解決策に関する情報とは対照的であった。

　再建は，1929年と全く同様の技術的状況に正確に従いながら新たに建てあげることに目的はなく，性能を保証できる視点を持ちながら行われた。屋根素材，雨水排水，サービスそしてセキュリティの確実性の問題は，ミースが建設したパビリオンの耐久性とは全く異なる方法によって対応した。

　この建築のコンセプトおよびアピアランスの変更を想定することなしに，ディテールについてリデザインする必要性があった。再建において，我々が模索したことは，建築的に首尾一貫していることを達成することと，建物そのもののデザイン論理に誠実なままでいることであった。(Sola-Morales ほか1993)

ここで確認できる重要な方針は，1929年に実際に建てられたパビリオンとミースが計画時に考えたアイデアを区別して捉え，ミースのアイデアの実現に重きが置かれている点であろう。この復元（C）においては，オリジナルの姿（B）を忠実に再現するのみならず，実現されなかったミースの設計思想（A）と耐久性やセキュリティなどの性能確保（α）が目指され，そのためにオリジナルの姿からの変更がきわめて意識的に行われているのである。（図3-2）

　その変更点を具体的に見てみると，大きくは次の6点となる。

①コストダウンのためスタッコ塗となっていた壁面を大理石に変更

②オニックスの模様を対称模様に変更

③事務棟の窓位置を変更

④鉄骨梁による屋根構造をコンクリートスラブに変更

⑤十字柱のクローム鍍金プレートをステンレスプレートに変更

⑥セキュリティのための扉を追加設置

①から③は主にミースの設計思想の実現のため，④から⑥は性能確保のための変更と捉えることができる。

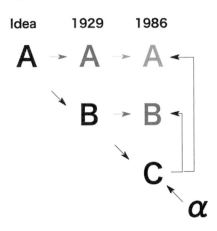

図3-2　再建における設計思想・オリジナル形態の関係

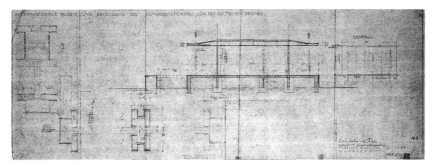

図 3-3　バルセロナパビリオン断面図（東京大学工学部建築学科蔵，出典：『建築文化』1998）

ここで注目すべき変更は，④であろう。屋根の変更は，単純に防水性能の確保のための変更とは捉えることのできない問題をはらんでいるからである。少し詳しくこの変更内容について見てみたい。

まず確認したいのは，当初の屋根はコンクリートスラブではなかったという点である。バルセロナパビリオンへの後世の評価の中で，このフラットルーフがコンクリートスラブであると認識した論述が多くなされて，多くの者がコンクリートであると思い込んできたが，実際はそうではなかった。当初の屋根は鉄骨の梁で組まれ，屋根面は防水舗装，天井はプラスターにより作られたものであった。残された図面[4]（図3-3）の鉄骨梁を見ると，根本で成が500 mm程度となり，先端でその成を急激に絞り，小口が薄い見かけとなるよう処理していることがわかる。こうした操作により，あたかも200 mmほどの厚さを持ったスラブがのっているかのように見せているのである。

つまり，計画当初のミースのイメージはもちろんコンクリートスラブであったのであろうが，鉄骨に変更しているのである。先の図面において鉄骨による屋根が描かれていることから，この変更が現場で判断した変更ではなく，設計段階において鉄骨とすることを決定していたことがわかる。短い工期，低い施工技術を設計時に考慮したためとも考えられるが，この変更の最大の要因は構造的な側面にあったとみられる。

先述したように，バルセロナパビリオンにミースが見出した建築的発見は，壁体の構造からの開放であった。よって，屋根は8本の柱だけで支えられなくてはならなかった。柱は梁行1スパン，桁行3スパンで配置され，柱間寸法は

梁行 7.63 m, 桁行 6.9 m となる。柱間寸法については構造的な問題は比較的少ないが, 周辺部の屋根の張り出しは桁行方向で 2.18 m, 梁行方向で 3.27 m となり, 出隅部では構造的に厳しい状況となっている。コンクリートスラブに比べ相当軽量であった鉄骨の屋根であっても, 博覧会開催中に軒が垂れ下がったとの証言も残っており (Sola-Morales ほか 1993), 構造的にはコンクリートスラブによる施工は困難であるとの判断が設計時にあったと推測される。

この屋根架構については, 構造家の佐々木睦朗が興味深い検討を行っている (佐々木ほか 1998)。佐々木は, 鉄骨による屋根荷重を想定 (200 kg/m²) し, 鉄骨の柱のみで屋根が支えられるのか構造計算を実施した。この計算から佐々木は, 8 本の柱だけで鉄骨の屋根は支えられるとの見解を示している。いっぽう, 屋根を 200 mm〜210 mm 程度のコンクリートスラブにした場合, 屋根荷重は鉄骨に比べ 3 倍程度 (600 kg/m²) に増し, 柱の座屈耐力[5]は限界ぎりぎりとなる。佐々木は, コンクリートスラブにした場合, ちょっとした横揺れで柱が座屈する可能性があると指摘している。こうした検討結果から佐々木は, コンクリートスラブにより復元されたバルセロナパビリオンについて, 柱だけでなく壁も支点に使っている可能性が高いと述べる。検討委員会からの明言はないが, おそらく佐々木の指摘の通り, 復元において壁にも荷重を負担させていると考えられる。そうであるとすれば, これはこの建築の価値を担保するはずの「フリースタンディングウォール」という設計思想の実現を放棄してしまうことになるのであろうか。

しかし, 再び 1929 年時の図面を確認すると, 問題はそう単純ではないことに気づく。平面図 (図3-4・5) には, 壁と鉄骨梁が交差する部分に柱のような記載があり,「ST. STUTZE FUR DACH (鉄 屋根の支持のため)」との注記があることを確認できる。つまり, オリジナルにおいても柱だけで屋根を支えていなかった可能性が非常に高いのである[6]。壁体の構造からの開放は, 1929 年時点でも実現されていなかったのである。詳細な図面の分析を行った検討委員会が, このことに気づいていなかった可能性はきわめて低いだろう。

(4) 抽出される意義と課題

前項で確認した, 屋根構造と柱, 壁の荷重負担の関係を整理すると表3-1 と

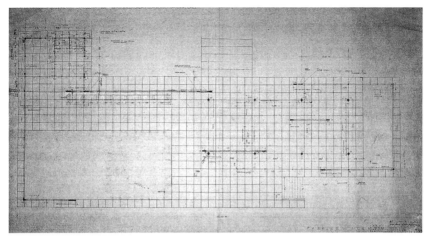

図 3-4　バルセロナパビリオン平面図（東京大学工学部建築学科蔵，出典：『建築文化』1998）

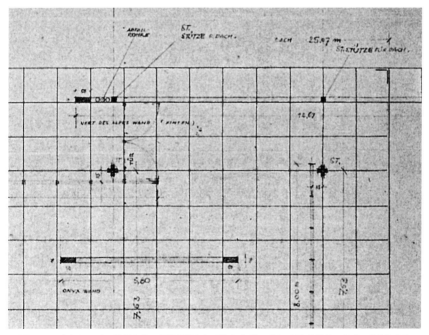

図 3-5　バルセロナパビリオン平面図拡大（東京大学工学部建築学科蔵，出典：『建築文化』1998）

表 3-1　屋根構造と柱・壁の過重負担の関係

	A Idea	B 1929	C 1986
屋根構造	RC スラブ	S 造プラスター	RC スラブ
柱	荷重負担	荷重負担	荷重負担
壁	負担なし	荷重負担	荷重負担

なる。バルセロナパビリオンの復元においては，ミースの設計意図の実現，すなわちAが最重要視されてきたことは先述してきたとおりであるが，そうであるならば，屋根と柱，壁の荷重負担においてもAが目指されるはずであった。しかし，検討委員会が採った方法はBである。

　検討委員会の報告書には，この最重要ともいうべき屋根と柱，壁の荷重負担に関する記述は少なく，その検討内容について詳述はされていないが，屋根の検討を進めるなかで，コンクリートワッフルスラブ[7]の検討を行った旨が述べられている[8]。ワッフルスラブは通常のコンクリートスラブに比べ，軽量でありながら跳ね出しに有利な構法であり，跳ね出しの大きいバルセロナパビリオンにおいて，一定の効果を考えてのことだろう。こうした構法を検討しながら，ミースの設計思想を実現するための方法を模索していたと見て取れるが，最終的には採用を見送り，通常のコンクリートスラブにより屋根は造られ，その荷重の一部を壁内の柱で支えたことになる。

　さて，屋根の変更は，前節で見た復元における設計変更項目のうち，ミースの設計意図を実現するための変更である①から③とは異なる性質を持つ。①から③の変更項目は，1929 年時点で技術的に実現が可能であったが，工期やコストの関係で実現されなかった事象である。いっぽう，④は 1929 年時点では技術的に実現はできず，かつ復元時においても実現できない事象である。すなわち，ミースが考えた，コンクリートスラブを 8 本の鉄骨柱で支えるという計画はそもそも破綻していたという点に注目すべきなのである。

　建築家の難波和彦は，復元において屋根をコンクリートスラブに変更したことを「退行」であると批判し，「もともとのコンセプトを再現するのであれば，例えばカーボンファイバーなんかを使えばもっとクリアな形で再現できたはずじゃないか。」（佐々木ほか 1998）と述べる。復元時における最新のテクノロジーを用い，ミースの設計思想を実現すべきであったという主張である。この主張は設計意図の実現を目的にする今回の復元に対して，正当な意見であろう。しかし，屋根構造と柱，壁の荷重負担に関していえば，そうしないという検討

委員会が採った方法にも一定の意義が認められると考える。すなわちその意義とは，1929年時点で破綻していた，ミースの設計コンセプトにおける不完全さ，中途の状態への価値づけである。

フリースタンディングウォールともいうべき，壁体の構造からの開放は，事実，ミースがその後アメリカに渡り，完全な状態で実現させた[9]。その段階へと至る中途の段階がバルセロナパビリオンであり，これは近代建築史を考えるうえでも重要なポイントであろう。検討委員会がこの点にどれほど意識的であったのかは不明であるが，高度な判断があったと考えても不思議ではない。不完全性を徹底することにおいてすら，復元の意義を見出すことができるともいえるだろう。

2 アントニン・レーモンド「夏の家」における復元的思考

(1) 「夏の家」とは

夏の家（図3-6）は，アントニン・レーモンドによって設計され，1933年に軽井沢に建てられた別荘建築であり，レーモンドの代表作の一つである。この建築は周知のとおり復元されたものではない。レーモンドのオリジナルの建築

図3-6　夏の家全景（出典：アントニン・レーモンド1970）

作品である。しかし，この建築は通常の建築には見られない，ある特異性を持つ。その特異性とは，この建築がル・コルビュジエによって1930年に計画されたエラズリス邸に酷似しているという点にある。この類似性は偶然ではなく，レーモンドが意識的に生み出したものであり，エラズリス邸をもとに夏の家を設計したことをレーモンドは明言している。

エラズリス邸は，1930年にチリで計画された別荘のプロジェクトであるが，実際には実現されていない。コルビュジエは実現されていないエラズリス邸と酷似した夏の家を雑誌の中で発見し，レーモンドに抗議を行う。その後，双方で手紙のやり取りを行うが，最終的にはコルビュジエは夏の家を絶賛することとなる。コルビュジエは，夏の家を「精神的な翻案」と表現し，自身の全作品集にも掲載する。すなわち，皮肉を含めながらも自身の作品として扱うのである。この点は復元という行為を考えるうえで非常に興味深い。

なぜコルビュジエは，模倣行為を認めるに至ったのか。コルビュジエのいう「精神的な翻案」とは何を示すのであろうか。エラズリス邸の発表から夏の家の竣工まではわずか3年である。限りなく時間差が少なく，かつ作者が存命の事例として，復元という観点から両建築を検討してみたい。

（2）　ル・コルビュジエとの論争

コルビュジエは1930年にエラズリス邸を発表した（『Architecture vivante XXXI』1930）（図3-7・8・9）。南米チリに位置する別荘建築であり，敷地は太平洋を臨む傾斜地で，眺望を意識した計画がなされている。全体は大きく2つのボリュームに分けられ，北側にリビングスペースとなる大広間，南側に客室，水廻り，女中室をまとめている。大広間は南北20m，東西8mの大空間で，南端に主人室となる中2階を持つ。東側中央に中2階に上がるスロープとスロープ踊り場下部に暖炉が配される。主構造はRC造であるが，スロープに沿って丸太の柱が並び，屋根および中2階の床は木造で支える混構造となっている。丸太の柱は南端のみ1,650mm，その他は3,350mmの柱間寸法で6間並び，鋏み梁を支え，その上に1,675mm間隔で母屋が載る。使われる素材は木造部分の丸太をはじめ，石，瓦など現地産のものが多く選択される。熟練労働が得られない土地において，その土地にある要素をもとに，簡単な架構で造ること

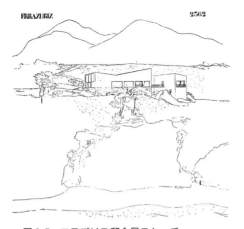

図3-7 エラズリス邸全景スケッチ
（出典：ウィリ・ボジガーほか 1978）

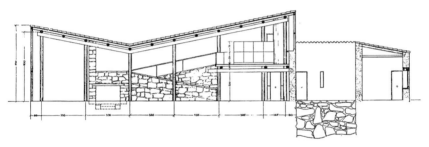

図3-8 エラズリス邸断面図（出典：ウィリ・ボジガーほか 1978）

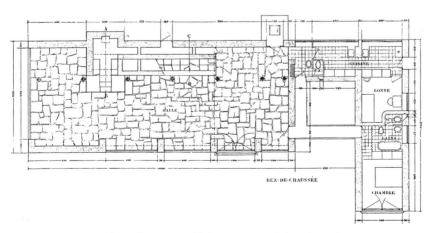

図3-9 エラズリス邸平面図（左が北）（出典：ウィリ・ボジガーほか 1978）

を目指したとコルビュジエは述べている（ウィリ・ボジガーほか 1978）。

　エラズリス邸はコルビュジエの中でもある画期となる作品であった。それまでのコルビュジエのスタイルは，サヴォア邸やラ・ロッシュジャンヌレ邸などのように，白い矩形の箱により，近代社会に相応しい新しい建築形態を実現させようとしていた。いっぽう，エラズリス邸は地域性に目を向け，その地域でこそ実現される建築形態が目指された。そして，ヴァナキュラーな素材と技術から，バタフライ屋根という新しい形態を獲得したのである。これ以降，完全に移行するわけではないが，エラズリス邸は後期コルビュジエ[10]の萌芽となる作品であったといえよう。

　しかし，エラズリス邸は実現されず，それから 4 年後の 1934 年に『Architectural　Record』（『Architectural　Record』Vol. 75（The Record and Guide, 1934））に夏の家が掲載される。コルビュジエはこれを見て憤慨し，レーモンドに抗議文を送る。レーモンドは『Architectural　Record』に夏の家を掲載した際に，「Inspered by a plan of Le Corbusier for a house in south America」と注釈をつけており，発表当初からエラズエリス邸をもとに夏の家を造ったことを表明していた。この注釈をコルビュジエは見落として抗議を行っていたのである。レーモンドはコルビュジエに手紙を出し，コルビュジエから返事をもらっている。その内容はレーモンド自らが語るところでは以下のようであったらしい。

　　つまり私の考えはけちなものではなく，反対に，日本の技術的能力への賛辞，賞賛でした。また，あなたの翻案の程度についても。さらにいうならば，あなたは私のアイデアの翻案にあのように成功しておられる。ベージガーの本の 52 ページは，おそらく全作品の中で最高のものです。
　　このお世辞をさらに拡大しましょう。私の仕事はあらゆる公開の場に出してもいいのです。私のアイデアが引き出しに中に埋れて残っているからではありません。逆に，それが有効な目的に適うのです。実際には，私も模倣をしばしばされております。しかし手際も悪く，混乱し，愚かな模倣なのです。ですからこの点で私はお世辞がいえるのです。私の計画の，あなたの翻案は全面的に精神的であり，このお世辞は心からのものなのであります（レーモンド 1970）。

ここで注目すべきは，コルビュジエが夏の家を模倣ではなく，全面的に精神的な翻案と述べている点であろう。コルビュジエは全作品集に夏の家をそれ以降も掲載し，次のような注釈は添えた。

　　少なくとも「立派な考えは出会うものだ」といえそうだ。とにかく，私たちの大切にしている考え方をこのように巧みに実現しれくれているのを見ることは本当に喜ばしい（ウィリ・ボジガーほか 1978）。

コルビュジエのこうした言葉からわかるのは，夏の家において，コルビュジエがエラズリス邸で考えた本質的な部分が実現されているということである。その実現とはどのようなものであったのか。

(3) 「夏の家」と「エラズリス邸」の相違点

夏の家は軽井沢に 1932 年に建てられた。名前のとおり，夏の間に避暑のためにレーモンド自らが使う，アトリエとして造られた建築である。南に向かって下る緩やかな傾斜地に南面して建てられた。建物は大きく 2 つのボリュームに分けられ，西側に南北 5.8 m，東西 12.1 m のボリューム，東側に南北 16.4 m，東西 10.9 m の十字型のボリュームを配し，2 つのボリュームをプールを挟み接続させる。西側のボリュームはリビングルームで，東側は寝室，女中室，倉庫などがまとめられている。木造平屋でリビングルーム東端に中 2 階が設けられ，アトリエとして使われた（図 3-10・11）。

さて，ここで，エラズリス邸との類似点は何をおいてもそのリビングルームにある。リビングルームは，北側中央に中 2 階へのスロープを持ち，その南端に沿って丸太の柱を並べる。スロープ踊り場下部には暖炉を持つ。また，南側，西側は全面的に開放される。屋根はバタフライ形状で，勾配もエラズリス邸と同様であるばかりか，それを支える架構の構成もほぼ同じである。架構を構成する木材も皮むきのみの丸太であった。屋根は鉄板で葺かれれるが，その上に松の小枝が隙間なく載せられ，草葺のような表情を持つ。コルビュジエがチリの地域性に即した材料を選択したのと同様の作法である（図 3-12）。

しかし，そのままエラズリス邸がトレースされたわけではなく，異なる部分も多く存在する。相違点をまとめると次のようになる。

① リビングルームのスケールダウン

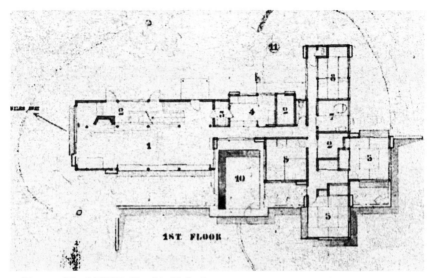

図 3-10　夏の家平面図（上が北）（出典：『Architectural Record』1934）

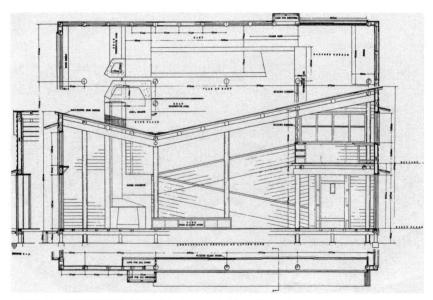

図 3-11　夏の家断面図（出典：『Architectural Record』1934）

図 3-12 夏の家外観（出典：『Architectural Record』1934）

②主構造形式の木造化
③斜面下方への開放性
④斜面地における建ち方
⑤外部イメージの刷新

　これら相違点のうち，①②は，建築に要求されるプログラムの違い，および立地する場所による技術・材料の違いに起因する事項として，③〜⑤は建築が持つ価値をさらに高める事項として，大きく分けることができる。

　①については，図面を見れば一目瞭然であるが，夏の家のリビングルームはエラズリス邸に比べかなり小さく計画されている。丸太柱の柱間寸法は3,350 mmから2,730 mmに変わり，柱間も6間から5間と1間少なくなる。桁行方向は8,000 mmから5,760 mmと縮小され，全体のプロポーションも変えられていることがわかる。高さ方向では，軒高で見ると，エラズリス邸は5,240 mm，夏の家は4,200 mmとなる[11]。

　②については，夏の家は基壇部分を火山岩コンクリートで造る他は，すべて木造となる。これにより，エラズリス邸でコンクリートや石となっていた壁や床の内装材についても，すべて木が使用される。壁，床は近くの山で採った杉材，柱は栗材が使われた。

　③については，この建築の見せ場ともいうべき，斜面下方，南面への開放性

図 3-13　エラズリス邸内観スケッチ（出典：ウィリ・ボジガーほか 1978）

図 3-14　夏の家内観（出典：『Architectural Record』1934）

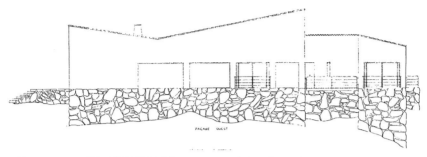

図3-15 エラズリス邸立面図（出典：ウィリ・ボジガーほか 1978）

を最大限にするため，建具の作り方に工夫がなされる。エラズリス邸では窓まわりにRCの柱が立ち並び，柱間に建具が入る計画となっているため，開放性は低い。いっぽう，夏の家では建具を柱筋から室内側にずらし，西端に戸袋を設ける計画としている。これにより南面は全面開放とすることが可能となる[12]。エラズリス邸のスケッチと夏の家の写真を見比べると，その開放性の差は歴然である（図3-13・14）。

④については，エラズリス邸では斜面地につくられた基壇部と上部構造が一体となり，南端は基壇と上部構造で面を揃えるが，夏の家では面を揃えず，南側に平地を残し，縁を設ける。さらに，エラズリス邸は東西のボリュームをブリッジで繋ぐのみであるが，夏の家ではボリュームの間に地盤レベルを揃えてプールを設ける。こうした操作により外部空間との連続性を確保している。また，反対に十字型ボリュームの南端は基壇から跳ね出し，その下にピロティ的な空間を作り出している。斜面地の高低差を巧みに利用し，豊かな外部空間を作り出すことに成功している。

⑤については，エラズリス邸においては，残された図面やスケッチをみる限り外観のイメージが乏しいことがわかる（図3-15）。仕上げについて詳細の記述はないが，プラスターによる白い壁面を想定していたと考えられる。特徴的な素材としては，屋根に書かれたチリ産の瓦と基壇に使われた乱積みの石のみである。瓦を使うことで地域に特有の外観を表現していたのみといえよう。いっぽう，夏の家では外部のイメージはエラズリス邸と大きく異なる。外壁は杉板の下見板，開口上部には小庇が設けられる。すべての屋根，小庇の上には先述の通り，松の小枝がびっしりと載せられる。小庇の端部には夏の日差しの

ために，簾が備え付けられていた。この独特な外観をレーモンド自身は「原始的なアフリカの酋長の家のようになった」（レーモンド 1970）と表現している。

（4）　精神的な翻案

　このようにレーモンドは，エラズリス邸をモチーフにしながらも，小さくない変更を加え夏の家を造っていることがわかる。レーモンドは，空間およびそれを支えるディテールにおいて独自のアイデアを盛り込み，夏の家という自身の作品を造りあげたといえる。では，コルビュジエの夏の家への称賛とは，さまざまな改良のうえに形にされた，その建築としての巧さによるのであろうか。もちろん，エラズリス邸で十分に発揮できていなかった建築的価値をレーモンドが詳細にスタディを進め高めたことが，エラズリス邸の翻案として認めさせる大きな要因ではあったことは間違いないだろう。しかし，コルビュジエの賞賛はこうした側面だけでは十分に捉えることはできないと考える。

　コルビュジエがエラズリス邸において目指したことは，次の言葉に端的に現れる。

　　　この土地では十分な熟練労働が得られなかったので，その土地にある要素で，簡単な組立てでつくることにした。大きな石の塊の壁，木の幹による木構造，土地産の瓦葺き，従って傾斜屋根とした。

　　　田舎っぽい材料は，明快な間取りや近代的な造形の束縛にならない（ウィリ・ボジガーほか 1978）。

　コルビュジエはチリ産の瓦を引き受けることで，それまでのフラット屋根とは異なる傾斜屋根の形態を引き出し，バタフライ屋根へ展開したのである。どの場所でも通用するような純粋形態＝インターナショナル・スタイルに対して，地域特有の所要素が加わることで，建築がその場所固有の形態に変化していく，そのような考えにエラズリス邸の核心があった。そして，夏の家において実践された，この核となるコンセプトの具現化の巧さ，翻案にこそコルビュジエは驚嘆したのではないか。

　コルビュジエが夏の家に向けた言葉を注意深く読むと，レーモンドの設計者としての能力の高さに加え，日本人大工の技術力を相当高く評価していることがわかる。レーモンドに宛てた手紙では「つまり私の考えはけちなものではな

292　　第Ⅲ部　復元学の現在と未来

く，反対に日本の技術的能力への賛辞，賞賛でした」（レーモンド 1970）と述べ，全作品集では，「余談ながら，日本の建築術は賞賛すべき伝統をもっている。職人も特別に心がこもって腕のいいのがいる。昔の日本の茶席などは愛すべき芸術作品だ。そこへ，日本は近代建築の課題を取り入れた。はっきりと勇敢に応用している。彼らは近代建築を洗練して行く上で大いに貢献する力をもっている」（ウィリ・ボジガーほか 1978）と，日本の大工の技術力を絶賛する。エラズリス邸発表時点での「田舎っぽい材料は，近代的な造形の束縛にならない」という地域性に対して若干の消極さが残る態度から，地域性が「近代建築を洗練」することに大きく貢献するという態度への変化を見てとれよう。コルビュジエが夏の家から，地域に固有の技術体系と接触した場合に生まれる新たな建築の可能性を確信したことは間違いないだろう。

　この点については，レーモンドも同様に確信したはずである。レーモンドは夏の家について，「日本の大工の素晴らしい能力を活用」し，「私のデザインの上で新時代を画す建物」ができたと述べる。事実，夏の家以降，同様のスタイルでレーモンドは何棟も設計を行った。日本という場所において，場所に根ざした新たな建築形態を獲得したといえる。いっぽうで，レーモンドは次のような言葉も残している。

　　夏の家の主室のモチーフを除き，建物は全面に独創によるものであった。
　　非常に強い日本的な香りを持ちながら，日本の形はまったく取り入れていない（レーモンド 1970）。

前項の相違点⑤を再度確認すれば，興味深いことに気づく。レーモンドは，屋根に瓦を使っていないのである。エラズリス邸においては数少ない地域特有の材料であり，バタフライ屋根という独特の形態を導き出した瓦という材料を，あえてレーモンドは使用しない。レーモンドの地域性へのアプローチはこの点でコルビュジエを逸出する。地域に根ざし，その地域の技術・材料を最大限に活用しながらも，それとわかる形や素材をレーモンドは注意深く排除する。そうして，「日本的な香り」を持ちながらも「どこかのアフリカの酋長の家」のようにも見える，無国籍＝インターナショナルな建築を造りあげたのである。これこそ，コルビュジエがエラズリス邸で目指した本質であり，この実現こそがコルビュジエのいう「精神的な翻案」であったといえるのではないだろうか。

3 復元と創造のはざま

　バルセロナパビリオンの復元からは，①形にされていない設計思想および意図をいかに復元するか，②オリジナルが完全ではない場合，矛盾，破綻といった不完全性をどう評価するか，という2つの課題が見てとれた。

　これは，そもそも時間差が少ない復元においては資料が豊富に残り，復元対象であるオブジェクト（B）の情報に加え，本来ブラックボックスであるはずのアイデア（A）についての情報にもコンタクトが可能であったために現れた課題であった。この場合において，AもしくはBという高度な判断が要請されることがわかった。

　夏の家においては，自らのオリジナルの作品を作るという状況においても，AやBにアプローチする様が確認された。整理すれば，夏の家（C）は，レーモンド自身のアイデア・プログラム（α），コルビュジエのアイデア（A），エラズリス邸の形態（B）によって構成され，その優先順はα＞A＞Bとなるだろう。

　注目すべきはアイデア（A）へのレーモンドのアプローチであった。レーモンドは形態（B）以上にコルビュジエがエラズリス邸で意図した，地域に固有の技術体系との接触による新たな建築形態の創出という考え（A）に注目し，その追求を行った。これにより，オリジナルのエラズリス邸以上にその意図を表出した建築が生まれた。その点にコルビュジエは称賛し，夏の家を「全面的に精神的な翻案」と評したのであった。

　しかし，そもそも，レーモンドはそのコルビュジエの意図だけを取り入れ，エラズリス邸の形態をモチーフにする必要はなかったのではないかという疑問も生じる。レーモンドはその点について次のように述べる。

　　　あることの称賛の表現としては，そのモチーフを取り込み，実行に移すこと以上に確かなことはない。彼の山荘は実現されなかったから，ことさらである（レーモンド 1970）。

　レーモンドの「称賛の表現」とは非常に独特な視点であろう。こうした思考にレーモンドは依拠し，特異な設計手法をとった。それは，単純な模倣もしく

294　　第Ⅲ部　復元学の現在と未来

は再現とは異なり，過去に存在した事物に依拠しながらもそれが新たな創造に繋がるという信念に支えられていたといえよう。

　これは復元とはまったくベクトルを逆にする志向であるが，また復元という行為にもある示唆を与える。それは，創造を志向するにもかかわらず，オリジナル以上にオリジナルの作者の意図が再現される可能性があるという点である。すなわち，復元志向を支える価値の再現が，創造志向から為されることもありうるのである。こうした視点は，冒頭に確認した復元という行為を困難にさせる 2 つの要因に応じるための手がかりともなるだろう。復元という行為は，現在性から逃れられず，作者が異なる。あらゆる局面で復元を行う作者が問われ，そこにおいて，ある創造性が必要となる局面もありうるのである。

おわりに

　以上，時制が近い事例としてバルセロナパビリオンを，時制が近く作者が存命の事例として夏の家を見てきた。これらの事例から，一般的な復元では認識されにくい諸課題を確認し，復元という行為における，形に見えない意図の探索と創造的な判断の必要性が示唆された。こうした視点を持って復元を実践するには，従来の建築史学的な見地に加え，デザイン行為をトレースできる作り手としての建築家的な見地が不可欠であるといえよう。

注
1)　本章において「復元」と表記する場合は，原則「建物復元」を意味する。
2)　ケネス・フランプトンの「近代的な透明性のこのような計画的見解は 1929 年のバルセロナ・パヴィリオンにおいてすでに明らかであったが，そこでは結構的な価値は自立した 8 本の十字断面形の柱によってはっきり確認され，空間領域はその柱から分離した自立壁によって枠付けられていた」（フランプトン 2002）という評価や，イグナシィ・デ・ソラ・モラーレスの「ミースは，荷重を支えるという壁が持つ伝統的な機能から解き放つことに最大の重要性を置いた。屋根を支えるという機能から解き放つことで，ミースの壁は，区切ること，空間を定義づけること，行動を決めること，それらの模様や色やテキスチャを見て，触ることに寄与するといった別のタスクを自由に成し遂げる。従って，その時から，石は構造的なタスクから解き放され，被覆壁という役割を担うことになる」（Sola-Morales ほか 1993）という評価に端的に現れる。

3) 設計，工事の経緯は，Sola-Morales ほか 1993，高山 2006，八束 2001 を主に参照した。

4) 本章では東京大学工学部建築学科所蔵図面を用いた。

5) 座屈とは，「構造部材が外力を受けたとき，その外力が単調増加していくと，ある点で急にいままでの変形様式を変える現象」（『建築大辞典』彰国社，1993 年）であり，座屈耐力を超えると柱は急激に変形を起こし，破壊する可能性がある。

6) 八束はじめも，同図面より壁が荷重を受けていた可能性を指摘している（八束 2001）。

7) ワッフルスラブとは，「格子状に比較的小さいリブのついた鉄筋コンクリートスラブ」（『建築大辞典』彰国社，1993 年）であり，リブが格子梁として働くことで梁がなくても大面積のスラブをつくることが可能となる。

8) 屋根の検討過程について，検討委員会は以下のように説明している。

　　我々は，ミースが引き続き計画の中で検討した屋根構造をそのまま再現することは良くないことであろうと考えた。と同時に，屋根の少なからぬスパンが金属腐食が発生しないような構造部材を要求した。網状のコンクリートスラブを提案した段階をを経て，我々はこれを単純化することにした。すなわち屋根防水の付着の度合いが異なるという問題を取り除くため，恒久的な鉄筋コンクリートスラブを採用することにした。

　　屋根スラブの形態上の問題を防ぐために，コンクリートの形状は 6 cm のオーダーで変曲点をもち作られた。

　　防水が心配されるが，屋根構造が様々な建設技術により解決され，屋根スラブの周辺部の雨水を完全に排水できるような，長い議論の末，その幾何学は変更されなかった。これにより，僅かな勾配を備え持つことにより，オリジナルで使われていたアスファルトフェルトをグレーの強化ポリエステルに変えることに導いた。したがって，勾配が非常にゆるい場所で漏れることを防ぐために目地を取らず，その後のメンテナンスもより易くなった（Sola-Morales ほか 1993）。

9) 1951 年にアメリカ・イリノイ州でつくられたファンズワース邸では，8 本の I 形鋼で床と屋根スラブが支えられ，壁は構造体から完全に開放されている。八束 2001 の見解による。

10) 1950 年以降のコルビュジエの作品を指す。ロンシャンの礼拝堂（1955），インド・チャンディガールでの一連の作品（1950〜62）など，彫塑的で地域性を有した建築造形に展開していく。

11) レーモンドは，当初は同スケールで考えていた可能性がある。それぞれの長手方向の全長はほぼ同じであり，離れのボリュームの分節点が揃う。また，軒高についてもエラズリス邸の軒の低い部分が夏の家の高い部分の軒高に揃う。

12) 藤森 1900，三沢 1999 の指摘による。

参考文献

佐々木睦朗・難波和彦・八束はじめ「鼎談"ストラクチュア"から読み解くミース建築の面白さ」『建築文化』53-615，彰国社，1998 年

フランツ・シュルツ／澤村明訳『評伝ミース・ファン・デル・ローエ』鹿島出版会，2006 年

高山正實『ミース・ファン・デル・ローエ　真理を求めて』鹿島出版会，2006 年

田中純『ミース・ファン・デル・ローエの戦場』彰国社，2000 年

藤森照信「コルビュジエとの一本勝負―レーモンドと夏の家」『昭和住宅物語』新建築社，1990 年

ウィリ・ボジガー，オスカル・ストノロフ，マックス・ビル編／吉阪隆正訳『ル・コルビュジエ全作品集 VOL. 2 1929-34』A. D. A. EDITA Tokyo，1978 年

ケネス・フランプトンほか／澤村明訳『ミース再考』鹿島出版会，1992 年

ケネス・フランプトン／松畑強・山本想太郎訳『テクトニック・カルチャー』TOTO 出版，2002 年

三沢浩『A・レーモンドの住宅物語』建築思潮研究所，1999 年

ウーゴ・ミズコ「パヴィリオンの再建」『住宅建築』294，1999 年，建築資料研究社，1999 年

八束はじめ『ミースという神話』彰国社，2001 年

アントニン・レーモンド／三沢浩訳『自伝　アントニン・レーモンド』鹿島出版会，1970 年

『建築文化　ミース・ファン・デル・ローエ Vol1, 2』彰国社，1998 年

Ignasi de Sola-Morales, Cristian Cirici, Fernand Ramos "Mies Van der Rohe. Barcelona Pavilion". Editorial Gustavo Gill S. A, GG, 1993

『Architectural　Record』Vol. 75, The Record and Guid, 1934

『Architectural vivante XXXI』, Albert Morancé, 1930

第4章　復元学の方法論の提言

海　野　　聡

は じ め に

　前章までに復元を取り巻く学術的な展開の可能性を示してきたが，同時に復元学には課題も多い。そもそも学問としての復元学を構築するには一定の方法論が必要である。そしてその前段として復元自体の手法の提示が求められる。

　遺跡における復元，修理における復原，儀式における室礼の復元とさまざまな復元があり，それぞれの手法の提示が「復元学」の全容を示すには必要であろうが，ここでは萌芽的に遺跡における復元を例にあげ，そのフローについて検討し，学術的意義，問題点，注意すべき点を示したい。

1　復元のフロー

（1）　学問として必要な3要素

　近代の科学において①適切な証拠への依存，②明確な結論の存在，そして③両者を結ぶ推論・考察の過程が重要である。復元学では①は発掘の情報や関連する文献史料などの考察のための前提条件，②は最終的に提示された復元案，③は考察過程にあたる。学問としては第三者による検証が可能であることが求められ，復元も同様である。誰かの頭の中に浮かんだイメージを現実のものとするだけでは学術的な復元とはいえず，出来上がった復元建物に対する学術的な裏付けも不可能である。専門家の間では，ある程度の共通するイメージの共有も可能であろうが，細部まで完全一致することはない。そしてそのイメージに至る過程や根拠は十分に説明できる必要がある。

　すなわち復元学の方法論を提示するには，結論たる復元建物だけではなく，

その復元根拠，思考過程が明らかでなくてはならないのである。まずは遺跡における建物の復元を念頭に置きつつ，復元学の学術的プロセスについて検討してみたい。

　建物の復元についていえば，実際に建てられたり，図面・模型・CG などで示されたりすることで，②明確な結論の存在を満たすものは多い。いっぽうで，過去の形状に関する復元研究を除くと，①③が明示されないことも少なくない。よしんば，遺跡における復元であれば，発掘調査報告書などによって①の一部が示されたとしても，復元者の参照した出土遺物・周辺遺跡などの範囲は発掘調査報告書のみからは判断できない。

　そして復元者の思考・考察の過程，すなわち復元までのプロセスについては明示されなければ，類推は可能であっても，再現は不可能である。つまり復元に至った考察の過程が示されなければ，第三者による思考過程は再現できず，その妥当性は検証できないのである。

　とはいえ，復元という行為自体が通例，定量化もできず，唯一解を求められないため [1]，人文科学的な手法と共通点が多く，A 思考過程の再現性，B 推論過程の論理的整合性，C 統計的な有意性が重視される。A・B については前述のとおりで，第三者により妥当性は検証可能となろう。C は統計的に一定の傾向を示すことで，妥当性を示すという方法である。ただし，現存建築を扱う際に，C について注意せねばならないのは，遺存する建物は過去に存在した多くの建物のなかで，偶然性をもって残ってきたのであり，均質に遺存してきているわけではないという点である。現在の文化遺産は所有者の経済力・政治力などの影響を大きく受けているのはもちろん，戦乱・災害などの地域的な要因によるところも大きい。

　それゆえ，現存建築の統計的な把握が当時の統計と異なることもある。たとえば，発掘調査によって奈良時代の多くの建物は掘立柱の構造であったことが知られるが，一棟も現存しない。すなわち，奈良時代の現存建築の統計をもって奈良時代の建築全体を語ることは，誤った結論を導くことになるのである。いっぽうで，発掘調査からは，地方において礎石建物は格式の高い建物に用いられることが多いという傾向は見出せ，統計が有効な一つの指標になることもある。

　300　第Ⅲ部　復元学の現在と未来

このように古い時代の現存建築は少ないがゆえに，統計的な情報は切り取り方を誤ると真実からかけ離れた結論を導きかねず，注意を要する。いっぽうで論理的整合性が取れたものであれば，唯一解ではなく，複数の解が得られることもあり，それらはいずれも学術的には「真」たりえるのである。

（2）　復元のフロー

　さて学問としての必要な概念については上記のとおりであるが，復元学を学問として捉えるうえで，そのフローを考える必要があろう。

　遺跡における復元の場合，発掘調査の情報が最も重要である。当時の建物の痕跡そのものである発掘遺構や部材そのものである出土遺物は前提条件の核となるもので，復元は過去の姿を検証する行為であるから，これらと齟齬のある復元は矛盾をはらんだものとなってしまう。それゆえ，かつての痕跡そのものであるこれらの前提条件は，①適切な証拠への依存のための不可侵の条件ともいえよう。

　前提条件が整理できたら，発掘遺構を解釈し，それをもとに建物の基本構造（骨格）の検討を行う。そのうえで，同時代の現存建築や参考となる絵画・文献史料を解釈の補助的な情報として加え，建物の骨格を再検討する。そして屋根葺材・彩色・金具などの細部の検討を経て，復元原案の完成に至る。これが大まかな復元のフローである（図4-1）。

　以上のフローにおいて，前提条件の整理が特に研究上，大きなウェイトを占める。前提条件が変われば，導かれる復元建物の形も変わってくるからである。また同じ前提条件であっても，何を重視するかによって，思考の過程にはさまざまな枝分かれがある。

　このように思考過程に多くの枝分かれがあるため，復元には唯一解を求め難く，それぞれが推論過程の論理的整合性を持つものであることもある。その場合，統計的な有意性によって各復元原案の妥当性の比較は可能であろうが，復元の蓋然性を示すにすぎず，完全肯定や完全否定は難しかろう。同時に復元考察を通じて，副産物としての学術成果が得られることもある。

　以上のように復元のフロー，すなわち，前提条件の整理と考察の過程の提示，結論（復元された姿）というプロセスは先に示した科学の学問的な手順そのも

第4章　復元学の方法論の提言（海野）　　*301*

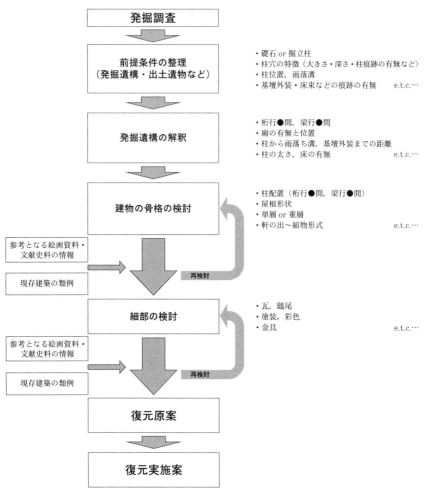

図 4-1 復元フローの概念図（出典：海野 2017）

のである。前提条件の整理は①適切な証拠への依拠であり、復元された姿は、③結論の提示である。そして考察の過程の提示は②前提となる証拠と結論と結ぶ推論・考察過程の明示であり、これによって第三者による妥当性の検証が可能となる。

(3) 復元原案と復元実施案

　復元を学術的に捉えるには，前提条件や思考の過程が重要であることは先に述べたとおりであるが，そこから導かれた結果がそのまま現実の復元に反映されるわけではない。

　復元建物を実際に建てるには現在の建築基準法など，さまざまな制約をクリアしなくてはならないからである。国宝・重要文化財などは，この要件から除外されるが，復元建物にはこれが大きなハードルとなるため，当時の形を考えた「復元原案」と実際に建てられる「復元実施案」には大きな違いが出てくることも少なくない。それゆえ，「復元原案」については学術的な検討も可能であるが，「復元実施案」については社会的制約や要因による影響が大きく，学術的な検討の際にはそれを考慮しておく必要がある。

　いっぽうで図4-1で提示したフローのように，復元原案の提示ののちに復元実施案があるという流れが重要なのであるが，必ずしもその両者の区別は明確ではないこともある。たとえば登呂遺跡や平出遺跡などの昭和前半期までの復元では，復元の手法の確立もままならないなかでの作業で，復元原案という概念は薄かったとみられる[2]。

　後述するように，復元案を学術的に評価するにあたっては，復元原案を対象とせねばならない。すなわち，現在の社会的制約を受けた復元実施案は，過去の形を模索するという復元学の学術的な検討の範疇を超えており，批評の対象足りえないことも多い。そのためにも，復元において復元原案と復元実施案を区別することが学術的には重要なのである。

2　複数の復元案と意義

(1)　複数の復元案

　さて，これまでにも述べてきたように，復元は前提条件・考察過程により，異なる多様な復元案が考えられる。そして思考過程に多くの枝分かれがあり，その結果として導かれた各復元案が自己矛盾せずに，論理的整合性のあるもの

として成立しうる。すなわち復元という行為そのものが複数解の存在を容認するものであり，復元案の比較はその複数解の蓋然性の比較にすぎないといえる。もちろん復元案の比較により，その蓋然性を追求すること自体は学術的に重要であるが，その前段階の複数の復元案は完全否定されるものではない。

たとえば葺材について，瓦が出土すれば瓦葺であることが想定されるが，出土しない場合，非瓦葺という情報に限られる。ひとことで非瓦葺といっても，檜皮葺・茅葺・板葺・柿葺など，複数の可能性が考えられる。同じく柱配置が発掘遺構からわかったとして，四面廂の柱配置であっても入母屋造・寄棟造の両方が考えられるし，錣葺の可能性もある。複雑な発掘遺構や建築構造が発展した時代の建物が対象となると，その選択肢は膨大に増える。このように発掘調査による情報からいくつもの可能性が考えられるのである。

さて複数の復元案が生み出されるいっぽうで，現地に建てる場合，複数の案の中から一つに絞り込まざるをえず，現地への来訪者がかつてその姿で建っていたと受け取ってしまう危険性もある（海野 2017）。現実の建設に関しては，経済的・政治的・社会的な背景によるところが大きく，学術の力の及ぶところではなく，その責を負うべきものではなかろう。しかし学術の立場から，復元の過程を提示することで，受け手の側のリテラシー向上を図ることは可能である。思考過程の開示によって復元見学者を受動的な態度から能動的な態度へ変換させることで，遺跡復元の学習的意義の向上も期待できよう。

（2） 複数の復元案の実例

複数の復元案の実例について，平城宮第一次大極殿院の東西楼を取り上げたい。平城宮第一次大極殿院東西楼（以下，東西楼とする）は平城宮の中枢部である第一次大極殿院の一画の南面に建つ建物で，南門を挟んで東西対称の位置にある（図4-2）。

東西楼は発掘調査によって桁行 5 間（15.5 尺等間），梁行 3 間（13 尺等間）の総柱の遺構であることがわかっており，側柱を掘立柱（一部礎石建），内部柱を礎石建とし，隅木蓋が出土している[3]。東西楼は①礎石掘立柱併用であるという点，②巨大な柱根，③深い柱穴，④巨大な抜取穴といった特殊な遺構であり，これらの点は側柱の構造（通柱・管柱）を考えるうえで重要である。

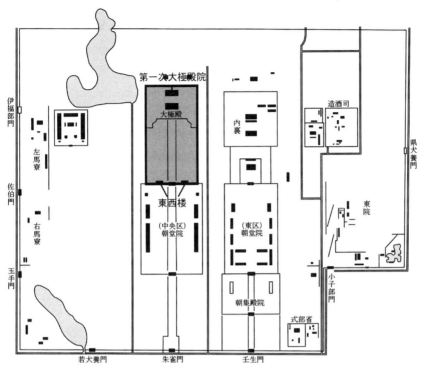

図 4-2　平城宮と第一次大極殿院東西楼の位置（奈良文化財研究所内部資料を一部改変）

　東西楼の復原案[4]は発掘調査の報告書作成の際に検討された 1982 年案（奈良国立文化財研究所 1982），100 分の 1 模型製作のための 1993 年案（浅川 1994），2001 年度案・2002 年度案（金子ほか 2003）で提示されてきた。なかでも 2001・02 年度案では発掘遺構との整合性よりも上部構造の検討に力点が置かれていた。以上の復原案は東楼の発掘成果をもとに検討されてきたものであるが，2002 年度の西楼の発掘調査によって新たな情報が増えたことで，発掘遺構の再解釈，特に構造面，施工面からの発掘遺構の検討を加えて 2016 年には新たな復原案が提示された（海野 2016）。2016 年度案以外の復原案については，筆者が過去にまとめており（海野 2011），これに 2016 年度案を加えて東西楼の各復原案の違いについて見ていきたい。これらの案を図 4-3 に示した。

　それぞれの復原案は発掘遺構の解釈や出土遺物の扱いによって，多様な形が示されている。1982 年案では側柱を通柱，屋根を入母屋造として復元した。

第 4 章　復元学の方法論の提言（海野）　　*305*

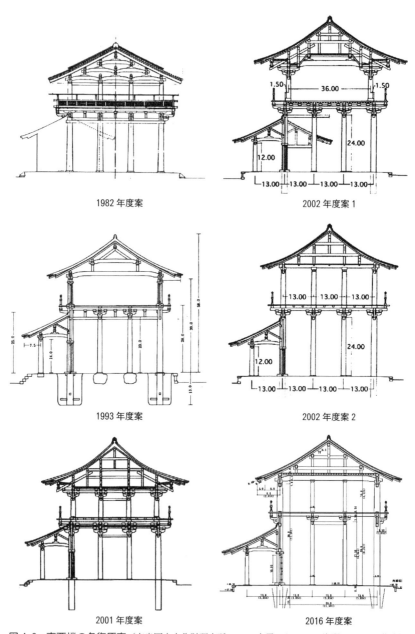

図 4-3　東西楼の各復原案（奈良国立文化財研究所 1982，金子ほか 2003，海野 2016 より作成）

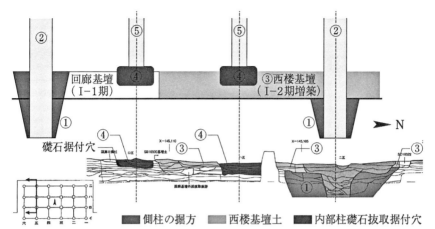

図 4-4　西楼基壇・柱の構築順序（出典：海野 2016）

　1993 年案では，82 年案と同じく側柱を通柱とするが，屋根を切妻造とした。このように，1982 年案・1993 年案では掘立柱である側柱を構造的に重要であると考えて通柱とし，上層が逓減しない案を提示してきた。これに対し，2001 年度案では，柱を管柱として上層を逓減させ，入母屋造とする案へと変更した。2002 年度には，柱を管柱とする点は 2001 年度案と同様であるが，上層を逓減させる案と逓減させない案の 2 案を提示した。

　2016 年度案では西楼の発掘調査（2001・02 年）によって，柱と基壇の構築の順序，すなわち側柱の立柱が内部柱に先行することが判明し，新たに発掘遺構の特徴を重視して再検討した（図 4-4）。この立柱の順序と深い掘立柱，太い柱根という発掘遺構・遺物の特徴から通柱の構造と推定し，天井・屋根架構・組物の相関関係から梁束式・組入天井・平三斗と考えた。屋根形状は奈良時代の入母屋造の妻壁の立ち位置と，その支持方法を参照すると入母屋造の屋根は構造的に困難で，寄棟造と推察された。

　このように，6 つの既往の復原案が提示されてきたが，それぞれ形状が異なっている。既往の復原案を柱，屋根，小屋組・天井，逓減，柱盤，下層天井，組物，中備，腰組，下層柱間装置，上層柱間装置の 11 項目に分けてみると，復原案として採用した根拠や類例が多岐にわたることがわかり，一定の前提条

表 4-1　東西楼の各復原案の比較

		『平城報告XI』 （1982 年）	模型案 （1993 年）	平成 13 年度案 （2001 年）
柱	形式	側柱：通柱　下層入側柱：束柱 上層内部柱はなし	側柱：通柱　下層入側柱：束柱 上層も総柱	全て管柱　上層も総柱
	根拠	通柱：太い柱根 礎石建の柱は床を支える束柱と解釈ヵ	通柱：太い柱根 礎石建の柱は床を支える束柱と解釈。上層柱は，大梁を架けないため。	入母屋造とするために真隅とする要があり，柱盤を用いて上層も とする。
屋根	形式	入母屋造	切妻造	入母屋造
	根拠	隅木蓋瓦	下層平面が真隅でない	隅木蓋瓦。 切妻造では妻側基壇の出が 8 尺し，蟇羽を 9〜10 尺出すことに構造的に困難。 寄棟造の否定根拠は大棟が短くる点，現存遺構の楼造類例が皆
小屋組・天井	形式	二重虹梁・斗束・又首	三重虹梁蟇股	天井を張り，束・梁による架構
	根拠	不明	二重虹梁蟇股では勾配が緩く，又首では大極殿関連施設の意匠としては貧弱。『年中行事絵巻』（建礼門・待賢門）や『信貴山縁起絵巻』（内裏東門）にあるように，平安時代の宮内の門には三重虹梁蟇股や四重虹梁蟇股が存在した。	不明
逓減	形式	無	無	有（一手先以内）
	根拠	無	無	上層を真隅にして鉛直荷重の流考慮。
柱盤	形式	下層天井が直接，上層の床 柱盤なし	下層天井が直接，上層の床 柱盤なし	通肘木上に柱盤を載せ，柱盤上階床・縁板を張る。
	根拠	無	無	法隆寺経蔵
下層天井	形式	下層天井が直接，上層の床	下層天井が直接，上層の床	下層天井を張り，上層床との間に
	根拠	不明	不明	法隆寺経蔵
組物	形式	平三斗・二軒	平三斗・二軒（軒の出 8.7 尺）	三手先（出土雛形）・二軒
	根拠	不明	基壇の出 8 尺	楼造のため軒先は高く，十分な出を確保する必要がある。 形式は出土雛形。
中備	形式	上層：間斗束ヵ 下層：間斗束	上層：不明 下層：間斗束	上層：間斗束 下層：不明
	根拠	不明	不明	不明
腰組	形式	一手先・挿肘木	二手先・挿肘木	二手先（下層内側は出三斗）
	根拠	不明	不明	不明
下層柱間装置	形式	正面中央三間：扉口 正面両脇間：白壁 それ以外：開放	正面中央一間：扉口 正面両脇二間：白壁 それ以外：開放	正面中央三間：扉口 正面両脇間：白壁 それ以外：開放
	根拠	回廊と楼の基壇高さがほぼ同一であると考えられ，回廊と楼は一体の空間と考えられる。	回廊と楼の基壇高さがほぼ同一であると考えられ，回廊と楼は一体の空間と考えられる。	回廊と楼の基壇高さがほぼ同一であると考えられ，回廊と楼は一体の空間と考えられる。
上層柱間装置	形式	正面中央三間に扉口 正面両脇間：連子窓	正背面：開放 両側面：白壁	全て開放
	根拠	不明	望楼機能	不明

308　第Ⅲ部　復元学の現在と未来

平成 14 年度案 1 （2002 年）	平成 14 年度案 2 （2002 年）	平成 28 年度案 （2016 年）
…管柱　上層内部は柱なし	全て管柱　上層も総柱	側柱：通柱　下層入側柱：束柱 上層内部柱は無
…の掘立柱は，重心が上層にあ… …下層が開放空間であることによ… …造的に不安定解消のため。	側柱の掘立柱は，重心が上層にあ り，下層が開放空間であることによ る構造的に不安定解消のため。	礎石と掘立柱を併用する発掘遺構の 類例から内部柱は床を支えるもの。 古代には校倉以外に振隅は用いない。
…屋造	入母屋造	寄棟造
…木蓋瓦。 …造の否定根拠は大棟が短く見え… …。	隅木蓋瓦。 寄棟造の否定根拠は大棟が短く見え る点。	隅木蓋瓦。 入母屋造の否定根拠は屋根架構の問 題点。
…梁蟇股。天井は小屋裏を隠すた… …天井を張るものと化粧屋根裏の… …は平等院鳳凰堂中堂・唐招提寺… …堂・東大寺法華堂 …天井とする。	大梁を架ける。天井は小屋裏を隠す ために天井を張るものと化粧屋根裏 の 2 案 根拠は正倉院正倉 大梁と同レベルに天井を張る。	大梁を架け，妻側の母屋桁支持のた めに梁束式の架構とする。天井は架 構を隠すため組入天井とする。
…最上段通肘木にかかる程度	無	無
…の上に柱盤を置く	柱盤の上に床板を張る。	下層天井が直接，上層の床 柱盤なし
…院鳳凰堂翼楼	法隆寺経蔵	無
…天井が直接，上層の床	下層天井が直接，上層の床	下層天井が直接，上層の床
…院鳳凰堂	法隆寺経蔵	無
…先	大斗肘木 or 平三斗など手先の出な いもの	平三斗
…ありにより，基壇までの出が大… …なるため。	基壇の出 8 尺	基壇の出 8 尺と天井・屋根架構・組 物の形式から，手先が出ない組物の 平三斗。
…：不明 …：不明	上層：不明 下層：不明	上層：間斗束 下層：間斗束
	不明	法隆寺東大門など
…先	出三斗	二手先・挿肘木
…は三手先組物との関係か。隅扠… …隅柱から外だけに設け，内部に… …さない。	不明	下層の隅の柱が桁行・梁行で異な り，内部に隅扠首を引き込むことが できないため。
…示	未提示	中央一間：扉口 正面両脇二間：白壁
…しての機能を持たせ扉口とする… …，壁として遮蔽するのか。基壇… …関連で石段をもうけるのか。	門としての機能を持たせ扉口とする のか，壁として遮蔽するのか。基壇 外との関連で石段をもうけるのか。	門としての機能を持たせて扉口とす る。東西楼建設以前の通用口の大き さを勘案して一間。
…示	未提示	開放
…窓・扉（建物用途との関連性大）	壁・窓・扉（建物用途との関連性大）	望楼機能・景福宮慶会楼ほか

件のもとで，それぞれ一定の整合性が取れている（表4-1）。

　このように東西楼の復原では，特殊かつ解釈が困難な発掘遺構であるがために多くの復原案が提示されてきた。そのうえ，発掘調査によって新事実がわかったことで前提条件に変化が生じ，さらに複数の復原案が導かれてきたのである。そして復元の過程で発掘遺構の再解釈，現存しない古代の建築構造の検討など，さまざまな研究成果も副次的に生み出されており，学術的にも大きな進展をもたらした。

3　復元の評価

　さて複数の復原案の存在を述べてきたが，学問としてはそれらを客観的に評価し，その妥当性や特質を示す必要がある。遺跡における復元を顧みたものは早い時期からみられる。平安神宮が厳密には復元ではないことは本書Ⅱ-2で示したが，伊東忠太は後世に平安神宮について回顧している。

　これは建設中から完成時を通じて，平安神宮が「新築」として批評されたという事情もあった。伊東としては，唐の時代の最高の屋根形式である四注造（寄棟造）とはできなかった点や，柱が1尺6寸から1尺1寸へと縮小された点は無念であったし，建設の最中にも寒気により，碧瓦にひびが入り，新聞紙上で批判を受けたという背景もあった[5]。伊東自身，回顧談では平安神宮の大極殿を「復原」（ママ）としたうえで，失敗の作と断じている（岸田1945）。ちなみにその理由として，「京都市の事情により建築の規模・様式・手法等を変改した」ことをあげており，外的要因が元凶であるとする。ここで着目したいのは伊東自身，復元原案と復元実施案を区別せずに，完成した建物に対して批評を加えている点である。これは「復原」（ママ）と言及しつつも，建設された結果に重きを置いていることの表れである。ここに建築家伊東忠太のスタンスが表れている。

　同じく登呂遺跡の復元に従事した関野克も，竪穴建物の復元について批評に晒されており，関野克も自身の復元設計を振り返っている。関野克の復元に対しては，早くから批判も多かったようで，縄文時代の家屋の復元に，家形埴輪や家屋文鏡などの古墳時代のものを参考にする点は時代性から疑問を投げかけられた。また復元の参考とした『鉄山秘書』の高殿はプリミティブな形状であ

るとはいえ，近世の建物の描写であるから，これも時代性に問題があった。こうした背景もあって，関野は早い時期から自身の言葉で反省や評価を述べており，復元した竪穴建物に対して，「復原（ママ）というには厳密性を欠くが，想像とよぶには可能性が高い」と評している（関野 1951）。この評価は復元の精度に関して客観的な判断で，的を射ているのではなかろうか。

　ちなみに遺跡整備の面では，1999〜2004 年の再発掘調査によって研究が進展したことで再整備され，新たな復元建物が建てられた。これにより，関野克の竪穴建物は発掘遺構の直上には存在しないが，重要な研究史を示す資料として，場所を移して関野案の復元建物は建てられている。

　近年では，宮本長二郎が遺跡復元された建物に対して学術的側面から批評している（宮本 2001）。同氏は多くの遺跡の復元を手がけており，現存遺構や転用材，出土建築部材・絵画・文献史料に加え，日本の民家や近隣周辺国の少数民族建築の調査事例，出土建築部材・焼失竪穴住居を用いてきた。宮本はその経験を活かし，各地の遺跡復元における建築史学的な誤りを検証したが，批評の対象として復元原案と復元実施案の区別を十分にしていない。その背景には復元原案の提示が少なく，多くは遺跡整備された現状を検証するしかないという事情もあったとみられる。この宮本の検証は，遺跡復元への批判がタブー視されかねない状況に一石を投じるもので，復元学を考えるうえでもターニングポイントでもある。事業そのものに対する批判は学問の範疇を超え，建築史学や考古学の研究者らが責を負うべきものではなかろうが，学術的な批判は研究上，重要なプロセスであり，研究発展においても有効である。それゆえ第三者による学術的側面に対する批判的検討という復元の学術的な礎を築いた宮本の足跡は大きい。

　このように，復元に対する検証は復元設計者自身や第三者によって行われてきており，学術的な方向性が示されてきている [6]。そのいっぽうで，学術的な検討をするための情報や，プロセスの開示が十分ではないという復元の現場の問題点も見えてくる。これらの批判的検討の存在は見る者に対し，復元建物は一定の蓋然性を持つものの，寛容性を持って接するべき対象であることを暗に示している [7]。そして遺跡復元の意義という社会的側面とはいったん，切り離して検討する必要があろう。

4 復元のこれから

さて，復元建物を現地に建てる際に，さまざまな考察の過程を経ていること，そして副次的に多くの学術的な成果が得られていることは，前に述べたとおりである。これらは復元の学問としての可能性，すなわち復元学の可能性である。

復元学の第一の課題として，復元手法の確立が社会的に求められる。一般には復元過程を知る機会がほとんどないため，復元はブラックボックスのように見えてしまうのである。第三者による復元過程の把握を可能にするためには，①復元過程の明示，②復元原案と実施案の区別，③復元整備における複数案の提示，④復元に対する批判的検討が必要な項目としてあげられる。これらの基本的な項目は，復元学の方法論としての確立の足がかりとなる[8]。

特に④が重要であるが，遺跡復元が進んできた今日，一定の批判的検討が可能となる素地ができつつある。いわば「復元学」による学術面の批判的検討という新たな道が開けてきたのである。いっぽうで，各地の遺跡の復元建物を立ち止まり，振り返る作業は十分とはいえず，登呂遺跡での関野案に対する批判や葛藤などは珍しい。

その対象は，もちろん現代的な制約によって，構造補強などを施された復元実施案ではなく，当時の建造物を検討した復元原案を対象とするべきであるが，第三者による検証では復元原案と復元実施案の区別が十分になされていないこともある。特に遺跡に完成した建物のみを対象とした批判は問題の本質を突いていない可能性がある。伊東忠太の平安神宮の無念で示されたように，政治的・行政的な外圧により学術的な復元の成果が十分に反映されずに建設されることも少なからずあるからである[9]。こうした復元の現場の事情を考慮しつつ，第三者には復元案を捉える冷静な視点が求められる。

さて復元学の学術的な方法や成果について述べてきたが，復元の将来について，その表現方法を含めて述べておきたい。もちろん，近年の目まぐるしい技術発展のなかで，新たな手法が表れる可能性は高い。その未来を示すことは筆者の想像を超えるものであり，予測不可能であるが，近年の技術では復元にCGを活用する方法，すなわち，VR・ARには大きな可能性があると考える。

VR は Virtual Reality の略で，仮想現実といわれるものである。AR は Augmented Reality の略で，拡張現実といわれるもので，現実の一部を改変して利用者の位置情報と対応させることで，遺跡の現地でスマートフォンやタブレットなどをかざすと，そこに復元建物の CG の映像が現れるといった利用方法である。

これらの CG によるデータは実際に建物を建てるのとは異なり，研究の進展によって新たな知見が得られた場合に改変が容易である。復元の複数解の存在という復元の内包する問題にも対応できる [10]。加えて現地性を持つ AR は重層的に遺構が存在する遺跡の復元において有効である。平城宮では奈良時代前半の第一次大極殿院が後半には西宮に代わっているし，平安宮大内裏の地には安土・桃山時代に聚楽第，古代の難波宮には大坂城が築かれている。これらの重層的な遺跡を表現するには CG の力は偉大であろう。もし現地に特定の時期の復元建物が建てられていた，あるいは古建築が現存していたとしても，AR を用いることで，別の時期の様子を体感することも可能である。複数の復元案の提示にも有効な方法であり，復元の多様性を示す点でも有用なツールであろう。

すでに長岡宮ではスマートフォンやタブレットによる AR が活用されており，大極殿公園・朝堂院公園など，宮殿の主要な部分で映像を体感できる。AR や VR は遺跡の復元建物を代替・補完するツールとして期待されている。

ただし，CG 復元において気をつけておくべき点もある。CG であっても平面図だけではなく，断面図や立面図を考えるという実際の建設に近い作業が必要で，CG であるからといって，復元考察の作業の簡略化がなされるわけではないということは肝に銘じておかねばならない。すなわち，基本設計に必要な時間や予算は同等程度に求められる。CG はいわば実地建設の代替で，CG の作成にも多くの学術的な検討が必要なのである。

おわりに

復元を学問として捉えるための方法論として復元のフローを提示し，そのなかでも前提条件の整理が学術的に重要であることを述べた。そして復元の思考

プロセスによって，多様な解，すなわち複数の復元案が存在しうること，そしてそれらのいずれもが学術的な担保を持つ可能性があることは明らかであろう。

　復元考察の過程における学術的な成果を鑑みても，復元原案の考察，そのものの学術的意義は大きく，正面から向き合う必要がある。もちろん，その復元の表現としては，図面・CG 等，実地における実物大の建設以外の方法の模索は可能であり，今後の新技術の開発も期待される。

　そして研究者たるもの，復元批判をするにしても，単に重箱の隅をつついても建設的ではなく，対案を示すことが必要と考える。新しい復元案の提示は将来につながる作業であり，学術的な進歩による新たな発見があれば，必要に応じて修正すればよいのであり，提示の躊躇は学問の停滞を意味している。それゆえ復元の修正は学問の進歩であって，恥ずべきことではない。むしろ唯一解であるかのごとく示すことは，学術的には捏造に近いともいえる。またすでに建設された復元があることによって，新事実を否定することはあってはならない。これは学問に対する冒瀆，社会的隠ぺいであろう 11)。このような問題が生じないように復元に対しては厳格さだけではなく，寛容さが必要である。同時に事業としての社会的な責任と検討の内容という学術的な責任は同一視すべきではない。これはノーベルのダイナマイト開発とその殺戮への使用の責任の所在と比べてみれば，開発者や設計者に責任を求めることの不適切さ，学術的な成果とその運用による社会的責任の同一視がおかしいことは理解できよう。

　このように「復元」を敵視するのみではなく，事業と切り離し，学術的な考察の過程を評価することで，建築史学や周辺領域学問に対する貢献という新たな学術的価値を創出できるのではなかろうか。浅川滋男の言葉を借りれば，復元の思考過程は高度な「思考ゲーム」（浅川 2013）といえるかもしれない。また緩い定義を構築することで，学際的検討の俎上にのせることも可能であろう。

　近年，復元への関与を避け，復元に関する考証という行為そのものに対して批判的立場がとられ，復元と学問の距離が離れているようにも感じられる。しかし日本建築史学の開拓者である伊東忠太や南都古代建築史の礎を築いた大岡實らの言葉 12) を鑑みても，復元原案の考察，そのものの学術的意義は大きく，正面から向き合う必要があろう。これらを勘案しつつ，復元学の萌芽として第一歩を示しておきたい。

注

1) 首里城正殿や名古屋城天守のように，図面・写真などが残っており，これらを復元する場合には相当に高い精度での復元は可能であろう。しかし写真資料であってもモノクロ写真の場合には色彩情報はなく，現に首里城正殿の復元では屋根瓦の色を赤色としたが，米国立公文書館の写真から赤色でなかったことが判明している。また図面や写真から形状の復元は可能であっても材料は不明であり，完全な唯一解を導くことは事実上，不可能である。こうした点から見て，過度に厳格な再現性を求めることに学術的な意味があるかについては疑問を呈しておきたい。

2) 関野によると，構造補強は見えにくい場所としたとしており，復元案と現代的な構造補強という概念があったことがうかがえる。

3) 隅木蓋瓦は隅木の上を覆うための瓦である。そのため隅木蓋瓦の出土によって，隅木のある建物，すなわち入母屋造か寄棟造の屋根形状が推定できる。

4) 本書の定義では「復元」にあたるが，奈良文化財研究所をはじめとする平城宮のプロジェクトでは事業名として復原の字を用いてきたため，ここではそれに倣い，復原案とする。

5) 大学を出て間もない若い伊東にとって，新聞紙上での批判は堪えたようで，東京にいた木子清敬に対して手紙を送り，思いをつづっている（東京都立中央図書館木子文庫資料）。

6) 復元の妥当性が批判されたとしても，学術的検討である以上，ある程度，想定しておくべき帰結であろう。いくら蓋然性が高くとも，科学実験が必ず成功するわけではないのと同じであり，それゆえに復元のプロセスを示しておくことが学術的には重要なのである。

7) 復元建物の建設による社会的影響の大きさの危険性については，本書Ⅰ-2の注9)においても指摘したが，そのいっぽうで上部構造の提示なしでの遺跡の理解は困難であり，一定の有効性があることも事実である。遺跡における復元の是非に関しては，これらの学術的な課題を踏まえたうえで行政的・政治的に判断されることが望まれる。

8) 『月刊文化財』628（2016年1月号）では，「近年の歴史的建造物の復元」というテーマで特集を組んでおり，文化庁記念物課史跡部門・整備部門として「歴史的建造物の復元と復元検討委員会の役割」と題した論考を提示している。その中で「復元された建造物そのものが成果物であることはまちがいないが，その背後にある調査研究の姿を記録し，公開することは，復元建物を客観的に評価するために必要な作業である」としており，復元の過程の重要性を指摘している。

9) もちろん，政治的・行政的な問題は政治・行政の課題として捉える必要があろう。

10) 島根県立古代出雲歴史博物館のように，出雲大社の復元案を5つの模型で提示する例もある。

11) 肯定的な知見のみが重視され，否定的な結果が軽視されるという問題は復元学以外

の諸分野でも見られる。否定的な結果や既存とは異なる新知見も看過すべきではなく、真摯な態度で臨むべきであろう。

12)　伊東忠太は「自ら実地に日本の建築を計画し設計し，更に現実にそれを造り上げてみることが必要である」（岸田1945），大岡實は「かなりの想像を加えても立体的に復原して，具体的に眼に見える形にすることが，建築史の発展に必要」で，「次の研究者が修正を加えて進歩させていけばよい」とする（大岡1966）。

参考文献

青柳憲昌「関野克の登呂遺跡住居復原案の形成過程と「復元」の基本方針」『日本建築学会計画系論文集』654，2010年

浅川滋男「平城宮第一次大極殿院復原模型の製作」『奈良国立文化財研究所年報』1994年

浅川滋男『建築考古学の実証と復元研究』同成社，2013年

海野聡「東西楼・南門の復原案の再検討　第一次大極殿院の復原研究2」『奈良文化財研究所紀要2011』2011年

海野聡「東西楼は入母屋か寄棟か―平城宮第一次大極殿院の復原にむけて」『発掘遺構から読み解く古代建築』クバプロ，2016年

海野聡『古建築を復元する―過去と現在の架け橋―』吉川弘文館，2017年

大岡實「鎌倉時代再建の東大寺」『南都七大寺の研究』中央公論美術出版，1966年

金子隆之・清水真一・清水重敦「平城宮第一次大極殿院楼閣の復原設計」『奈良文化財研究所紀要2003』2003年

岸田日出刀『建築学者伊東忠太』乾元社，1945年

関野克「登呂の住居址による原始住家の想像復原」『建築雑誌』774，1951年

奈良国立文化財研究所『平城宮発掘調査報告Ⅺ』1982年

文化庁文化財部監修『月刊文化財』628（特集「近年の歴史的建造物の復元」），2016年

平安神宮百年史編纂委員会編『平安神宮百年史』平安神宮，1997年

宮本長二郎『原始・古代住居の復元』日本の美術420，至文堂，2001年

む　す　び

海　野　　聡

1　本書刊行の経緯

　本書のむすびとして，復元学の第一歩たる本書の刊行に至るまでの経緯，現代の復元の抱える課題，将来の課題や可能性について述べておきたい。これまでの研究の経緯は，すなわち復元学の着想から萌芽の過程であり，学史にあたる。本書の核となる復元を学問として捉える復元学は筆者が奈良文化財研究所の在職中に平城宮をはじめとする復元に携わっていた頃に思い立ったものである。

　山岸常人の「文化財「復原」無用論―歴史学研究の観点から―」（山岸1994）に代表されるように，復元に対する批判的検討は重要である。そして遺跡整備による復元建物への批判的な検討を宮本長二郎が加え（宮本2001），復元を学術的に検証する素地ができたことは重要である。その後，発掘遺構による建築復元の方法論（宮本2005）や史跡整備の是非に対する疑議（川瀬2005）が提示され，建築史学会でも2005年に「復元（再建）を考える」と題したシンポジウムが行われた（足立2005）。これらは行政あるいは政治的な要素の強い復元と距離を取るのではなく，復元を学術的な課題とする方向性を示すものであった。

　復元を取り巻く研究状況が変化し，自身も復元に関連する重要なテーマと実務が身近にあるなかで，幸いにして科学研究費補助金挑戦的萌芽研究「「復元学」構築のための基礎的研究」（2014〜16年度）を獲得することができた。本書はこの成果やその後の復元学の研究会の成果を多く含んでいる。この復元学の研究会，あるいは本書の論考では，復元学の可能性について，建築史学・考古学・庭園史学・文化財学の諸学より検討し，また実務にもとづいた新知見や問題点を加えている。これにより復元を核とする学問の足がかりは提示できたと考えている。この点に関しては執筆いただいた各氏に深く御礼申し上げるとともに，継続して復元学について考えを深めていただければ幸いである。

2 今後の課題と復元学の可能性

　本書では復元のオーセンティシティに関して，あえて触れていない。遺跡に構築物そのものが残る石造文化財とは異なる木造建築を主とする遺跡では，遺跡の表現としての復元も手法の一つとして捉える向きもある。この点については遺跡における復元のオーセンティシティを考えるうえで，重要な将来の課題である。その際に重要となるのが，「復元建物」の位置づけである。

　特に復元建物の可能性と危険性については，本書で述べてきたとおりであるが，「復元」は現代の活動であるという点を強調しておく必要がある。

　本書Ⅲ-3でバルセロナパビリオンの再建に関して取り上げているが，その再建においてもオリジナルとは異なる点が生じており，物質以外の点でも完全に一致するものではないことがわかっている。

　また日本においても，鹿苑寺舎利殿（金閣）を例にあげると，舎利殿は1950年の焼失後，再建されている。この舎利殿では正確に焼失前の状態で再建されたわけではなく，当初の姿を求めて建設された点を考慮する必要があるが，たとえ，焼失前の形で復元されたとしても，あくまで再建された舎利殿は「昭和の再建」であり，その再建は現代の復元思想のなかでの建設行為である。現に再建前から一部，変更された点があるとはいえ，2019年現在，鹿苑寺舎利殿は国宝・重要文化財の指定は受けていない。

　つまり解体修理や写真・図面などの記録が残っていても，新しい材料で復元した場合，それは現代の再建行為と捉えるべきことを認識しておく必要がある。1964年のヴェニス憲章で定められたオーセンティシティでは，意匠・材料・技術・周辺環境の4つの観点で真正性が求められている。また1994年の奈良ドキュメントでは，①形態と意匠，②材料と材質，③用途と機能，④伝統と技術，⑤立地と周辺環境，⑥精神と感性，⑦その他の内外的要因の概念に拡大された。いずれの概念においても「材料」の観点は指摘されており，復元建物にはその真実性がまったくない点からも，歴史的建造物そのものでないことは明らかである[1]。

　そして復元建物が材料性のオーセンティシティを持たない以上，これをオリ

ジナルの建物と同等と捉えることは，遺跡の表現としての「復元建物」と歴史の証人としてのオリジナルの歴史的建造物（現存建築）を混用することにもなる。同じく歴史の証人たる遺跡の表現としての復元建物自体の自己否定にもなる危険性をはらんでいる。これまで述べてきたように，一定の形状・材種等の再現は可能であろうが，大部分については，多かれ少なかれ，推定を含む「復元」となる。そして根拠となる「材料」の担保もない以上，修理における「復原」の精度にも至りえない。こうした点を考えると，計画者の意志にもよろうが，復元建物に対して，社会的に「現代建築」としての性能等の担保が求められるのは必然であろう。

3 名古屋城天守の復元の議論の問題点

「復元」そのものではなく，復元建物に関しては，たとえ姿が「完全に」同じであってもオリジナルとは異なることを触れておきたい。近年，名古屋城天守の復元に関する議論が世間をにぎわせており，この点に関して，復元建物というものの位置づけについて，私見を記しておきたい。もちろん，名古屋城天守の再建は市民の寄付による復元建物の建設という側面を持っており，それ自体を否定する気はないし，その行為自体はかつて大寺院などの造営のために寄付を集めた勧進の行為にも通じるもので，「現代の建設活動」として評価されるべきものである。いっぽうで報道等を通して知られる名古屋城天守の復元については問題も生じており，①エレベーターの設置の問題，②再建に伴う地下遺構の破壊の2つについて特に記しておきたい。

前者は，障害者差別解消法，バリアフリー関連の法律など，公共の「現代建築」の建設において通常設置すべきエレベーターを「本物の城」[2] という復元建物の正確性のために設置しないという問題である。

もちろん，文化財建造物は建築基準法の適用除外などを受け，名古屋城天守の再建における行政手続き上の瑕疵の有無については，本書の範疇ではないが，復元建物を「現代建築」の特例とする点については，警鐘を鳴らしておきたい。

根底に存在するのは，たとえ首里城正殿のように精度の高い復元を行ったとしても，瓦の色の問題で明らかになったように，「完全な」復元自体が幻想で

あるという事実である。よしんば，カラー写真などが先に見つかっていたとしても，その顔料や材質までそこからうかがい知ることはできない。これは文化遺産で重視する大きな原則の一つである「材料」の観点からも明らかである。文化遺産のオーセンティシティの多様性を尊重する「オーセンティシティに関する奈良ドキュメント」以降も，材料と材質に関するオーセンティシティは重要な項目であり，この点から復元を「本物」と扱うことには大きな問題がある。

　このように「復元された」建物は「過去の表現」であり，「現在の新たな建設行為」であって，間違っても「オリジナル」の建物では決してありえない。名古屋城天守を再建したとしても，どこまでいっても「21世紀の城」であって「江戸時代の城」ではないのである。「復元」建物の信頼性が100％足りえないのは，本書を読んだ方々にはおわかりいただけよう。

　こうした点を踏まえると，現代の建設行為である名古屋城天守の再建におけるエレベーターの問題は，問題としてあげる以前の問題であることは理解できよう。すなわち復元建物は国宝・重要文化財とは異なる「現代の建物」である以上，基本的には現代の法律・制度下において粛々と進められるのが適切である。少なくとも「復元建物」を歴史的建造物にすり替えることは厳に慎しむべきである。

　後者の再建に伴う地下遺構の破壊については，「復元建物」をどのように捉えるかという問題である，すなわち，「復元建物」は地下遺構の「地上の表現」であり，どこまでいってもオリジナルの再現ではないことは先に述べた。そのうえで，オリジナルである地下遺構を表現するための「復元建物」の建設において，オリジナルの地下遺構を破壊することは本末転倒である。むろん，史跡などにおいて，住宅・商業施設・公共施設など，現代の社会活動との共存や地上に国宝・重要文化財などの歴史的建造物が現存する場合には部分的に地下の遺構に干渉することはあり，それは認められてしかるべきであろう。いっぽうで，「復元建物」については，本来の目的が大きく異なるため，他の建設行為と同様に扱うことは適切ではない。地下遺構という「本物」を壊して，復元建物という目に見える「幻想」を追いかける姿勢に対しては問題提起をしておきたい[3]。

　以上のように，名古屋城の抱える問題は復元建物を「現代建築」と明確に位

置づけていないことに端を発する問題といえる。そして復元建物と現存してきた歴史的建造物の明確に区別をすることは,「歴史のねつ造」[4] を未然に防ぐためにも必要であろう。

4 復元学のこれから

　今後,文化財・文化遺産の保存・活用が求められていくなかで,復元も重要なキーワードになってくることが予想される。いっぽうで過度に活用に重心が置かれる危険性もある。美術品等であれば,博物館などで保存することができるし,歴史的建造物の場合には改造しながら使っていくことは建物の持つ通常の行為である。またそれぞれの分野で学術的な蓄積もある,いっぽうで遺跡の活用においては,遺跡整備の研究成果の蓄積はあるものの,復元に関する学術の確立がなく,「活用」の名のもとに体系的な理解のないまま,都合よく各学術分野の成果を乱用されない。こうした状況については,各分野から注視していく必要があろう。

　なお本書で提示した内容は復元学の一面を示したにすぎず,学術的な内容に加え,復元を取り巻く社会との関係性において,多くの課題がある。本書が復元学の第一歩となることを願い,むすびとしたい。

　注
1) 復元建物のオーセンティシティを否定するものではない。現に平城宮跡は 1998 年に世界遺産に登録されているが,この時点で推定宮内省といった復元建物の建設はなされており,これらを踏まえた世界遺産登録である。

2) 河村たかし市長が朝日新聞インタビューに答えた時のもの(「名古屋城 EV 不設置決定した河村市長「本物性損なう」」朝日新聞 2018 年 9 月 4 日ネット配信記事,https://www.asahi.com/articles/ASL8F46Y3L8FOIPE00L.html,最終アクセス 2019 年 5 月 13 日,聞き取り関謙次)。

3) 文化遺産の基本的な考え方として可逆性,不可逆性というものがある。文化財の場合,失われたものを元に戻すことはできないため,建造物の修理においては,可逆性が重視される。

　　遺跡や歴史的建造物については「記録保存」という名のもとに失われることも少なくない。実測・写真などに加え,3D データなど,膨大な正確な記録を残したとして

む　す　び（海野）　　*321*

も，物質的に 100% の復元・再現が不可能であることは先に述べたとおりである。また少なくとも記録保存によって，いつでも再現できると主張するのであれば，その予算担保などの社会的な整備の必要があろう。そうでないのであれば，実現しえない詭弁であり，破壊であると明言する必要がある。

　建造物に関しては民間で行われた三菱一号館のような例もあるが。寡聞にして，遺跡において記録保存から実物大で遺跡が復元された例を知らない。一度破壊してからの遺跡復元にどれほどの意義があるかについては疑問であるが，「記録保存」が受ける一般の印象は物質的な「保存」を含むと想像され，誤解を与えるものである。実態としてはそこから乖離していることは周知すべきであろう。

4) 筆者は復元の行為そのものを「現代の行為」として否定することはないし，歴史のねつ造であるとも考えない。むしろ興福寺や京都御所をはじめ，近世以前から復古を歴史的に行ってきたことを踏まえると，復元を「否定」する行為も，西洋の文化財的な概念のもとでの近現代的な考えとも捉えることができる。そのためにも，適切に「現代の建設行為」として，復元の根拠，復元原案と実施案の区別，経緯を明示することが重要であると考える。

参考文献

足立裕司「復元（再建）を考える」『建築史学』45，2005 年

川瀬健秀「史跡整備にともなう建築復元について」『國學院大學博物館紀要』29，2005 年

宮本長二郎『原始・古代住居の復元』日本の美術 420，至文堂，2001 年

宮本長二郎「発掘遺構による建築復元の方法論」『東北芸術工科大学歴史遺産研究』3，
　　2005 年

山岸常人「文化財「復原」無用論：歴史学研究の観点から」『建築史学』23，1994 年

あ と が き

　本書は科学研究費補助金・挑戦的萌芽「「復元学」構築のための基礎的研究」（2014〜16 年度）（研究代表者海野聡）の成果を含むものである。また一部，科学研究費時補助金・基盤研究（B）「古代東アジアにおける建築技術体系・技術伝播の解明と日本建築の特質」（2018〜22 年度）および挑戦的研究（萌芽）「建築メンテナンスの歴史学の構築に関する基礎的研究」（2018〜20 年度）の研究成果を含んでいる。

　上述の「「復元学」構築のための基礎的研究」では，近世から近代にかけての考証・復元に関する研究会を開催していた。その後，本書の刊行を見据えつつ，2017 年から 18 年まで奈良文化財研究所で「復元学」研究会を開催した。この研究会では，執筆者相互の理解を深めるとともに，周辺分野の参加者を交え，活発な議論がなされた。

　その日時・発表者・タイトルは下記のとおりである。本書の内容は研究会における発表内容をもとに，発展させたものである。

第 1 回　2017 年 7 月 23 日

　海野聡「復元学の趣旨説明と方向性」

　マレス・エマニュエル「森蘊による歴史的な庭園の「復原的研究」」

　前川歩「Mies Van der Rohe, Barcelona Pavilion の再建にみる「復元」に
　　　　関わる意義と課題」

第 2 回　2017 年 10 月 28 日

　海野聡「復元に関する用語の定義と復元学の見通し」

　児島大輔「《復元学》の照射範囲—美術工芸分野における事例紹介を兼ねて」

第 3 回　2018 年 3 月 24 日

　青柳憲昌「「復元学」の射程—関野克の登呂遺跡復元住居と大岡實の RC 造
　　　　　復元寺院を通して」

　加藤悠希「寛政度内裏造営と復元考証」

第 4 回　2018 年 7 月 29 日

　川本悠紀子「ポンペイにおける庭園の復元」

本書が主題とする「復元学」は新分野の学問領域であり，本書はその構築を試みるものである。そのため，研究方法や視点の可能性に重点を置いた論考の構成としており，遺跡整備・修理などの網羅的な調査にもとづいたものではなく，今後，復元学的視点による検討事例の増加を期したい。

　今後，復元学が発展していくためには，検討のもととなる遺跡整備や修理における復元に関する情報の公開とアクセスの簡易化が求められる。この点は行政的な努力に期待するところが大きいが，近年，修理現場や復元現場の公開が進んでおり，社会に対する認知度の向上の一翼を担っている。一般公開に加え，報告書等の充実による社会への発信を期待したい。

　復元に関する情報の公開を受けて，復元学として学術的に検討する必要がある。まずは多方面からの研究会やシンポジウムの開催により，実務・学術の両面から課題の抽出と情報発信を行いたい。その第一歩として，本書の刊行を一つの節目に復元学の現状の立ち位置を振り返る必要があろう。同時に前近代の復古や海外の事例にも継続的に光をあて，地域や時代を超えて検討していきたい。将来的には，復元学が文化遺産と社会の共生のジョイントとなれば，幸甚の至りである。

　本書の各論は諸分野の研究者による執筆であり，資料の引用の方法，注の記載方法など，専門分野により大きく異なる部分が多い。学際性に富む本書の編集にあたり苦慮したが，本書は諸分野の横断的な研究であることを重視するため，著者の専門分野の多様性を鑑み，統一は最小限にとどめることとした。また内容は近代以降，西洋と幅広い範囲を扱うため，年号の表記については，明治以降は西暦表記のみ，それ以前は和暦（西暦）の表記とした。

　本書の刊行にあたっては吉川弘文館の石津輝真氏に尽力いただいた。昨今の厳しい学術出版の状勢のなかで，本書の企画を温かく迎えていただけたことに大変感謝している。

　　　2019 年 10 月

　　　　　　　　　　　　　　　　　　海　　野　　聡

執筆者紹介—執筆順

海 野　　聡（UNNO　Satoshi）
→別掲

児 島 大 輔（KOJIMA　Daisuke）
1975 年生／仏教美術史／大阪市立美術館学芸員
〔主要著書・論文〕
「白銀の転生—銀仏の造像と銀器の転用—」『東大寺の新研究 3 東大寺の思想と文化』法蔵館，2018 年
「御衣木の由来—史料から見た木彫仏像用材の意識的選択—」『古代寺院の芸術世界』竹林舎，2019 年

マルティネス・アレハンドロ（MARTINEZ DE ARBULO Alejandro）
1984 年生／建築保存／京都工芸繊維大学デザイン・建築学系助教，博士（工学）
〔主要著書・論文〕
『木造建築遺産保存論—日本とヨーロッパの比較から—』中央公論美術出版，2019 年
『文化財建造物の保存修理を考える—木造建築の理念とあり方』（共著）山川出版社，2019 年

加 藤 悠 希（KATO　Yuki）
1981 年生／日本建築史／九州大学大学院芸術工学研究院准教授，博士（工学）
〔主要著書・論文〕
『近世・近代の歴史意識と建築』中央公論美術出版，2015 年
「松平定信（楽翁）収集とされる茶室起こし絵図集について」『建築史学』65，2015 年
「高橋宗直による内裏考証について」『建築の歴史・様式・社会』中央公論美術出版，2018 年

青柳憲昌（AOYAGI Norimasa）

1975年生／建築史，文化財保存／立命館大学理工学部建築都市デザイン学科准教授，博士（工学）

〔主要著書・論文〕

『建築史家・大岡實の建築—鉄筋コンクリート造による伝統表現の試み』（共著）川崎市立日本民家園，2013年

『日本の建築意匠』（共著）学芸出版社，2016年

マレス・エマニュエル（MARÈS Emmanuel）

1978年生／日本庭園史／京都産業大学文化学部京都文化学科准教授，博士（工学）

〔主要著書・論文〕

『縁側から庭へ—フランスからの京都回顧録—』あいり出版，2014年

「重森三玲と森蘊の庭園観—小堀遠州の伝記を通して—」『日本庭園学会誌』28，2014年

川本悠紀子（KAWAMOTO Yukiko）

1984年生／古代ローマ史，西洋古典学／名古屋大学高等研究院特任助教 Ph.D.（Classics）

〔主要著書・論文〕

「古代ローマにおける視覚軸—考古学資料の見地から」『建築の歴史・様式・社会』中央公論美術出版，2018年

「ウィトルウィウスの『建築書』の古代ローマにおける変容」『『古典主義』再考』中央公論美術出版，2020年予定

高田和徳（TAKADA Kazunori）

1949年生／日本考古学／御所野縄文博物館長

〔主要著書・論文〕

「縄文集落の復原事例—岩手県御所野遺跡の整備から—」『日本考古学』10-15，1997年

『縄文のイエとムラの風景　御所野遺跡』新泉社，2005年

「御所野遺跡の縄文里山づくり」『遺跡学研究』7，2010年

田中弘志（TANAKA Hiroshi）

1962年生／日本考古学／関市協働推進部文化課長兼文化会館長兼文化財保護センター所長

〔主要著書・論文〕

「「古墳」が語るもの」『新修　関市史　通史編』関市，1996年

『律令体制を支えた地方官衙』新泉社，2008年

「弥勒寺官衙遺跡群の整備」『遺跡学研究』14，2017年

前川　歩（MAEKAWA Ayumi）

1978年生／建築学，建築史／奈良文化財研究所都城発掘調査部遺構研究室研究員

〔主要著書・論文〕

『近世建築論集』（共著）アセテート，2004年

「昭和初期の建造物修理からみる文化財における構造工学の受容過程」『遺跡学研究』13，2016年

Cultural Heritage and *Reconstructionology*: Theory and Practice of the Reconstruction of Archeological Sites, Buildings, and Gardens

Objective and structure of this book

The study of the buildings from the past already existed in Japan in the Edo period as part of an academic discipline known as *Kōshōgaku*, which involved the study of the past with a scientific and positivist approach. For instance, the drawings of the Heian Palace were studied and the information gained was applied to the reconstruction of the Inner Palace Complex (Dairi) during the Kansei era (1789–1801).

With the beginning of the Late Modern period, the reconstruction of ancient buildings became to be studied as part of the new discipline of Architecture. Early examples include Heian Shrine, which is a 5: 8 scale reconstruction of the Official Compound (Hasshō-in) of Heian Palace designed by Itō Chūta in 1895, the study on the reconstruction of Toro Archaeological Site in 1934, and the reconstruction model of the residence of Fujiwara no Toyonari in 1936 (both by Sekino Masaru). Such reconstructions have continued into the present time, as exemplified by the reconstruction of the Audience Hall (Daigokuden) of Heijō Palace.

The objective of this book is setting the foundations of this discipline, which we will call *Reconstructionology*. In order to do that, we will examine the different roles played by the *Kōshōgaku* scholars, who had a deep knowledge of ancient texts, and the carpenters, who had the knowledge of traditional building techniques. Furthermore, by examining the differences and similarities between the reconstructions of the Early and the Late Modern period, we will clarify the differences between the theory and the practice of reconstruction, as well as the context of previous studies in this field.

On the other hand, in recent times reconstructions have been carried out all over Japan. I have myself carried out research on excavation sites from the point of view of the reconstruction of the architectural structures, trying to connect archaeological evidence with architectural techniques. As a result, it became evident that regarding some reconstructed buildings, the academic research process that resulted in the reconstructed form is unclear or insufficient. Although reconstructed buildings have been both praised and criticized, there has been no systematic study on the discipline of reconstruction itself. Such a study would therefore have both originality and a high academic value. Currently, reconstruction is understood as a building activity. However, reconstruction also includes the reinterpretation of archaeological sites and existing buildings, as well as experimental research. This kind of research activities can add a clear academic value to reconstructed buildings, thus taking reconstruction beyond the scope of a simple building activity and elevating it to *Reconstructionology*, a new academic discipline.

This book introduces *Reconstructionology* through the study of the reconstructions carried out in the context of *Kōshōgaku* during the Early Modern period and of Architectural History during the Late Modern period, as well as the academic research carried out in the fields of Architectural History, Archaeology, Garden History, and Art History on the topic of reconstruction. Authors who were directly involved in actual reconstruction projects as government officials have also contributed in order to have an academic analysis from the point of view of both theory and practice. A wide range of reconstructions carried out in the Early and Late Modern period in Japan and Europe are covered in the study in order to give a complete view of the subject.

Outside Japan, in countries such as China, Korea and Vietnam, sites associated with wooden built heritage are also being inscribed in the World Heritage List. These sites share the challenge of the inherent material fragility of the remains, and sometimes reconstructions are carried out as a way to make their significance more apparent. However, in these cases, the question of the authenticity of the reconstruction arises. In these countries, as in Japan, the awareness of this problem is starting to appear. Nevertheless, reconstructions are generally executed as simple building projects due to the lack of a sufficient academic discussion and theoretical background.

This situation lead in 2010 to the Nara National Research Institute for Cultural Properties to hold the symposium "Research and Reconstruction of Ancient Architecture" with the participation of researchers from Japan, China and Korea. Furthermore, in 2017 the Tokyo National Research Institute for Cultural Properties held the symposium "Ancient Wooden Architecture in Mainland Southeast Asia: Reading the Features of Lost Buildings from Archaeological Evidence", which focused on wooden built heritage, excavated remains and reconstruction in Southeast Asia. In the Asian context, where many archaeological sites of wooden buildings remain, the academic study of the practice and theory of reconstruction is an urgent task.

However, the reconstruction of archaeological sites is not limited to Asia. In Europe, reconstructions attract interest from the point of view of the authenticity of World Heritage Sites, and it is necessary to establish an academic foundation.

As the utilization of cultural heritage is given more and more importance, the reconstruction of archaeological sites will become an important topic also from the point of view of Heritage Conservation. It will become necessary to broaden our scope not only in East Asia but all over the world. In order to cooperate with international

329

experts in the future, it would be of great significance if Japan (a country with a broad experience in the reconstruction and conservation of sites) could lead the effort to establish the foundations of the discipline of *Reconstructionology*.

Structure of this book

The main topics of this book are the concepts of reconstruction in the context of *Kōshōgaku* during the Early Modern period and of Architectural History during the Modern period, as well as the academic research carried out in the fields of Architectural History, Archaeology, Garden History, and Art History regarding reconstruction. Authors who were directly involved in actual reconstruction projects as government officials have also contributed in order to have an academic analysis from the point of view of both theory and practice. In addition, papers that examine the topic of reconstruction from the European point of view have been introduced, in order to take a first step towards a comparison between Japan and Europe.

As a result, the book covers a wide range from the Early to the Late Modern period and from Japan to Europe. Therefore, it seems necessary to clarify here its overall structure.

Part I deals with the theoretical aspects of reconstruction. It discusses the definition of *fukugen*, the Japanese word for reconstruction, the concept and objective of *Reconstructionology*, and its historical background starting from the 18th century. The problems of reconstruction from the point of view of Art History and European Heritage Conservation are also discussed.

Part II examines case studies of reconstruction. The research on the reconstruction of the Dairi in the Early Modern period is compared with the construction of Heian Shrine, which was built as a reconstruction of the Hasshō-in of Heian Palace. Their differences and similarities are clarified and a comparison between the Early and Late Modern period from an architectural point of view is carried out. In addition, the modern concept and actuality of reconstruction is examined through the examples of the primitive dwellings at Toro Archaeological Site and the temples built with reinforced concrete. From the field of Garden History, the thought processes involved in the reconstruction of gardens in modern Japan and contemporary Europe are examined, clarifying the differences between periods and regions.

Part III moves from the present to the future by examining the current issues involving reconstruction and its possible future academic development. The academic knowledge that can be gained through reconstruction is discussed from the point of view of government officials involved in the conservation of archeological sites through the examples of the Goshono Site (Jōmon Period) and the Miroku-ji Kanga

330

Site (Ancient Period). Issues involving the reconstruction of modern architecture are discussed through the examples of the Barcelona Pavilion of Mies van der Rohe and the Summer House of Antonin Raymond. Lastly, the definition of the academic discipline of *Reconstructionology* and its academic methodology are proposed.

In this book, the foundations of the new academic discipline of *Reconstructionology* are laid through 14 papers contributed by 10 different authors. We hope that this will be the first step in the development of this field, and that it will be useful not only for those involved in reconstruction but for many other people as well.

Satoshi Unno
Department of Architecture
Graduate School of Engineering
The University of Tokyo

（日本語の原文を*海野*が執筆し，マルティネスが英訳した）

CONTENTS

Introduction   UNNO Satoshi

Part I   The Concept of *Reconstructionology*: Theory

1 The Concept and Objective of *Reconstructionology*   UNNO Satoshi
2 The Concept of Reconstruction in the Context of *Kōshōgaku* and Architectural History   UNNO Satoshi
3 The Scope of *Reconstructionology*: Notes to Establish the Question KOJIMA Daisuke
4 Reconstructed World Heritage Sites in Europe   MARTINEZ DE ARBULO Alejandro

Part II   *Kōshōgaku* and *Reconstructionology*: Practice

1 The Research on the Reconstruction of the Inner Palace Complex (Dairi) During the Early Modern Period   KATO Yuki
2 Heian Shrine: Between Reconstruction and *Kōshōgaku*   UNNO Satoshi
3 The Contemporaneity of the Reconstructed Dwellings at Toro Archaeological Site (1951): The Development of the Reconstruction Proposal by Architectural Historian Sekino Masaru   AOYAGI Norimasa
4 Reconstructed Buildings Designed by Architectural Historian Ōoka Minoru: Recreating the Original Design Sensibility in Reinforced Concrete   AOYAGI Norimasa
5 The Reconstruction of Historic Gardens: Through the Reconstruction Research of Mori Osamu   MARÈS Emmanuel
6 The Excavation and Reconstruction of Gardens in Pompeii   KAWAMOTO Yukiko

Part III   The Present and Future of *Reconstructionology*

1 Case Studies of Reconstruction of Buildings from the Jōmon Period: the Example of Goshono Site   TAKADA Kazunori
2 Experimental Archaeology as a Methodology for the Enhancement of Historic Sites
                                                            TANAKA Hiroshi
3 The Reconstruction of the Barcelona Pavilion and the Summer House
                                                            MAEKAWA Ayumi
4 The Methodology of *Reconstructionology*: a Proposal   UNNO Satoshi

Conclusion   UNNO Satoshi
Afterword

About the authors
Contents of this book in English

332

編者略歴
1983 年，千葉県生まれ
2009 年，東京大学大学院工学系研究科建築学専攻博士課程中退
2009〜18 年，奈良文化財研究所研究員
現在，東京大学大学院工学系研究科建築学専攻准教授，博士（工学）
〔主要著書〕
『奈良時代建築の造営体制と維持管理』（吉川弘文館，2015 年），
『古建築を復元する—過去と現在の架け橋—』（吉川弘文館，2017
年），『建物が語る日本の歴史』（吉川弘文館，2018 年）

文化遺産と〈復元学〉

遺跡・建築・庭園復元の理論と実践

2019 年（令和元）12 月 10 日　第 1 刷発行

編　者　海野　　聡

発行者　吉　川　道　郎

発行所　株式会社　吉川弘文館
〒 113-0033 東京都文京区本郷 7 丁目 2 番 8 号
電話 03-3813-9151（代）
振替口座 00100-5-244
http://www.yoshikawa-k.co.jp/

印刷＝株式会社 理想社
製本＝株式会社 ブックアート
装幀＝右澤康之

© Satoshi Unno 2019. Printed in Japan
ISBN978-4-642-01662-9

JCOPY 〈出版者著作権管理機構　委託出版物〉
本書の無断複写は著作権法上での例外を除き禁じられています．複写される
場合は，そのつど事前に，出版者著作権管理機構（電話 03-5244-5088,
FAX 03-5244-5089, e-mail: info@jcopy.or.jp）の許諾を得てください．

海野　聡著

古建築を復元する

過去と現在の架け橋
（歴史文化ライブラリー）

当時の姿を思い描くことができる、各地の遺跡の復元建物。その設計はどのように行われているのか。発掘遺構や遺物、現存する古代建築、絵画資料など、あらゆるピースを組み合わせて完成する復元の世界の魅力に迫る。

四六判・272頁／1800円　　　〈第5回古代歴史文化賞　優秀作品賞受賞〉

建物が語る日本の歴史

建築物は歴史を語る証人である。国家の威信をかけて建てられた寺院や城郭、人びとが生活した住居など、原始から近代まで各時代の建物で読み解く日本の歴史。社会と建物の関わりに光を当てた、新しい日本建築史入門！

A5判・304頁・原色口絵32頁／2400円

奈良時代建築の造営体制と維持

奈良時代の中央や地方の建築物はいかに造営、維持管理されてきたのか。文献史料の検討により、建築史に維持管理という新概念を導入。地方独自の技術の存在と中央の技術との接点を指摘して、従来の古代建築史を捉え直す。

A5判・358頁／11000円

（価格は税別）

吉川弘文館